精神

湖南省教育科学"十四五"规划重点资助项目
湘教科规通〔2022〕6号，XJK22AGD003

杨美新／著

精神引领未来：
新时代大学生
精神素养的培育与发展

以精神为翼，跨越重重艰难，
引领我们奔赴光明而璀璨的未来。

未来

中南大学出版社
www.csupress.com.cn
·长沙·

前言

Foreword

　　随着全球化的加速和信息技术的快速发展，社会结构和知识传播方式发生了深刻变化，大学生所处的社会环境日益复杂。在外部环境剧烈变化的背景下，大学生不仅需要在专业知识和实践能力上持续提升，更应培养健全的精神素养，以便增强应对挑战与调适压力的能力。精神素养作为个体内在素质的关键部分，涵盖大学生的思想成熟、心理韧性和价值判断，不仅对其个人成长和社会适应能力至关重要，而且对国家未来发展和社会进步具有不可替代的作用。

　　大学生不仅是推动社会创新和文化繁荣的重要群体，而且是国家未来建设的中坚力量。他们的精神素养水平直接影响社会的稳定性和可持续性。然而，社会变革的加速、信息技术的迅猛发展和多元文化的交融带来的认知冲突，给大学生在精神层面带来了前所未有的挑战。因此，精神素养的培养成为高等教育改革的重要议题。在这样一个复杂多变的社会环境中，如何引导大学生树立正确的价值观、增强心理韧性、提升社会责任感，已成为高校思想政治教育中的关键课题。

　　一、研究背景与意义

　　精神素养在现代社会中扮演着非常重要的角色，不仅关乎个体心理的成熟和思想的提升，更影响着国家与社会的稳定发展。精神素养涵盖个体的价值观、道德观、世界观、人生观等多个层面。随着全球化和信息化的不断推进，大学生群体面临着多重外部冲击和挑战，而精神素养的提升正是帮助他们有效应对挑战的关键所在。新时代的大学生群体作为社会主义建设者和接班人，其精神素养的水平直接关系到国家社会的未来。

精神素养不仅是对个体思想层面的培养，而且包括情感管理、创新能力、社会责任感等多方面的综合素质。在复杂多变的社会环境中，精神素养成为大学生应对时代挑战的内在力量。它帮助个体形成正确的价值取向，培养个体坚守道德底线的能力，并在面对压力和困境时，使个体保持冷静与理性。尤其是对大学生而言，精神素养的培养尤为紧迫。它不仅关乎个人价值的自我实现，更对大学生的社会适应能力的提升和社会责任的承担起到至关重要的作用。

精神素养的提升，不仅是大学生个体发展的需求，更是社会和国家发展的必要条件。大学生在全球化与信息化的多重作用下，肩负着重大的历史使命。如何通过有效的教育方法提升大学生的精神素养，使其在复杂的社会环境中坚定正确的价值观、明确人生目标，并为社会作出积极贡献，已经成为当前教育改革中的重要课题。

（一）精神素养的定义与基本性

精神素养指的是个体在思想、道德、情感、心理和社会认知等方面的综合素质，包括思想政治教育、情感管理、道德修养、创新意识、社会责任感等多个方面的内容。对于大学生来说，精神素养的培养关键在于帮助他们形成健全的人格、树立正确的价值观，并且培养他们在复杂多变的社会环境中作出理性决策的能力。它不仅是大学生成长的内在动力，更是他们从校园走向社会的精神支撑。

大学生是社会的栋梁、国家的未来。其精神素养的高低，直接关系到国家的精神风貌和社会的长远发展。一个具有优良精神素养的大学生，能够在复杂的社会环境中保持清晰的价值判断，并承担起社会责任，积极应对时代带来的各种挑战。因此，提升大学生的精神素养，不仅对个人发展至关重要，更是推动社会前行的重要精神支撑。精神素养不仅是个体追求个人目标的基础，还是其为社会贡献力量、承担社会责任的动力源泉。

(二)当代大学生面临的挑战与精神素养的缺失

现代社会的迅速变化和信息技术的广泛应用，使得大学生群体的精神面貌呈现出多样化的特点。全球化进程带来了文化的碰撞和交融，使大学生在价值观、人生目标和社会角色的选择上产生前所未有的困惑。与此同时，信息技术的迅猛发展和网络文化的普及，也在拓展大学生的视野和认知边界的同时，带来了焦虑、迷茫、虚拟依赖等心理问题。

当代大学生群体的精神素养缺失并非单一层面的缺失。许多大学生对奋斗、责任、创新等精神缺乏深刻的认识与理解，部分大学生的价值取向偏向功利主义，忽视了长期努力的重要性。在面对挫折时，很多大学生缺乏足够的心理承受力和应对困难的勇气，容易产生放弃的念头。更加严重的是，精神素养的缺失不仅作用于大学生的个人成长，还将在更广泛的层面上对社会的稳定与进步构成隐性风险。因此，提升大学生的精神素养，已经成为摆在教育者面前的一项紧迫而重要的任务。

(三)教育改革背景下的精神素养培育需求

随着时代的不断进步，教育改革的重心逐渐从传统的知识传授转向素质教育和全面发展。在全面深化改革的背景下，大学生的精神素养培育已经成为教育改革的重要组成部分。2021年4月，新修订的《中华人民共和国教育法》在第五条提出"教育必须为社会主义现代化建设服务、为人民服务，必须与生产劳动和社会实践相结合，培养德智体美劳全面发展的社会主义建设者和接班人"，强调的正是通过多方面的素质教育，塑造学生的综合能力。而精神素养作为大学生思想政治教育的中心要素之一，已经逐渐被视为高等教育中一个不可忽视的重要环节。

当前，随着科技的迅猛发展和信息技术的普及，社会不断发生着深刻的变化，大学生不仅要掌握扎实的专业知识，还需要培养坚实的精神支撑和强大的心理承受能力，只有这样才能应对来自社会各方面的压力和挑战。

在信息化和全球化的快速推进下，大学生面临着前所未有的就业压力、心理压力和社会责任等，大学生精神素养的提升显得尤为迫切，教育者们必须思考如何通过教育体系、学校文化、社会实践等多维度的互动，协同推动大学生的梦想精神、奋斗精神、创新精神、合作精神和斗争精神的全面发展。这不仅是教育改革的需求，而且是培养新时代人才的必然要求。

（四）精神素养培育的时代背景与文化环境

当前，我国正处于全面建设社会主义现代化国家的新发展阶段。经济的高速增长、科技创新的突破，以及社会结构的深刻变革，为国家发展带来了巨大的机遇。在机遇背后，社会的深刻变化也带来了新的挑战，尤其是对大学生精神世界的塑造和价值取向的引导产生了冲击。随着物质层面的需求不断得到满足，大学生群体在精神层面的需求愈加复杂，尤其是在面对文化冲突、价值选择和人生目标时，许多人感到困惑与迷茫。

当前，社会上普遍存在着"功利化"倾向，一些大学生在追求个人目标时过于关注短期利益和即时满足，忽视了长期奋斗和远大理想的实现。面对激烈的就业竞争、迅速变化的社会价值观和冲击传统观念的网络文化，大学生容易受到信息碎片化和即时性的影响，造成精神面貌的浮躁和焦虑。与此同时，社会的多元化和信息化进程也为大学生提供了更多的选择与机会，使他们有机会具有更广阔的视野和更开放的思想，重新审视自己的人生目标和价值观。大学生群体正在逐步建立与全球化、信息化紧密相连的价值观。思想上的开放和视野上的拓宽，使得他们在面对纷繁复杂的社会现象时能够从容应对，作出明智的选择。因此，大学生精神素养的培养不仅是对其个人成长的促进，更是对国家未来发展的战略性投资。培养具有理性、责任感和创新精神的大学生，将为社会的持续发展和国家的繁荣注入强大动力。

（五）国家对精神素养教育的重视

近年来，国家在思想政治教育领域持续强化大学生精神素养的培育，为其提供了坚实的制度保障，并作出了明确部署。2019年，中共中央、国务院印发了《关于深化教育教学改革全面提高义务教育质量的意见》，明确指出要构建德智体美劳全面发展的教育体系，建立健全立德树人机制，并加强思想政治教育的全面性和系统性。在此基础上，2024年9月9日至10日，习近平总书记在全国教育大会上发表重要讲话，提出要坚持用习近平新时代中国特色社会主义思想铸魂育人，实施新时代立德树人工程，并强调要不断加强和改进新时代学校思想政治教育，明确要求教育工作者加强大学生思想政治教育和精神文明建设，特别是要发挥精神素养在培养学生的公民责任感和社会贡献意识中的重要作用。国家出台了一系列政策和指导文件，为大学生精神素养的提升提供了明确的方向和实践框架。教育部门积极引导高等教育机构加大精神素养教育的力度，同时推动学校文化建设，注重多维度的精神素养培养，培养内容涵盖学生的梦想精神、奋斗精神、创新精神、合作精神和斗争精神。相关政策为学生全面成长提供了强有力的制度保障，也推动了精神素养教育在全国范围内的深入开展。

（六）社会对大学生精神素养的期待

随着现代社会的急剧变化和全球化进程的推进，社会对大学生的要求也发生了变化。现代社会不仅要求大学生具备扎实的专业技能和丰富的知识储备，更要求大学生具备强大的精神素质和社会责任感。新时代的大学生必须具有创新意识、团队合作精神、担当责任的勇气，以及进行批判性思考的能力。在面对瞬息万变的社会环境时，保持自我认同、在困境中不轻易放弃、承担起时代赋予的责任等，已成为社会对大学生精神素养的基本要求。

社会各界对于大学生精神素养教育的重视，推动了高等教育在教学改革和精神素养教育方面的不断创新。越来越多的高校意识到，精神素养的培养不仅是对知识的延伸，更是对学生人生观、价值观和社会责任感的全面塑造。高校应当将精神素养教育视为一项系统工程，对学生从思想启蒙、价值认同到实践行动的全过程进行培养。

总之，在全球化和信息化的背景下，大学生精神素养的培养面临着前所未有的机遇与挑战。精神素养的提升不仅是大学生个人素质的提升，更是社会精神风貌和国家未来发展的重要基础。在国家政策的引导和社会各界的共同努力下，大学生精神素养的培育已经逐渐成为当代高等教育的重要组成部分。因此，如何在复杂多变的社会环境中，通过教育体系的创新与优化，全面提升大学生的精神素养，已成为当前与未来教育研究和实践中亟须解决的重要问题。

二、研究目的与重点问题

（一）研究目的

本书旨在深入探讨如何有效培养大学生的五种精神素养——梦想精神、奋斗精神、创新精神、合作精神和斗争精神素养。具体目标包括分析大学生精神素养的现状及成因，提出切实可行的培养路径与对策，构建系统性的理论框架。在全球化和信息化日益加速的时代背景下，大学生作为国家未来发展的主力军，其精神素养不仅对个人的长远发展具有重要作用，还直接影响着社会进步与国家的长远发展。

随着社会迅猛变革，大学生面临着价值观多元化与思想冲突等挑战。如何从个体、教育和社会层面综合施策，构建富有实践价值的精神素养培育体系，成为全社会亟待回应的重要课题。本书将围绕大学生精神素养的多维构成，分析其培养现状，并提出针对性的教育理论与实施方案，为当前和未来的大学教育改革提供理论支持和实践指导。

精神素养不仅关系到大学生的个人成长，还关乎国家和社会的持续发展。随着我国教育体制改革的不断推进，精神素养的培养逐渐成为高等教育的重要组成部分。尤其是在全面建设社会主义现代化国家的新征程中，大学生的精神素养在国家发展中的战略意义越发突出。因此，本书的研究成果不仅将为教育工作者、政策制定者和社会各界提供理论参考，还将为培养拥有健全人格和强大社会适应能力的未来人才提供实践指导。

（二）重点问题

1. 精神素养的内涵与界定

精神素养是一个复杂的复合概念，涉及个体在认知、情感、价值观、行为等多个维度的内在素质，体现为思想境界、情感调节与行为规范的综合表现。它不仅是知识和能力的积累，更是思想和情感的引导与塑造。在快速变化的社会中，精神素养尤为重要，它关系着个体能否明确自我定位，顺应时代潮流，并实现人生目标。精神素养主要包括五种精神：第一，梦想精神。梦想精神是一种追求理想与目标的动力，它反映了个体对未来的远大志向和坚守动力。梦想精神不仅关乎个人目标感与使命感的确立，更是理想得以实现的关键和基础。第二，奋斗精神。奋斗精神强调在面对困难与挑战时，个体能够通过不懈努力与顽强拼搏追求成功。它是一种坚韧与勇气的体现，不论在哪个时代，奋斗精神始终是大学生在成长过程中不可或缺的精神支柱。第三，创新精神。创新精神是应对时代快速变革的必然要求，它推动个体突破传统思维的框架，拥抱新思想与新方法，成为推动社会科技进步和文化发展的主要力量。第四，合作精神。合作精神强调人与人之间的互助、共赢和团结协作。大学生通过团队协作学习，能够提升集体智慧，共同达成目标。合作精神已成为当代大学生不可或缺的素养，尤其是在社会互动与集体责任的培养中发挥着基本作用。第五，斗争精神。斗争精神源于崇高的理想信念，体现为对正义事业和真理的执着追求，彰显了迎难而上的勇气，展现为主动担当的品格，更蕴含着辩证的智慧。斗争精神既是中华民族生生不息的精神基因，也是时代奋进的强大动力，激励着人们在变革中勇毅前行。这五种精神不仅承载着不同的历史使命，更是大学生个人成长与社会责任感培养的关键组成部分。它们相互交织，共同作用于大学生的个人素质与社会适应能力，构成了推动时代前行的精神动力。

2. 精神素养的现状

在当前的教育背景下，大学生的精神素养培育面临着诸多新的挑战与机遇，尤其是在梦想、奋斗、创新、合作和斗争精神的塑造上。随着社会压力的增加、科技发展速度的加快和价值观的多元化，大学生的精神世界呈现出复杂多变的特点。就梦想精神而言，许多大学生在追求梦想时容易陷入浮躁与对短期目标的追求，缺乏对长远理想的坚守与持续性努力。对短期目标的关注，使他们忽视了对长期目标的思考与规划。在奋斗精神方面，面对激烈的社会竞争，部分大学生表现出焦虑和失落，缺乏坚韧不拔的拼搏精神，在遇到困难时容易放弃或妥协。在创新精神方面，大学生虽然在科技与学术领域具有较多资源，但仍缺乏独立思考与进行批判性分析的能力，创新精神的培养显得尤为重要。部分大学生欠缺对科学探索和技术创新的热情，缺乏明确的研究动机。在合作精神方面，尽管大学生群体通常具有较强的团队意识，但在具体合作过程中，个人主义与团队协作之间的矛盾仍然突出，合作意识与沟通能力普遍较薄弱。因此，全面评估大学生精神素养的现状，分析其主要问题和薄弱环节，对有效提升其精神素养有着重要意义。本书将依据现状，提供具体的解决方案与路径，以推动精神素养教育水平的提升。如何对大学生精神素养的现状进行全面评估与分析，识别其主要问题和薄弱环节，是本书研究的一个中心任务。在了解大学生精神素养现状的基础上，本书将为后续的精神素养培育路径提供更加准确的数据支持和理论依据。

3. 作用因素分析

大学生精神素养的形成受到多重因素的作用，尤其是社会环境、家庭背景、学校教育等因素，它们对大学生精神世界的塑造起着关键作用。社会的价值观导向、信息传播的多样性及全球化，深刻改变了大学生的思维模式与行为习惯。信息过载和价值观多元化带来思想碰撞，影响大学生对自我和社会的定位。家庭背景对个体精神素养的作用也至关重要，特别是家庭的教育方式、父母的价值观和教育理念等，往往在很大程度上塑造着大学生的精神风貌。学校教育作为大学生成长的中心场域，承担着培养大学生精神素养的重要责任。当前，学校教育在精神素养方面的现状如何？是否存在课程内容与实际需求脱节、教学方法单一、教学缺乏针对性和实效性等问题？本书将在深入分析作用因素的基础上，探索如何构建有效的大学生精神素养培育路径。

4.培育路径与对策

在当前的教育体系和社会背景下，如何构建有效的大学生精神素养培育路径，是本书研究的重点之一。培养大学生的精神素养不仅需要知识的传授，更需要思想的引导与行为的塑造。如何通过教育手段、社会环境、文化氛围等多种途径，促进大学生精神素养的提高？如何通过课堂教育、课外活动、社会实践等多维度的教学方式，激发大学生的梦想精神、奋斗精神、创新精神、合作精神、斗争精神？如何在大学生的思想政治教育中，融入精神素养的培养，形成有机的教学体系和评价机制？本书将结合现有教育实践，探索一条既符合时代要求，又切合大学生实际的精神素养培育路径。

5.理论创新与实践指导

在继承前人研究成果的基础上，本书力求实现理论创新，为大学生精神素养的培育提供新的理论视角和方法论支持。当前，精神素养的研究多集中在宏观层面的探讨，精神素养的培育在实践中往往面临执行不到位、评价不科学等问题。本书将在教育实践中，结合具体的教学设计与跨学科合作，提供具有操作性和针对性的培养方案，为教育政策制定者和教育实践者提供切实可行的理论依据和实践指导。

三、研究方法与路径

本书的研究方法主要包括文献研究法、案例分析法、问卷调查法和访谈法。多种研究方法的结合，使本书的研究不仅加深了理论深度，而且能够充分结合实践经验，为大学生精神素养的培育提供全面而有针对性的理论支持和实践指导。

（一）研究方法

1.文献研究法

文献研究法是本书研究的基础性方法之一。系统梳理国内外精神素养、思想政治教育、大学生心理发展等领域的学术文献，能够帮助研究者深入了解精神素养的定义、构成要素和发展历程。文献研究法不仅有助于揭示该领域的研究热点，还能够捕捉前沿动态和已有的研究成果，为本书的理论框架构建提供坚实的依据。具体而言，本书将在查阅相关文献的基础上，明确界定精神素养的内涵，并探讨其对大学生成长和发展的重要作用，为后续分析提供理论支持。文献研究法有助于确保本书的研究基于学术体系，在学术性和科学性上为大学生精神素养的培育提供理论支撑，为教育改革与实践提供有效参考。

2. 案例分析法

案例分析法主要是选择具有代表性的高校案例，分析成功的精神素养培育实践，有效探讨现有教育模式、方法和效果。案例分析法有助于高校从教育实践中提炼经验，找到理论与实践相结合的突破口，为其他高校提供借鉴。在选择案例时，本书将重点分析在精神素养培育方面表现突出的高校，探讨其在教育模式、教学理念、课程设计、师资力量和校园文化等方面的成功经验，揭示不同高校在精神素养培育过程中面临的共性问题和解决办法。特别是本书将从不同文化背景、教育环境和社会条件出发，探讨精神素养培育的策略和路径，力求为大学生精神素养的培育提供可操作的实践指导。

案例分析法不仅能通过具体实践展示精神素养培育的可行性，还能将不同高校的成功经验进行对比，从中提炼普遍适用的教育策略，帮助高校在日常教学和文化建设中有效地推进精神素养教育。对案例的深入分析能为在实践中面临类似问题的高校提供可操作的解决方案，具有较高的实践价值。

3. 问卷调查法

问卷调查法是一种广泛应用于社会科学研究的定量研究方法。本书将设计针对大学生群体的问卷调查，了解大学生在精神素养方面的认知与实践情况。问卷内容涵盖梦想精神、奋斗精神、创新精神、合作精神和斗争精神等多方面内容，可调查大学生对精神素养的理解、接受度及其在日常生活中的表现。

本书将通过问卷调查收集大量的第一手数据，全面了解大学生在精神素养方面的现状及其差异性。问卷调查不仅揭示了大学生在精神素养培育过程中面临的主要问题和挑战，还能识别部分大学生在价值观、精神追求等方面的模糊性。例如，调查数据反馈能够直观呈现部分大学生面临的价值观混乱、精神追求缺失等问题。在进行数据分析后，本书将为精神素养培育提出更加有针对性的改进方案。

问卷调查法还能够帮助研究者深入理解大学生精神素养的培养需求，从而为制定更加符合时代发展、契合大学生实际的教育对策提供数据支持。问卷调查的广泛应用，能够确保研究结论的可靠性和实际效用。

4. 访谈法

访谈法是本书研究中的定性研究方法之一。通过与教育工作者、大学生和相关领域专家的深入访谈，本书将进一步了解精神素养培育过程中存在的具体困难和挑战。访谈法能够收集更为细致和个性化的信息，尤其是在精神素养培育过程中，教育工作者和大学生的亲身经历往往能够揭示许多问卷调查难以捕捉的深层次问题。

访谈内容将涵盖大学生精神素养培育的具体实践，主要包括教育政策的落实情况、学校教育的有效性、教师的教学方法、学生的精神状态等方面。与不同层次的受访者交流，能够多维度地了解精神素养培育的难点与痛点。访谈法还能够为教育工作者和专家提供一个重要的平台，使其从教育工作实际出发，提出对精神素养培育的深度思考并进行理论指导。

访谈法能够深入发掘教育实践中的真实问题，并为本书提供定性数据支持，使理论与实践结合得更加紧密，从而有效推动精神素养教育的创新与发展。

5. 理论与实践相结合

本书不仅依托理论研究方法，还特别强调理论与实践相结合。在理论研究的基础上，本书将结合具体的社会实践背景和教育现状，提出可操作的教育路径和方法。本书力求通过文献研究、案例分析、问卷调查和访谈等多维度数据的支持，在理论和实践之间架起桥梁，为大学生精神素养的培育构建全面且具有实用价值的理论框架。

理论与实践相结合，不仅体现了本书研究的深度，还增强了本书的现实意义。尤其是在当今社会和教育环境快速变化的背景下，精神素养的培育不仅要有理论指导，更要结合具体的教育实践，只有这样才能实现对大学生精神素养的有效提升。本书将基于理论的创新，为教育实践提供指导，并为高等教育在精神素养领域的改进提供切实可行的策略和方案。

本书将形成一个理论与实践相互促进的闭环，确保研究成果不仅有深厚的学术理论基础，还能在实践中切实可行，满足新时代大学生精神素养培育的实际需求。通过对当前教育现状的深入调研和对未来发展趋势的预测，本书力求为大学生精神素养的培育提供系统的理论框架，同时为教育实践提供具体的操作方案，从而推动教育改革与发展。

(二)研究路径

本书的研究分为四个阶段，每个阶段都紧密衔接，逐步推进，以确保从理论构建到实践应用的全面性与系统性。该研究路径不仅为本书提供了清晰的逻辑框架，还为精神素养教育实践的后续展开提供了坚实的理论支撑与操作指南。

1.第一阶段：理论构建

在研究的第一阶段，本书对精神素养相关理论进行梳理与分析，构建了研究的理论框架。该理论框架的构建不仅为后续的研究提供了基础的理论支撑，还为理解大学生精神素养的培育过程提供了深刻的理论视角。

本阶段重点进行三个方面的探讨。一是对精神素养学术来源的分析，尤其是经典理论的重新审视与诠释；二是针对精神素养在大学生群体中的实际表现，结合大学生的具体需求，分析其在精神层面存在的薄弱环节；三是针对精神素养的教育功能，探讨如何通过教育手段和社会环境来促进大学生精神素养的提升与完善。

2.第二阶段：现状分析

第二阶段的任务是采用问卷调查法和案例分析法，全面评估大学生精神素养的现状，识别当前教育体系中存在的主要问题和短板。该阶段的研究目的在于全面了解大学生精神素养的实际状况，并为后续策略的提出与优化提供必要的数据支持。

本书设计并实施了针对大学生群体的问卷调查，涵盖梦想精神、奋斗精神、创新精神、合作精神和斗争精神等多个方面。问卷的设计依据现有的理论框架，并结合大学生群体的具体特点与需求，以确保数据的有效性和代表性。

3.第三阶段：策略提出

在第二阶段的基础上，第三阶段将提出切实可行的精神素养培养路径与策略。此阶段的重点是结合当前教育实践的经验，探索如何在大学教育中有效激发与培育大学生的梦想精神、奋斗精神、创新精神、合作精神和斗争精神。

本阶段还将结合社会实践与高校教育经验，探索新的教育模式与方法。例如：如何在传统教育模式的基础上引入互联网技术和新媒体，拓宽大学生精神素养培育的渠道；如何探索跨学科合作的方式，整合不同学科的教育资源，形成更加多元、灵活的精神素养培育路径；如何在思想政治教育中融入精神素养的培育，并推动形成有机的教学体系和评价机制等。

4.第四阶段：对策验证与总结

第四阶段将对第三阶段提出的培育策略进行验证与实际应用，评估其实际效果及可行性。此阶段将选取若干高校作为试点，实施第三阶段提出的策略，并进行定期评估和反馈，检查其实施效果，进一步改进策略。

四、研究的创新性

本书的研究具有较强的创新性，主要体现在以下五个方面。

（一）多维度的精神素养视角

本研究的最大创新在于多维度的精神素养视角。传统的精神素养研究多集中在单一的维度上，如思想政治素养、心理素养等，但在新时代的社会背景下，大学生的精神素养呈现出更加多元和复杂的特点。与以往的研究不同，本书结合了多个维度的精神素养(梦想精神、奋斗精神、创新精神、合作精神、斗争精神)，在更为广泛的精神素养框架下深入探讨大学生的精神素质和思想境界。全方位、多维度的视角，不仅丰富了精神素养的内涵，还帮助我们从不同的角度分析大学生在精神成长过程中面临的挑战与机遇。

(二)理论与实践相结合

本书在注重理论创新的同时，特别强调理论与实践相结合，尤其是在精神素养培育路径和策略的提出方面。理论与实践相结合，使得本书的研究成果具有较强的实际操作性和现实意义。许多精神素养的理论研究尽管具有较高的学术价值，但往往缺乏与教育实践的直接结合，无法为教育工作者提供具体的操作指导。本书通过具体的案例分析、问卷调查和访谈等实证研究，结合当前高校教育的实际情况，提出了切实可行的精神素养培育策略。

(三)时代需求的回应

本书的研究紧密结合当前社会发展需求，回应了大学生群体面临的多重挑战，具有较强的社会现实意义和教育价值。在全球化、信息化、市场化日益加剧的背景下，大学生群体面临着前所未有的压力和挑战。社会变革与科技发展带来了新的机遇，也带来了不少困惑与迷茫，大学生的思想意识、价值观念和精神素养的培育显得尤为重要。尤其是在竞争激烈的社会环境中，大学生对自我认知的建设、对未来的规划和在困境中的自我调节能力，往往直接决定了他们能否实现自我价值和社会价值的统一。因此，精神素养的培养不仅关乎大学生个体的成长，还与社会的长期发展和稳定密切相关。本书的研究响应时代的需求，探讨了如何有效培养大学生的精神素养，尤其是在面对新时代的新挑战时，大学生应如何培育精神力量、提升自我素质、应对生活和社会中的各种困难与挑战。

（四）理论创新与教育实践的深度探索

本书的另一个创新在于，在继承和发扬传统精神素养教育理念的基础上，注重理论创新与教育实践的深度探索。传统精神素养教育通常聚焦于社会道德与国家认同等维度，而本书则引入更加多元的精神素养内容，包括梦想精神、奋斗精神、创新精神、合作精神和斗争精神等，进一步丰富了精神素养的内涵，拓展了教育的广度与深度。

本书系统构建了精神素养教育的理论框架，并结合具体的教育策略，为教育政策制定者和教育工作者提供具有操作性、前瞻性与实践价值的理论支持和实践指导。例如：在教育实践方面，本书探讨了如何借助创新课程设计、优化师生互动模式和营造校园文化氛围，培养大学生的梦想精神与奋斗精神；如何通过跨学科协作与社会实践，提升学生的创新能力与合作能力等。

（五）系统化的精神素养理论框架

在多维度精神素养视角的基础上，本书还对精神素养进行了系统化的理论框架构建，形成了一个既有深度又有广度的分析体系。与传统的单一维度研究不同，本书为大学生精神素养的培育构建了全方位、多层次的理论框架。系统化的精神素养理论框架不仅继承和发展了现有教育理论，同时也为未来教育政策制定、教育改革实施与教育实践创新提供了理论依据和创新思路。

目 录

Contents

第一章
精神素养培育的理论基石

随着全球化和信息化进程的加速，个体的精神面貌和思想素质成为其适应社会变化、实现自我价值与履行社会责任的基础因素。精神素养作为个体的综合素质之一，在大学生教育中的作用日益凸显。如何有效地培育大学生的精神素养，以提高其社会适应能力、创新能力和团队合作能力，是当前教育研究的基本课题之一。

第一节　精神素养的界定与内涵解析

精神素养是指个体在长期社会化过程中，受到教育、文化、家庭等多重因素的影响，逐步形成的与精神、思想、情感、意志等方面密切相关的综合素质。它不仅体现为个体对世界的认识与理解，还涉及个体的价值判断、情感态度、行为习惯等多个层面。精神素养是人类个体在不断实践和社会化过程中，对社会、文化、历史，以及个人目标、理想和责任等方面的理解与认同，并且最终体现在个体的思维方式、行为模式、情感反应和价值追求中。从广义上看，精神素养能够细分为多个维度。每个维度既具有独立特征，又与其他维度相互交织。精神素养的内涵不仅包括认知能力与情感态度，还涵盖社会责任感、道德判断、意志力等更深层次的心理素质。精神素养的提升，不仅是个体能力的全面发展，而且反映了个体在社会适应与自我实现中的深刻变化。因此，本节将从多个维度出发，深入探讨精神素养的各个方面，特别是梦想精神、奋斗精神、创新精神、合作精神和斗争精神如何在新时代大学生的成长过程中起到重要作用，并进一步揭示精神素养在大学生职业发展与社会适应中的深远影响。

一、思想认知素养

思想认知素养作为精神素养的重要组成部分，主要指个体在社会化和教育过程中，通过对社会、历史、文化等多方面的认知与理解，逐步形成的对世界的全面理解和理性判断能力。思想认知素养不仅包括学术知识的积累和个人认知能力的提升，而且包括批判性思维、历史文化理解能力、社会现象分析能力，以及道德判断的深度与广度。因此，思想认知素养既体现在个体对知识的掌握上，又包括其对知识的灵活运用、对社会问题的敏锐洞察和对复杂情境的理性评估。

(一)思想认知素养的内涵

思想认知素养的内容包括对知识的掌握、批判性思维的培养、信息的整合与分析能力等。思想认知素养并不局限于对现实问题的简单认识与解释，而是要求个体能够以理性和批判的眼光审视社会现象、历史事件与文化现象等，从而形成自己的思维框架和判断标准。

1.认知能力与思维深度

思想认知素养的主要内容之一是认知能力的提升。个体在获取信息时，必须对信息进行深度加工，挖掘信息背后的深层内涵，并进行系统性、逻辑性思维分析。个体不仅要接受知识，更要培养进行批判性分析并判断的能力。思想认知素养强调的是个体在面对信息时的主动思考，而非单纯地接受，它要求个体能够将所获取的信息与已有的知识结构和价值体系进行关联，从而形成独立的认知视角。

2.对社会现象的理性分析

思想认知素养的另一个主要内容是对社会现象的理性分析能力。社会现象涉及政治、经济、文化等多个领域，具有高度的复杂性。个体在面对社会现象时，必须培养理性分析能力，以识别其背后的深层次原因及其对社会发展的作用。分析社会现象时，个体不仅要培养直观的理解能力，还要从系统化的视角进行整体性思考，识别社会发展中的中心节点和潜在问题，进而提出可行的解决方案。

3.对历史与文化的理解

思想认知素养的第三个主要内容是对历史与文化的理解。历史不仅是对过去事件的叙述,而且包含着对社会、政治、经济和文化背景的全面反思与深度解读。个体的历史感与文化意识有助于其更好地理解当今社会的状态及其背后的历史动因。对历史的认知不局限于对事实的回顾,它要求个体培养对社会变迁的洞察力,从历史中汲取经验与教训,避免重蹈覆辙。对文化的理解则要求个体具有跨文化的认知能力,能够理解不同文化背景下人们的思维模式和行为逻辑。在全球化的今天,思想认知素养要求个体不仅对本国文化有深刻理解,而且具备理解其他文化的能力。这不仅有助于提高个体在跨文化交流中的实践能力,还有助于全球化时代下的文化理解与合作。

(二)思想认知素养的要素

思想认知素养包含多个相互交织的认知要素。其中,批判性思维、对历史与文化的理解、对社会现象的理性分析,以及价值判断与道德评估是极为重要的四个方面。

1.批判性思维

批判性思维是思想认知素养的重要组成部分,它要求个体在面对信息和观点时,不盲目接受,而是以怀疑和探究的态度进行审视。批判性思维不是对信息的表面判断,而是要求个体在分析信息时,能够识别其中的逻辑漏洞、偏见和潜在假设,进而得到合理、有效的结论。在现代社会,随着信息传播速度的加快和内容的多样化,批判性思维的重要性愈加突出,它可以帮助个体在信息泛滥的环境中保持清晰的头脑,避免被误导或陷入极端思维的误区。同时,批判性思维还体现为个体对自身观点的不断反思与修正,是理性思考和自我完善的重要途径。

2.对历史与文化的理解

思想认知素养包括对历史与文化的深刻理解。历史不仅是对过去的事件和现象的简单叙述,更是对社会、政治、经济、文化等方面变迁的深度反思和理性思考。个体应当培养历史感,从历史的长河中汲取智慧,理解过去的错误与成就,并在此基础上为现实社会提供借鉴。对历史的认知要求个体能够分析历史发展规律,识别其对当代社会的深远作用。对文化的理解则要求个体认识不同文化之间的差异与共性，从而形成全球化视野和跨文化交流的能力。在全球化的背景下，跨文化认知能力成为思想认知素养不可或缺的组成部分。它可以帮助个体理解不同国家和地区的文化背景，提升跨文化的沟通与合作能力，促进国际理解与合作。

3. 对社会现象的理性分析

思想认知素养的另一个重要维度是对社会现象的理性分析能力。社会现象涉及广泛的领域，包括政治、经济、环境、科技等，个体必须培养理性分析的能力，识别并理解现象背后的原因与作用。由于社会现象的复杂性，个体不仅要培养对现象的直观理解，还要培养系统化的思维方式和问题解决能力。社会现象往往涉及多层次的因果关系和多维度的社会背景，因此，思想认知素养要求个体能够从多角度进行分析，深入挖掘社会现象背后的结构性问题与发展趋势。个体只有从多维度的视角出发并进行深入分析，才能更好地理解社会进步中的挑战与机遇，从而提出更具前瞻性与可操作性的解决方案。

4. 价值判断与道德评估

思想认知素养还包括价值判断与道德评估的能力。面对复杂的社会问题时，个体不仅要进行认知分析，更要基于个人的道德准则和社会价值观作出理性判断。道德评估要求个体能够辨别何为正义、何为不公，何为善良、何为恶劣，进而形成符合社会伦理和个人价值的理性判断。价值判断与道德评估素养不仅体现为个体对社会伦理和道德规范的认同，还表现为个体在实际生活中的道德选择和行为模式。面对社会问题时，个体要理性思考并作出符合道德的决策，而不是盲目跟从或屈从于个人利益。个体不仅要将价值观与社会规范对接，还要培养灵活的道德判断能力，从而确保选择和行为符合时代发展要求与社会共同利益。

二、情感认同与价值观素养

情感认同与价值观素养是个体在社会化过程中形成的情感态度、价值取向和行为准则的综合体现。它是个体对自己、他人、社会、历史与文化的认同，是在情感共鸣和理性反思的基础上，逐渐建立起来的对世界的情感连接和价值判断。尤其是对大学生而言，情感认同与价值观素养会直接作用于他们对社会的态度、对道德规范的遵循、对社会责任的承担，以及对自身和未来的规划。

该素养不仅体现个体的思想深度和社会责任感，还折射出其对伦理道德、公共事务和社会公平正义的思考与选择。

(一)情感认同与价值观素养的内涵

情感认同与价值观素养涵盖了个体情感世界的广度与深度，涉及个体对国家、民族、社会的情感归属，对理想信念的认同，对伦理道德的坚守，以及对社会责任的担当。情感认同和价值取向并非抽象的理论，而是深入个体生活的各个方面，影响他们的行为选择、道德判断和生活态度。

1.情感认同：个体与社会的情感共鸣

情感认同是指个体对其所处的社会、文化、民族或国家的情感归属与认同感。它表现为个体在社会生活中对特定群体的归属情感，尤其是对国家、民族、文化的认同。个体不仅要理解和接受社会及文化的规范与价值观，还要借助情感共鸣将自身认知融入社会整体价值体系。例如，在国家经历重大事件或历史转折时，大学生基于对国家历史与文化的深入理解，逐步建立对国家命运与民族未来的认同。这一认同不仅是对历史和现状的情感接纳，更是对未来社会发展的期许。

2.价值观素养：理性思考与伦理选择的结合

价值观素养是指个体在面对各种社会现象与问题时所持有的价值标准和判断依据。它包括对理想信念的认同、对社会道德规范的遵守、对公共利益的关注，以及对个体行为所承担的社会责任的自觉。大学生在对社会制度、文化规范与伦理道德深刻认识的基础上，逐步形成对自我行为的价值判断能力，并以此为依据进行伦理选择。比如，在面对道德困境或社会不公时，个体能够从个人利益、集体利益、社会利益中进行理性选择，作出符合伦理道德的决策。

(二)情感认同与价值观素养的构成要素

情感认同与价值观素养是多维且相互交织的，涉及个体在认知、情感与行为上的互动。它不仅依赖于个体对社会和历史的认知，还受到社会环境和文化背景的深刻影响。情感认同与价值观素养的构成有四个要素，它们相互作用，形成了大学生的价值观和社会行为规范。

1. 对国家与民族的情感认同

情感认同不仅是一种知识性的理解，更是基于多层次情感体验与文化认同的深刻联结，主要体现在认知与情感的双重维度。在认知层面，个体通过了解国家的历史、文化和政治体制等，逐步形成对国家和民族未来的信念；在情感层面，个体与国家、民族的联系更加紧密，尤其在全球化深入发展的背景下，大学生能够在跨文化交流中理解并认同自己国家和民族的文化特色、价值体系与社会发展道路。情感认同不仅是对历史的继承，更是对未来社会发展的期待。在情感认同的基础上，大学生不仅激发了参与社会建设的动力，还增强了对国家发展的责任感。

2. 理想信念的塑造与价值观的形成

理想信念是情感认同与价值观素养的基础，构成了个体在生活中不断追求的目标和方向。对于大学生而言，理想信念的形成并非一蹴而就，而是在不断反思社会现实、探索自我理想与认知的过程中逐步成形的。理想信念是对美好生活的追求，它来源于对社会现实的深刻理解和对未来社会的积极期许。理想信念的形成通常与社会正义、公平、自由和民主等关键价值观念密切相关，是个体在面对个人与集体、国家与社会之间的复杂关系时作出的理性选择。随着青春期思维的碰撞与激荡，大学生的理想信念逐渐具象化，并影响其职业规划、人生方向和对社会的贡献方式。理想信念不仅指导大学生的价值选择，还促使他们在面对社会困境时保持理性判断，并为社会提供积极的价值导向。

3. 伦理道德的内化与自我约束

伦理道德是情感认同与价值观素养的关键维度之一，体现了大学生在面对社会规范和法律法规时的认同与遵循。伦理道德不仅是外在的规范要求，更是大学生在内心深处自觉遵守的行为准则。随着成长和教育的深化，大学生逐渐内化伦理道德观念，这也是他们形成个人价值体系与道德标准的重要阶段。在日常生活中，大学生通过理性判断、道德反思和自我约束，能够作出符合社会伦理要求的行为选择。例如，在面对道德困境时，大学生能够以社会的伦理标准为基础，评估自己行为的社会作用和道德后果，并进行自我约束，避免做出违背道德和法律的行为。内化的伦理道德观念既帮助大学生形成积极的社会行为规范，也推动着他们在社会活动中遵循公共利益与承担道德责任。

4.社会责任感与道德担当

社会责任感和道德担当作为情感认同与价值观素养的重要因素，是大学生在社会生活中应对公共事务、参与社会问题解决的基本动力。社会责任感不仅表现为大学生对社会的关注，更表现为他们在现实生活中积极承担社会责任，参与社会公益和改革实践。大学生的社会责任感要求他们不仅关注社会问题，而且要培养解决问题的实际行动能力。从志愿服务、社会调查到日常生活中的公共事务参与，大学生用行动表达自己的社会责任感。他们的道德担当不仅表现在对个人行为的自我约束上，更表现在面对社会问题时的伦理判断与行动，推动社会的进步与公平。随着全球化、信息化的推进，大学生面临着更加复杂的社会问题，如环境保护、社会公平、贫富差距等，而情感认同与价值观素养的提升可使大学生在面对问题时作出更加负责任的决策，并用实际行动为社会的可持续发展贡献力量。

(三)情感认同与价值观素养的作用因素

情感认同与价值观素养的形成是个体自我成长的结果，它深受家庭、教育、社会文化等多重因素的影响。在社会化过程中，个体的情感认同和价值观素养在外部环境的塑造下不断发展，又反过来作用于社会文化认同和价值体系的构建。

1.家庭教育

家庭是个体情感认同与价值观素养的最初培养场所，对个体的价值观塑造具有基础性作用。在家庭教育中，父母的言传身教、家风的传承和家庭文化的熏陶，都会深刻影响孩子的情感认同与价值观的形成。父母的行为方式、道德观念、对子女的教育态度和对社会责任的重视等方面，会潜移默化地作用于孩子的价值判断。尤其是在早期的成长阶段，父母对孩子的榜样作用至关重要，良好的家庭教育能够帮助孩子树立正确的社会价值观和伦理道德观，为其未来进入社会打下坚实的基础。除此之外，家庭成员之间的互动与支持，也有助于个体在社会化过程中形成稳定的情感认同，促进价值观素养的全面发展。

2.教育制度

学校教育，尤其是大学教育，在情感认同与价值观素养的形成中发挥着重要作用。通过课堂学习、讨论交流和社会实践等方式，大学生能够深入地了解社会的道德规范、法律法规和人文精神等内容。大学教育传授专业知识，培养批判性思维和反思能力，促使大学生形成独立的价值观，使他们不仅能够更清晰地认识社会现状，还能分析和反思社会中存在的矛盾，从而提升解决社会问题的能力。尤其是在思想政治教育和社会主义核心价值观的引导下，大学生的社会责任感不断加强，并且在未来的社会实践中能够更加积极参与改革与社会发展，推动自我价值的实现和社会的进步。

3.社会文化

社会文化背景和时代变迁也是情感认同与价值观素养的关键因素。社会的伦理观念、法律制度、主流文化等对个体的价值观念产生了深远作用。在全球化背景下，跨文化交流的深入发展使得个体在认同自己的价值观时，面临多元化的选择和挑战。随着信息技术和传媒的发展，社会的价值观念、文化标准和伦理要求也在不断变化，这使得个体的情感认同与价值观素养在适应社会变革的过程中呈现出动态变化的特点。面对不同文化和价值观的碰撞，大学生要在全球视野中审视自己的文化认同，培养跨文化的理解与包容能力，以便在全球化浪潮中找到适应自身的价值准则。同时，随着科技的进步与信息传播的广泛化，社会对个体的价值观也产生了深刻的塑造作用。现代社会的信息爆炸使得个体的价值观在不断变化与重塑中逐渐趋向多元化和复杂化。因此，情感认同与价值观素养不应是一个静态的过程，而是要不断适应社会发展和时代变迁的要求。

三、意志力与行动力素养

意志力与行动力素养是个体在面对压力、挑战与困难时，能够展现毅力、决心与责任感，并将其转化为实际行动的能力。大学阶段是个人成长、学术追求和社会实践的关键期，大学生常常面临学业压力、职业规划与社会责任等多方面的挑战，而在这些挑战面前，意志力与行动力的展现常常决定了他们的成功与否。意志力是推动个体坚持目标的内在动力，而行动力则是将内在动力转化为外部实践的能力。两者相辅相成，共同促进个体应对生活中的挑战，最终实现自我价值。

（一）意志力的内涵与作用

意志力是指个体在面对困难与诱惑时，能够坚持目标、维持动力、克服障碍的心理力量。它为个体决策、行动和应对外部环境挑战提供了重要的心理支持。意志力的重要特征是坚持与自律，主要表现为个体通过控制冲动、延迟满足、集中注意力，努力克服内外部的干扰，从而保持对目标的专注，并实现自我控制。

1. 毅力与坚持

意志力最显著的表现就是毅力与坚持。在面对学业压力、职业选择和家庭期望等多重压力时，个体能否坚持自己的目标，取决于其意志力的强度。毅力使得个体在遭遇挫折和失败时，能够不轻易放弃，不被短期的失败打倒。对于大学生来说，学业压力的缓解往往需要高度的毅力，尤其是在面对繁重的考试、论文和项目任务时，大学生只有坚持不懈地努力，才能克服焦虑、恐惧。缺乏意志力的学生在遇到困难时选择退缩或逃避，而具有较强意志力的学生则能够从失败中吸取教训，并在失败中重整旗鼓，继续前行。

2. 价值指向与自我控制

意志力能够帮助个体坚持符合价值指向的行为。大学生面临的多项任务，如学术研究、课程学习、社会实践等，都要求其能够在繁重的日程中保持自我控制，不因外界诱惑或短期乐趣而偏离既定目标。自我控制是意志力的另一重要表现，它要求个体能够延迟满足、抑制冲动，并将长期目标放在短期享乐之前。例如，大学生在备考期间，必须抵抗与朋友聚会、娱乐活动等的诱惑，集中精力进行复习。这一符合价值指向的行为不仅帮助大学生在学术上取得优异的成绩，还为其未来的成功奠定基础。

3. 决心与摆脱逆境

决心是意志力的基础表现之一，体现了个体在面对逆境和挑战时，依然坚持自己的目标，并为之付出持续的努力。大学生在成长过程中往往会面临来自家庭、学校和社会等多个方面的压力，如经济困难、情感问题和学业困扰等。此时，决心成为支撑大学生不断奋斗的重要力量。具有强烈决心的大学生，能够在逆境中找到克服困难的方法，调整策略，持续努力，直至实现目标。他们在面对挫折时绝不轻言放弃，而是从每一次挑战中获得成长与力量。

(二)行动力的内涵与价值

行动力是指个体在明确目标后，能够积极采取有效行动，并在实践中不断推进目标实现的能力。与意志力的坚韧不同，行动力强调的是将计划转化为实际行动的执行力。它要求个体不仅具备目标和决心，而且具备实践中的判断力、解决问题的能力和持续行动的动力。在大学生的成长过程中，尤其是在学术研究和社会实践中，行动力起着非常重要的作用。行动力不仅能促进个体在学业上的进步，还能帮助他们更好地适应社会实践和职业发展中的复杂情境。

1. 价值指向的行为

行动力首先体现在具有价值指向的行为上。大学生在学业提升和职业发展的过程中，要明确自己的长远目标，并将目标细化为可操作的阶段性任务。在此过程中，行动力促使个体从理论计划层面上升到实际操作层面，推动目标的实现。无论是完成课程作业、进行学术研究，还是参与社会实践和志愿活动，行动力都要求个体能够主动出击，积极寻求解决问题的方法，并推动目标的实现。行动力不仅体现在完成任务上，更体现在每一个小目标的实现过程中。

2. 应对不确定性的适应能力

行动力不仅体现在执行力上，还体现在个体面对不确定性时的适应能力上。在现代社会中，大学生常常面临快速变化的环境，尤其是在学术研究领域，许多问题具有高度的不确定性。如何在这一不确定性中作出决策并付诸实践，是行动力的基础体现。行动力强的大学生能够在信息不完全或环境变化的情况下，迅速作出反应并采取适当的行动，确保自己在变化中保持竞争力。例如，在突发社会事件发生时，行动力强的大学生能够迅速调整学业计划和生活节奏。

3. 自我驱动与持续性

行动力的另一表现是自我驱动性和持续性。大学生在成长过程中，很多时候并没有外界强制的推动力，更多的是依赖个人的内在动力。在面对长时间没有外部激励的独立研究或社团工作时，如何保持行动力，持续推进工作，对大学生而言是一个极大的挑战。行动力强的大学生通常具有强大的自我激励能力，能够在缺乏外部奖励的情况下，依然坚持自己的计划，克服拖延和懒惰，不断推动目标的实现。例如，在进行长期的科研项目或社会服务时，大学生往往没有即时的回报或奖励，但他们依然能够保持动力，持续推进，直到目标实现。

(三)意志力与行动力素养的相互关系

意志力和行动力虽然各有其独特的表现形式，但在大学生的成长过程中，它们是相辅相成、相互促进的。意志力为行动力提供了内在动力，没有坚韧的意志力，个体在面对困难时往往容易放弃；而没有强大的行动力，意志力也只能停留在愿望和决心上，无法付诸实践。两者的结合，使得大学生能够在学业、事业乃至人生的道路上，始终保持努力和前行的动力。

1. 决心与实践的结合

决心为行动提供了动力和方向。大学生在面对复杂的课题时，如果缺乏足够的决心，往往会产生动摇。决心为行动奠定了坚实的基础，使个体能够在困难面前毫不退缩，并坚定不移地朝着目标前进。反过来，行动力能够将决心转化为实际的成果。在学术研究中的持之以恒的行动和在社会实践中的积极行动，都体现了这两者的结合。只有决心与行动相辅相成，大学生才能真正推动个人成长与社会进步。

2. 实践中的反思与调整

意志力和行动力还体现在大学生的实践过程中。在实际行动中，个体常常会遇到不可预见的困难，而意志力使个体能够在面对困难时坚持下来。与此同时，行动力也促使个体根据实际情况不断调整策略和方法。在实践中不断反思、调整与优化，是意志力和行动力相互作用的结果。

(四)意志力与行动力素养的社会意义

意志力与行动力素养的培养，不仅关乎个体的学术研究和职业发展，而且具有重要的社会意义。在现代社会中，快速的变化和日益激烈的竞争要求个体培养更强的心理韧性和行动力。只有培养强大意志力与行动力的个体，才能在复杂的社会环境中脱颖而出，为社会发展作出贡献。

1. 推动社会进步与创新

意志力与行动力的结合，能够帮助个体在面对社会中的困难和挑战时，持之以恒地推动社会进步和创新。大学生作为社会未来的栋梁，其意志力与行动力决定了个人的未来走向，直接影响着社会的创新和发展。在学术研究、技术创新、社会责任等多个领域，大学生要将理论转化为实践，并积极应对复杂的社会问题。

2. 塑造社会的责任感与集体主义精神

意志力与行动力不仅帮助个体实现个人目标，而且在集体和社会层面发挥着积极作用。拥有强大意志力与行动力的个体通常会展现出更强的责任感与集体主义精神，成为社会的积极力量。他们不仅能够独立完成个人的学术和职业任务，还能够在团队合作和集体活动中起到榜样作用，带动他人一起前进。无论是在学术研究、创业项目中，还是在社会服务、公益事业中，行动力强的个体都能够凝聚集体的力量，推动团队目标的实现，帮助集体解决问题。

尤其是在全球化和数字化的背景下，社会问题变得越发复杂，单一的力量难以应对。而具有意志力和行动力的个体，在面对复杂的社会挑战时，往往能够展现出领导力和团结力，激励周围的人共同应对困难，弘扬社会责任感和集体主义精神。例如，在志愿服务、环境保护、社会公益等领域，许多年轻人在以身作则的同时，也带动了更多的同龄人加入相关活动，展现了集体主义和共同发展的力量。

四、社会交往与实践能力素养

社会交往与实践能力素养是指个体在社会交往和实际行动中所展现出的沟通能力、团队合作精神、社会适应性和解决实际问题的能力。特别是在大学生群体中，社会交往与实践能力素养尤为关键。大学生不仅要在学术上取得优异成绩，还要培养与他人有效沟通、协作和应对社会问题的能力。这不仅是他们进入社会后的基本需求，而且是他们全面发展的重要因素。社会交往与实践能力素养能够帮助大学生顺利融入社会、拓宽视野、实现自我价值，并为未来的职业发展和社会责任感的培养奠定坚实基础。

（一）社会交往能力的内涵与意义

社会交往能力是指个体在社会生活中与他人进行有效互动的能力，主要表现为良好的沟通技巧、人际关系管理能力和情绪控制能力。在大学生群体中，社会交往能力在其成长过程中起着至关重要的作用。

1. 沟通能力

沟通是社会交往的基本构成。大学生的沟通能力不局限于课堂内外的学习交流，也涉及与同学、教师、社团成员、家人和朋友的日常互动。有效的沟通不仅能帮助个体准确地表达思想、需求和情感，还能帮助其理解他人的观点与立场。具有良好沟通能力的大学生，能够更加高效地化解误会与冲突，提高团队协作效率。同时，沟通能力的提升对于跨文化、跨背景人群之间的互动也尤为重要。在多元化的环境中，沟通能力能够帮助个体避免文化冲突，推动相互了解和合作的实现，从而更好地推动目标的实现。

2. 倾听与反馈

在社会交往中，倾听与反馈是有效沟通的重点。倾听不仅是听取他人的言辞，更重要的是理解他人话语中的情感、动机和潜在需求，增强合作与信任。大学生应培养细致的倾听能力，积极倾听和适时反馈，与他人建立深入的互动关系。合理的反馈，使大学生能够传递自己的观点并帮助他人了解自身立场，同时在交流过程中建立更加积极、相互尊重的关系。倾听与反馈的良性互动，不仅有助于增进人际关系，而且为双方创造更多的合作机会和共同发展的空间。

3. 情绪管理与冲突解决

情绪管理是社会交往能力中不可忽视的一环，尤其是在面对冲突或压力时至关重要。大学生在日常交往中，经常面临各种情绪的挑战，而情绪的波动会直接影响交往的效果。有效的情绪管理能够帮助个体在复杂的社交场合中保持理性，作出适当的反应。大学生应学会识别和调节自己的情绪，在情绪激动时避免过激反应，保持冷静和客观。当面对他人的负面情绪时，大学生要懂得如何进行情绪疏导，化解矛盾，促进关系和谐发展。

(二) 团队合作精神的内涵与实践

团队合作精神是指个体在集体中与他人协作，共同推动目标实现的能力。在学术项目、社团活动和未来职场中，团队合作精神不仅是大学生完成任务的必要条件，更是其展现集体智慧和力量的重要内容。有效的团队合作能够实现个体与集体的共赢。

1. 集体意识与合作精神

团队合作精神的基础在于集体意识与合作精神。在团队中，大学生个体应摒弃过于个人主义的观点，关注集体利益而非个人得失。同时，大学生应理解与尊重团队成员的多样性，根据成员的优势进行任务分工，推动合作的顺利进行，使团队能够更加高效地运作。团队合作还要求个体培养高度的协作能力和适应性，在出现分歧时，能够沟通协调并达成共识，从而推动团队目标的实现。

2. 协作与互助

团队合作不仅是集体行动的协调，更是合作中的相互依赖和相互帮助。在大学生活中，大学生往往要与来自不同专业、不同背景的人共同完成任务或项目。在多样性合作中，大学生要学会发挥团队优势，发挥协同效应，而不是孤立作战。通过与他人合作，大学生能够借鉴他人的经验和视角，提升自己的认知水平和解决问题的能力。团队合作的成功，不仅能够提高任务的完成质量，而且能够促进团队成员之间的友谊与互助，从而形成双赢的局面。

3. 责任感与领导能力

团队合作精神不仅体现在个体对集体目标的责任感上，还体现在个体的领导能力与担当上。在团队工作中，大学生不仅要承担自己分内的任务，还要主动担负推动团队前进的责任。团队内部有时要培养具有一定领导能力的个体，让其发挥主要作用，协调团队工作，激励成员共同努力，确保任务按时完成。大学生在团队合作中应不断培养领导能力，树立责任意识，以便在未来的职业生涯中能够有效地领导团队，推动集体向着共同目标前进。

（三）社会适应能力的内涵与实践

社会适应能力是指个体在面对社会环境变化、文化差异或社会角色转变时，能够灵活调整自身的行为和心理状态，从而更好地融入新环境并适应社会变化的能力。对于大学生而言，社会适应能力至关重要，它直接关系到大学生的社会融入、个人发展和未来职业生涯。

1. 文化适应与跨文化交流

在当今全球化的背景下，大学生面临着不同文化、价值观和生活方式的碰撞。如何理解并尊重他人的文化背景，在跨文化交流中保持开放、包容的心态，是社会适应能力的主要表现。大学生应学会与不同文化背景的人有效沟通，尊重文化差异，避免因误解而引发的冲突，并从中汲取智慧。跨文化交流能力能帮助大学生拓宽视野，增强他们的全球竞争力，使他们适应日益复杂的社会环境，成为具有国际化视野的现代人才。

2. 变化适应与抗压能力

大学生在进入大学后，面临的不仅是学业压力的转变，还包括个人生活和社会角色的变动。从高中生到大学生，从依赖家庭到独立生活，许多大学生出现了心理上的不适应，产生了焦虑和压力。因此，培养较强的变化适应能力尤为重要。大学生应学会在新的环境中迅速调整，接受新挑战，并在压力中保持理性。大学生通过心理调适、自我激励等方式，能够平稳过渡到大学生活，并实现自我成长，增强适应变化的韧性。

3. 自我管理与独立能力

社会适应能力还包括大学生的自我管理和独立能力。大学生活要求学生独立处理各类事务，如学习规划、时间管理和经济管理等，不仅考验他们的个人管理能力，而且直接影响他们的学业与生活质量。良好的自我管理能力能够帮助大学生优化生活节奏，提高时间利用效率，保持工作与生活的平衡。自我管理与独立能力的培养为大学生未来的职业发展奠定了坚实的基础，能够帮助他们在多变的职场环境中应对挑战并保持高效。

(四)社会交往与实践能力素养的培养意义

社会交往与实践能力素养是大学生全面素质的重要组成部分，涵盖了学术成绩、职业发展，以及个人在社会中实现自我价值与承担社会责任的能力。在当前复杂且竞争激烈的社会环境中，培养良好的社会交往与实践能力，能够帮助大学生更好地融入社会、发挥个人优势，并为增强社会责任感和实现人生理想提供动力。

1. 增强个人竞争力

社会交往与实践能力的提升，能够显著增强大学生的职场竞争力。在职场中，具有优秀的沟通、协调和团队合作能力的个体，往往能够迅速适应工作环境，与团队成员高效协作，解决实际问题，从而成为团队中不可或缺的一员。具备良好交往能力的大学生能够在跨部门合作、客户交流和团队协作等多方面表现出色，进而推动个人职业发展。

2. 促进社会责任感的培养

大学生在社会交往与实践中，能够获取个人发展的机会，增强社会责任感，关注社会发展和公共事务。大学生通过参与社会实践和志愿服务，能够更好地理解社会问题、关注弱势群体、服务社会需求。社会责任感的培养，使得大学生不仅能够在个人层面取得成功，而且能够在更广阔的社会层面发挥积极作用，推动社会的进步与发展。

3. 全面促进个人成长与发展

社会交往能力与实践能力素养的提升，能够促进大学生在多个方面的成长与发展。大学生通过有效的沟通、团队协作、社会适应等，逐渐提升自己的社会适应能力和解决问题的能力，能够提高心理素质、增强自信心，并实现个人价值和社会价值的有机结合。

精神素养是个体认知能力、道德信仰、社会责任和行为习惯的集合体，同时也是个体与社会、文化深度互动所形成的综合素质。在大学生群体中，精神素养的培养尤为重要，它为大学生的全面发展提供了内在动力和外在指引。在现代社会快速发展的背景下，精神素养的培养不仅关乎个体的个人成长，还关乎社会的整体进步和文明的传承发展。如何实现思想、情感与行为的协调发展，如何在时代要求和社会需求中找到个人的价值定位，是大学生面临的主要挑战。本书将深入探讨不同精神素养类型的内涵与特征，如梦想精神、奋斗精神、创新精神、合作精神和斗争精神等，为大学生的精神素养培养提供理论基础和实践路径。

第二节　精神素养与大学生发展的关系

在高等教育阶段，大学生不仅要通过课堂学习掌握专业知识，更要注重个人素质的全面发展。精神素养作为大学生个体内在素质的关键体现，深刻影响着大学生的成长过程和发展轨迹。精神素养与大学生的思想、情感、社会适应能力、职业发展等各方面息息相关，是大学生能够顺利过渡到社会角色、实现个人价值和承担社会责任的重要因素。本节将探讨精神素养对大学生发展的多维作用，分析精神素养如何在大学生的思想政治教育、情感调节、社会适应能力和职业发展等方面起到至关重要的作用。

一、精神素养与大学生思想政治教育的关系

精神素养对大学生思想政治教育和个人价值观的形成具有重要作用。在大

学期间，大学生正处于世界观、人生观和价值观逐步形成与完善的重要阶段，精神素养的培养能够为大学生提供坚实的思想基础，帮助他们在面对多元文化和价值观冲击时，保持理性思考，并形成清晰的价值取向。

(一) 精神素养有助于大学生形成正确的价值观

大学生的成长过程往往伴随着各种思想的碰撞和价值观的选择。在成长过程中，大学生不仅要面对来自家庭、学校、社会与全球化带来的多元文化和思想的影响，还需在众多价值观中选择符合个人成长与社会发展的方向。如果缺乏良好的精神素养，大学生就可能会迷失自我，无法理性地从不同文化和思想中作出符合社会需求与个人发展目标的选择。精神素养中的道德素质、社会责任感、公民意识等内容能够帮助大学生树立理性、清晰的价值导向。拥有良好精神素养的大学生能够关注个人发展和社会进步，理解个人与社会的关系，树立正确的价值观，从而成为具有积极社会贡献的公民。

(二) 精神素养对大学生的社会认同与集体认同具有重要作用

在大学阶段，大学生既要建立自我认同，又要在更广泛的社会与集体中找到自己的位置。精神素养中的集体主义精神、合作意识和社会责任感能够帮助大学生在实现自我认同的同时，更好地融入社会和集体。通过学习社会历史文化，大学生逐步形成对社会的认同感，从而增强归属感和责任感，积极参与社会活动，关注社会问题，并为集体贡献力量。在集体主义的框架下，大学生能理解个人利益与集体利益的关系，并在团队合作中实现自我价值。同时，社会认同感与集体认同感使他们拥有更强的社会责任感，能够积极参与公益活动和社会服务，承担公民责任与历史使命，也有助于他们更好地融入社会，形成高度的社会责任意识。

(三) 精神素养的培养帮助大学生在复杂多变的社会背景下形成理性、批判性的思维方式

现代社会的多元化要求大学生不仅培养接受知识的能力，而且培养批判性思维。批判性思维不仅是对现有事物的否定，更是对社会现实的深入思考和理性判断。在信息爆炸的时代，大学生常常面临海量的知识与观点，筛选正确、有效的内容，避免盲目跟风，已成为其学习生活中的必修技能。精神素养中的

批判性思维、独立思考及分析问题的能力，能够帮助大学生在面对纷繁复杂的社会现象时保持清醒的头脑，理性判断。通过独立思考，大学生学会从多角度审视问题，并进行理性分析，提出解决方案。理性、批判性的思维方式不仅有助于大学生直面职场挑战，还可为他们未来的社会参与、学术研究和人生决策提供强大的支持。具有理性、批判性思维的大学生能够避免盲目跟风，增强自我决策能力，从而更好地适应社会的多元化发展。

大学生面临着来自多方面的思想和文化的冲击，如何在这样的环境中找到自我，形成稳定且正确的价值观，已成为他们成长过程中不可忽视的课题。提升精神素养，不仅能够帮助大学生在多元文化的冲击中保持自己的立场，还能够帮助他们树立更加理性和全面的世界观、人生观、价值观，帮助他们在复杂的社会背景下，更加理智地应对生活和工作中的挑战，同时激发他们的社会责任感，帮助他们更好地融入社会和集体，为社会进步和发展作出积极贡献。

二、精神素养与大学生情感发展的关系

情感作为人类行为的主要动力源泉，直接作用于大学生个体心理素质的完善、社会交往能力的提升和健康心理的维护。在大学生的成长过程中，情感的形成、调节和发展对于他们的自我认知、情绪调控、人际交往、心理健康等方面起着至关重要的作用。精神素养的培养不仅能够帮助大学生提升自我情感的调节能力，还能促进他们在复杂社会情境中的情感表达和社会适应，为他们的全面发展奠定坚实的基础。

(一)精神素养帮助大学生提升情绪调节和心理抗压能力

大学生面临的挑战广泛且复杂，包括学业负担、就业前景、亲密关系和社交问题等，它们常常成为大学生情绪不稳定和心理健康问题的根源。精神素养中的自我调节能力、情绪管理技巧和抗压能力，能够帮助大学生在面对挑战时保持冷静，理性看待并有效应对压力。通过培养理性思维和情感调节能力，大学生能够学会识别、理解并调整负面情绪，从而避免情绪失控和心理问题的发生。例如，在面临学业压力时，大学生应当积极调节情绪，保持积极心态，合理安排学习与休息时间，减少过度焦虑的发生。精神素养的提升可以帮助大学生培养冷静、理性的情感反应，使其在面对各种挑战时能够保持心理平衡，减

少负面情绪对身心健康的影响。

(二)精神素养有助于大学生建立健康的人际关系

在校期间,大学生常常面临着多种人际交往的挑战,如与同学的合作和竞争、与教师的互动等。人际交往是大学生情感发展的关键方面,良好的情感素养能够帮助大学生建立和谐的社会关系。精神素养中的沟通能力、同理心、情感表达和人际交往技巧,能够帮助大学生在社交中更好地理解他人的情感需求,增强他们的情感共鸣能力和冲突解决能力。例如,在与同学的合作中,良好的情感素养能够帮助大学生理解并包容他人的差异,尊重他人的情感需求,并且有效沟通和解决冲突。在与教师的互动中,良好的情感素养能够帮助大学生与教师建立和谐、积极的师生关系,提高师生情感交流的质量。在人际交往过程中,良好的情感素养能够帮助大学生获得他人的情感支持和社会支持,增强自己的社会适应能力,并在集体互动中提高自己的情感表达能力和社交技巧。情感素养的培养,能够促进大学生与周围的人建立更加稳定、健康的关系,从而有助于大学生情感的进一步发展,并且为今后进入社会提供必要的情感基础。

精神素养的培养对大学生的情感认同与社会认同具有重要意义。在大学阶段,学生正处于社会认同感逐步形成的基础时期。从个人情感的萌芽发展到对社会情感的深刻认同,是其成长道路上不可忽视的挑战。精神素养所包含的集体精神、社会责任感、公民意识等要素,为大学生提供了思想上的坚实支撑,可帮助他们逐步建立对社会与集体的深刻认同。精神素养不仅帮助大学生明确自身在社会中的角色与责任,还引导他们通过学习和体验社会历史文化,逐步加深对社会的理解与认同。在集体生活和社会实践中,大学生通过精神素养的培育,不断发展出更加成熟的社会情感。他们学会了与团队成员协作共进,用实际行动为社会作贡献,从而加深了与社会和集体的联系。社会认同感的建立,不仅帮助大学生更好地适应社会环境,还为其未来的职业生涯打下了坚实基础。更为重要的是,精神素养的培养激发了大学生对社会责任的深刻认识,鼓励他们积极履行社会责任。无论是投身社会公益事业,还是关注社会问题并提出解决方案,大学生都能够以实际行动为社会作贡献,为集体利益和社会发展注入新的活力。

（三）精神素养促进大学生情感成熟和情感管理能力的提高

大学阶段是个体情感探索和表达的基础时期，如何认识自我、调节情感、表达情感和处理复杂的情感关系，是大学生面临的重要课题。良好的精神素养为大学生提供了健康的情感发展路径，帮助他们更好地管理情绪和情感，提高情感表达的准确性与有效性。在不断的实践和反思下，大学生逐渐形成成熟、理智的情感管理模式，能够更好地应对生活中的情感波动与变化，不仅能够提升自我认知能力，还能在与他人的交往中增强情感的理解与共鸣，构建更加健康、稳定的人际关系网，为未来的社会交往和职业发展提供情感保障。

三、精神素养与大学生社会适应能力的关系

大学生在大学阶段面临学术和学习的压力，要经历从学校到社会的过渡期，社会适应能力对他们顺利融入社会、在未来的职业生涯中取得成功起着至关重要的作用。精神素养的培育为大学生社会适应能力的提升提供了坚实基础，使他们在面对复杂的社会环境和多变的社会挑战时，能够保持理性，灵活应对，进而提升他们在社会中的生存与发展能力。

（一）梦想精神是大学生社会适应能力的基础起点

梦想精神代表大学生对未来的远大理想和职业目标的追求。大学生如果具有明确的梦想和方向，就能在面临社会和职场的不确定性时，始终保持对未来的信心和动力。梦想精神帮助大学生保持积极的心态，使他们在面对复杂的社会环境时，能够勇敢地迎接挑战，克服一时的困难，并在此过程中不断调整自我。只有坚持自己的梦想，大学生才能更好地适应社会的变化，迅速融入集体并找到自己的职业定位。对梦想的追求，不仅使大学生在社会中培养出更强的自信心，还使他们在职场中展现出明确的目标感，进而提高了他们的社会适应能力。

（二）奋斗精神对大学生社会适应能力的提升起着至关重要的作用

大学生进入社会后，将面临各种挑战和压力。无论是适应新的社会环境，还是面对职场中的不确定性，奋斗精神都能帮助大学生保持积极的心态，坚定地走向自己的目标。奋斗精神让大学生在面对挫折时不轻易放弃，激励他们不

断寻求解决方案，克服职场中的低起点、经验不足和适应困难等问题。特别是在工作初期，许多大学生会遭遇较大的竞争压力，而具有奋斗精神的大学生往往能坚持自我，不屈不挠，努力克服困难，不断积累经验，提升能力，进而适应社会的变化与跟上社会的发展节奏。

(三)创新精神有助于大学生在社会适应过程中快速应对变化和挑战

在快速发展的现代社会和职场环境中，面对不断变化的技术、需求和市场趋势，大学生要培养强大的创新能力，以迅速调整思维模式和行为模式。创新精神的创新，不局限于技术和产品的创新，还包括工作方法、沟通方式、管理模式等方面的革新。通过培养创新思维，大学生能够突破常规，提出具有前瞻性和创意性的解决方案，以应对复杂多变的社会和职场环境。创新能力不仅提升了大学生在职场中的竞争力，还帮助他们在面对突发问题和挑战时迅速作出反应，从容应对，确保个人和团队目标的实现。除此之外，创新精神的培育使大学生增强了跨领域思维的能力，并且能够在多种情境下识别机会、主动寻求改进方案，从而提高了社会适应能力和变革管理能力。

(四)合作精神是影响大学生社会适应能力的重要因素

在现代职场中，团队合作已成为完成任务和实现目标的重要因素。大学生要培养良好的合作精神，以便在集体环境中发挥自己的作用，协调工作任务，完成团队目标。合作精神帮助大学生在与他人共同工作时，学会倾听、沟通和协调，从而提高人际交往能力和团队协作能力。在多元化的工作环境中，大学生能够通过合作精神，与来自不同背景的人有效合作，克服工作中的困难，推动项目进展。团队合作不仅增强了大学生的社会适应能力，还培养了他们的集体责任感和归属感，使他们在进入社会后，能够更快速地适应团队文化和职场环境，达成共同目标。

(五)斗争精神是大学生社会适应能力的重要支撑

进入社会后，无论是适应新的社会环境，还是应对职场中的不确定性与竞争，斗争精神都能为大学生提供强大的内在动力。斗争精神体现了在困境中不屈不挠的决心，激励大学生在面对挫折时依然保持清醒的头脑和坚定的信念，勇敢地去追求自己的目标。在面临社会变革与职场压力的情形下，斗争精神鼓励大学生积极应对来自外部环境的挑战，直面问题并寻找解决办法。面对激烈的竞争和复杂的职场生态，大学生通过实践不断锤炼自己，培养出坚韧不拔的意志力和自我超越的能力。尤其是在初入职场时，许多大学生可能因为经验不足而面临较大的困难。此时，具有斗争精神的大学生往往能够以顽强的态度克服困难，在不断的挑战中积累经验，提升自我能力，最终在职场中站稳脚跟。

四、精神素养与大学生职业发展的关系

大学生的职业发展不仅依赖于专业知识和技能的积累，还与其内在素质，尤其是精神素养的培育密切相关。精神素养不仅是个人综合素质的体现，还是影响职业生涯发展的核心要素之一。它能够帮助大学生在激烈的职场竞争中脱颖而出，并促进他们在职场中顺利发展，实现职业目标。在快速变化和激烈竞争的现代职场中，精神素养对于大学生的职业发展至关重要，尤其是梦想精神、奋斗精神、创新精神、合作精神和斗争精神等方面的影响更为深远。

(一)梦想精神在大学生职业发展中的关键性作用不可忽视

梦想精神是大学生职业发展和个人成长的起点，代表了个体对未来的远大理想和目标的追求。每个成功的职业生涯都始于一个明确的梦想——无论是成就个人理想，还是作出社会贡献。梦想精神能激发大学生对职业发展的热情和动力，帮助他们在职业规划中保持清晰的方向。具有梦想精神的大学生，能够明确自己职业发展的目标，勇敢面对挑战，克服职业发展过程中的困难，并为实现目标持续付出努力。梦想精神能够为大学生提供克服挫折的内在动力。在职业发展的过程中，大学生难免遇到不顺利的情况，如工作机会有限、职位发展缓慢等。具有梦想精神的大学生能够在挫折面前不气馁，以实现梦想为驱动力，保持积极的心态和行动。

(二)奋斗精神对大学生职业发展作用深远

大学生在职业发展的过程中面临诸多挑战和困境。例如，大学生要选择合适的职业方向，适应职场文化，克服工作中的挫折等。奋斗精神能够激励大学生在面对职场困境时不气馁，积极寻求解决方案，持之以恒地追求职业目标。特别是在职业生涯初期，许多大学生遭遇工作经验的欠缺和初期的不适应等困难，如果缺乏足够的奋斗精神，便容易放弃或选择妥协。更重要的是，奋斗精

神不仅是大学生面对挑战时的动力源泉，更是其持续发展的动力。它要求大学生在遇到职场挫折时迎难而上，不屈不挠，持续地努力与提升。从个人的成长角度看，奋斗精神能帮助大学生在职业道路上不断克服困难，取得成绩。当然，奋斗精神也与职业目标的明确性密切相关。当大学生明确自己的职业方向并为之不懈奋斗时，他们能够更好地面对职业生涯中的各种挑战，推动自己的职业发展。奋斗精神为大学生提供了应对职业困境的力量，也为他们的职业发展注入了持久的动力。

（三）创新精神对大学生职业发展影响重大

在当前的知识经济时代，创新成为各行各业极为重要的竞争力之一。许多行业和企业面临着产品同质化、市场竞争激烈等问题，创新不仅能够帮助个人解决实际工作中的问题，还能够为企业创造更大的价值。因此，大学生如果能够培养创新思维，不仅能够在职业中贡献独特的创意，提升自己的工作效率，还能够在面临复杂问题时提出新颖的解决方案，增加自己在职场中的竞争优势。创新不仅体现在技术和产品上，还体现在工作方法、工作流程和管理模式上。大学生如果能在在校期间培养创新思维，进入职场后便能够更快速地适应工作环境并作出有益的改变。具有创新精神的大学生能够打破常规，提出更具前瞻性的建议，体现自身的价值。在技术不断更新换代的今天，创新精神既是职场成功的加速器，也是职场发展中的一项不可或缺的关键素质。

（四）合作精神对大学生职业发展具有基础意义

现代职场不仅强调个人能力的发挥，更重视团队协作和集体责任感。在职场中，很多工作需要团队协作完成，单打独斗已难以满足现代工作环境的需求。精神素养中的合作精神能够帮助大学生在团队中建立良好的沟通与协作关系，提升他们的团队工作能力和集体责任感。合作精神要求大学生培养有效的沟通技巧、开放的心态和愿意倾听他人意见的能力。在团队中，大学生要与不同背景和专业的人合作，通过有效的沟通，解决冲突、明确分工，共同推动项目进展。具有良好合作精神的大学生，在团队中能够发挥积极的作用，并赢得同事的信任与支持。随着职业生涯的发展，合作精神将成为大学生职业生涯中的基础竞争力之一，不仅能够帮助他们在集体中获得更多机会，而且能够促进其职业目标的实现和个人价值的最大化。

(五) 斗争精神对大学生职业发展的积极推动作用

在当今职场中，面对日益激烈的竞争、复杂的工作环境以及不断变化的行业需求，斗争精神为大学生提供了强大的内在动力，帮助他们有效应对各类挑战与困难。无论是求职阶段还是正式进入职场后，大学生都面临职位竞争、工作压力以及自我怀疑等问题，斗争精神能够促使他们保持理性思维与坚定信念，始终坚持职业目标，并勇于迎接挑战。在职场环境中，斗争精神不仅促使大学生不断奋斗、克服困难，还帮助他们在遭遇挫折时调整心态、改变思维方式，灵活应对外部环境的变化。特别是在职业生涯初期，由于经验缺乏，许多大学生可能会面临较大的困境。具有斗争精神的大学生能够在艰难时刻坚持不懈，通过持续努力克服难题，并逐步实现职业目标。斗争精神不仅是大学生应对职场困难的关键动力来源，更是他们在面对日益变化的职业环境时，不断超越自我、实现个人职业发展的重要支撑。

五、精神素养与终身学习能力的关系

在信息化和全球化日益加深的时代背景下，终身学习已成为个人职业发展的必要条件。随着技术的不断发展和社会需求的不断变化，传统的教育模式已难以满足个体不断增长的知识需求。终身学习不仅是职业发展的要求，还是个体适应社会变革、提升综合素质的核心要素。精神素养作为一种深层次的心理素质，不仅作用于大学生的思想、情感和社会适应能力，还在很大程度上决定了大学生的终身学习能力。精神素养中的自我调节能力、批判性思维、学习动机和自主学习能力等，都是大学生终身学习、持续提升的重要因素。

(一) 精神素养中的自我调节能力是终身学习的重要基础

对大学生而言，在学术压力、人际关系和未来就业等方面进行有效的自我调节至关重要。自我调节能力不仅表现在情绪管理和心理抗压上，还涉及学习过程中的自我监督和目标设定。具有较强自我调节能力的大学生，能够根据自身的学习进度和目标，调整学习策略，优化时间管理，并且在面临学习挑战时保持积极的心态。自我调节能力的不断提升使大学生能够持续地进行自我反思，评估自己的学习效果，并根据实际情况作出适应性调整，这对终身学习至关重要。

(二)精神素养中的批判性思维是终身学习中不可或缺的要素

批判性思维指的是个体在面对信息时，能够进行深入的分析和评估，识别信息的真实性与有效性，提出合理的质疑，并形成独立的判断。这一思维方式不仅对大学生的学术研究有重要作用，而且为其终身学习提供了关键支持。在面对海量信息和快速变化的知识体系时，批判性思维帮助大学生不被表面信息迷惑，深入探讨背后的原因与逻辑，从而作出更为科学、合理的学习选择。

(三)精神素养中的自主学习能力对终身学习尤为重要

在快速变化的时代，知识的更新速度远远超过了传统教育的步伐，大学生要培养自主学习的能力，这样才能够在未来社会中持续发展。自主学习是一种主动、独立的学习方式，大学生要在没有外部强制要求的情况下，主动学习知识、掌握技能并不断进步。精神素养中的自主学习能力使大学生能够在工作中持续学习，甚至在退休后仍保持一定的学习动机和能力。自主学习不仅要求大学生具有自我激励的动力，还要求其培养自我管理的能力。具有较强精神素养的大学生，往往在面对新知识的挑战时，能够保持兴趣并坚持学习。自主学习能力让大学生在工作和生活中能够不断追求新的知识与技能，保持竞争力，适应社会的发展需求。它既是个体终身学习的意识和自我成长的动力，又是大学生迈向职场和进入社会的必备素质。

梦想精神、奋斗精神、创新精神、合作精神和斗争精神是终身学习的五个核心要素，帮助大学生在快速变化的社会和职场中不断提升自我、适应环境，并实现个人和职业的可持续发展。

第一，梦想精神是终身学习的关键动力。在终身学习的过程中，梦想精神激励大学生不断提升自己的专业能力和增加跨学科的知识储备，以适应快速变化的社会需求。大学生只有具有明确的梦想，并不断努力地朝着目标迈进，才能持续地进行自我提升和终身学习，并与社会共同发展。因此，梦想精神为大学生终身学习提供了持久的动力。

第二，奋斗精神为终身学习提供了坚实的支持。在终身学习过程中，大学生将面临各种挑战，包括技术的不断更新、行业需求的变化和自身学习能力的提升等。奋斗精神能够帮助大学生在遇到困难时不气馁，持续努力，不断克服学习过程中的困难，提升自己的专业技能和知识水平。特别是在快速变化的职业环境中，大学生如果能够保持奋斗精神，便能在面对社会压力、技术革新和职业转型时，迅速调整学习计划并付诸实践。持续的努力让大学生能够在职场和生活中不断提升自己的能力，始终保持竞争力，从而确保终身学习的动力和成果。

第三，创新精神在终身学习中扮演着至关重要的角色。创新精神促使大学生在面对未知领域和新技术时，能够主动寻找学习机会，积极应对变化。在信息和知识爆炸的时代，大学生必须培养创新思维，以识别并抓住不断涌现的新机遇，从而在知识更新换代的过程中始终保持优势。创新精神能够让大学生在学习过程中突破传统的思维框架，寻找更有效的学习方法和途径。例如，大学生能够通过自我学习和参加培训等方式，创新地解决工作中的问题，并不断为职业发展积累新的技能。因此，创新精神不仅可以帮助大学生提升技术能力，还为他们的终身学习提供了探索和创新的思维模式，使他们在复杂和动态的社会环境中保持较强的学习能力。

第四，合作精神是终身学习中不可忽视的要素。终身学习不仅是个体的学习过程，更要在与他人合作的过程中实现知识的互补和共享。合作精神使大学生能够在团队学习、跨学科交流和职场合作中，形成有效的互动和协作。在与同学或专业人士共同学习的过程中，大学生能够借鉴他人的经验和智慧，扩展知识边界，提高学习效率。在终身学习的实践中，大学生往往要与他人协作解决复杂问题或共同完成团队任务。合作精神帮助他们在集体中发挥基本作用，提升团队合作和沟通能力。无论是在学术研究中还是在职业发展过程中，良好的合作精神使大学生能够与他人共同进步，在合作中不断学习和提升，从而确保他们在终身学习中不断获得新的成长和机遇。

第五，斗争精神是终身学习中的核心动力。在终身学习的过程中，斗争精神为大学生提供了克服困难和应对挑战的核心动力。随着知识更新速度的加快和职业环境的快速变化，大学生将面临许多挑战，如信息过载、技术变化以及社会需求的不断演变等。斗争精神使大学生在面对这些挑战时，保持坚定的信念和强大的韧性，勇于面对困境，积极寻找解决方案，持续在自我提升的道路上前进。面对学习和职业中的挫折，具有斗争精神的大学生往往能够保持清醒的头脑，不轻易放弃，并且调整学习策略、加强自我反思，逐步克服困难。斗争精神还促使大学生在面对职业转型或技术革新时，保持坚韧的意志，积极迎接变革的挑战，从而实现自我超越和持续的职业发展。斗争精神不仅在学习过程中激发大学生不断追求卓越的动力，也为其在快速变化的社会环境中适应新形势、克服种种困难提供了持久的动力源泉。

第三节　精神素养培育的理论支撑

精神素养的培育是一个跨学科、多维度的复杂过程，涵盖了大学生思想、情感、道德、行为等方面的全面发展。作为提升个体综合素质与心理健康的主要途径，精神素养的培育有着深厚的理论基础，涉及马克思主义关于人的全面发展理论、中华优秀传统文化中的"修身齐家治国平天下"理念、心理学理论、社会学理论、道德发展理论和人本主义教育理论。它们不仅为精神素养的具体培育提供了方法论指导，还为高校制定相关教育策略提供了科学依据。

一、马克思主义关于人的全面发展理论

马克思主义关于人的全面发展理论是精神素养培育的重要理论基础。马克思在《1844 年经济学哲学手稿》中提出了人的全面发展思想，强调人类社会发展的最终目标是实现全部个体的自由、全面发展，是从物质到精神、从个体到社会、从局部到整体的系统性演进。马克思在该著作中指出："动物只是按照它所属的那个种的尺度和需要来构造，而人却懂得按照任何一个种的尺度来进行生产，并且懂得处处都把固有的尺度运用于对象。因此，人也按照美的规律来构造。"这表明，人的全面发展不仅要满足物质需求，更要在思想、情感、文化等精神层面得到全面提升。

马克思主义关于人的全面发展理论源自对人类社会与个体生活的深刻哲学思考。马克思认为，人的全面发展不仅体现在物质层面，如工作、财富与地位等，还包括个体自由的拓展、知识体系的丰富、社会责任感的培养和综合素质的提升。社会的进步最终体现在个体的解放与全面发展，涵盖智力、情感、社会关系、道德和责任等方面的能力拓展。

在精神素养培育的过程中，马克思主义关于人的全面发展理论提供了重要思想和根本指导。大学生的精神素养培育不仅要从知识和技术的积累入手，还要注重情感、道德、意志力等非智力因素的发展。精神素养的培育不仅在于个体的知识教育，还要关注他们的人文素质、社会责任感，以及他们与社会和他人之间的关系。因此，教育工作者应当从人的全面发展的角度出发，注重大学

生思想道德素养、文化修养、社会适应能力等多方面的培养，帮助他们形成更加健康、全面和具有社会责任感的精神面貌。

二、中华优秀传统文化中的"修身齐家治国平天下"理念

中华优秀传统文化，特别是儒家思想中的"修身齐家治国平天下"理念，是精神素养培育的重要文化支撑。儒家思想提倡个人修养与社会责任的结合，认为良好的自我修养能够推动家庭和社会的和谐，从而实现国家的繁荣与天下的太平。"修身齐家治国平天下"理念强调个体的道德修养与社会责任感，是培养大学生精神素养的重要理念。

"修身齐家治国平天下"理念特别强调个人修养对家庭、社会乃至国家的深远作用。在儒家思想中，"修身"不仅指个人品德、思想与行为的修养，还包括道德、知识积累和情感控制等方面的自我提升；"齐家"强调家庭成员之间的和谐与责任；"治国平天下"则要求个体具有强烈的社会责任感，主动参与社会治理，促进社会进步与人类福祉的实现。

"修身齐家治国平天下"理念为大学生精神素养的培育提供了明确的价值导向。大学生不仅要提升知识和技能，还要注重道德修养与责任感的培养，理解并承担社会责任。"修身"要求大学生树立正确的价值观，注重内外修养的一致性，培养正直、诚信、负责等基础品质。而"齐家治国平天下"思想则激发大学生的社会责任感和使命感，鼓励他们将个人发展与社会进步紧密联系起来，追求更大的人生价值。

三、心理学理论

心理学作为一门研究人类心理活动及其规律的科学，对于精神素养的培育具有深远的作用。精神素养的提升不仅依赖于外在的教育与环境的熏陶，更需要个体内在心理机制的引导与调适。心理学理论为精神素养的培育提供了主要理论依据，帮助教育者理解如何塑造个体的心理状态和行为模式以促进其精神素质的提升。

一是马斯洛需求层次理论。马斯洛需求层次理论将人类需求分为五个层次：生理需求、安全需求、社交需求、尊重需求和自我实现需求。它揭示了个体需求从生存到自我实现的逐步递进过程。在精神素养的培育过程中，教育者要关注学生不同层次的需求。对于大学生群体而言，社交需求和尊重需求尤为

突出。大学生在寻求社会认同、获得自尊的同时，也要在群体中建立有效的人际关系和提高沟通能力。因此，教育者应注重培养大学生的情感交流和社会适应能力，帮助他们在集体中找到自我价值，从而激发他们内在的自信心和责任感。马斯洛需求层次理论中的自我实现需求强调个体追求自身潜力的最大化，这也是精神素养培育的核心目标之一。它要求个体不仅实现知识和能力的增长，而且关注个人价值观的形成、对理想的追求和社会责任感的提升。因此，教育者应提供广阔的发展空间，激发学生的创新意识与自主性，帮助学生在精神层面实现自我价值的真正升华。

二是认知行为理论。认知行为理论强调个体的行为和情绪受其认知过程的支配，即人们对外界事物的理解与解释会作用于他们的情感反应和行为模式。教育者要帮助大学生改善认知模式，促进大学生的情感调节和行为适应。在精神素养的培育过程中，大学生面临各种心理挑战，如压力、焦虑、低自尊等问题，这些问题如果不及时处理将会影响情绪和行为。认知行为训练能够帮助大学生识别并调整负面的认知偏差，是提升大学生精神素养的有效途径。认知行为理论还强调情绪调节和行为反应的形成过程。在面对复杂社会和学业压力时，大学生往往会产生消极情绪。教育者应帮助大学生重新审视压力源，转变对问题的理解方式，从而优化情绪反应模式，更加理性地处理问题，增强心理韧性和社会适应能力。

三是心理韧性理论。心理韧性指的是个体在遭遇逆境、压力或创伤时，能够迅速恢复并适应环境的能力。心理韧性理论强调个体内在力量的发挥，以及处于困境时积极应对的机制。大学生在学业、职业与个人生活中常常面临来自不同方面的压力和挑战。培养大学生的心理韧性，帮助他们增强应对困境时的适应能力和心理耐受力，不仅有助于他们在面对学业挑战时保持稳定的情绪和高效的行动，而且能使他们在生活中遇到挫折时变得更加坚强。另外，心理韧性理论强调个体应培养积极的应对机制，包括情绪调节、目标设定和自我激励等。教育者应通过设置有挑战性的任务、提供情感支持、营造积极的校园文化等方式，培养大学生的心理韧性，帮助他们进行有效的压力管理和制定积极的应对策略。

四是精神健康理论。精神健康理论关注个体的心理健康状态，认为良好的心理健康不仅是没有疾病的表现，更是个体适应社会生活、调节情绪和应对压力的能力的体现。在精神素养的培育过程中，精神健康的维护和提升被视为核心组成部分。教育者可开展一系列心理健康教育活动，帮助大学生认识和管理自己的情感，提升情感表达和情绪调节的能力。同时，教育者可提供心理咨询和支持服务，帮助大学生克服焦虑、抑郁等心理障碍，提升其精神素养。精神健康理论强调的自我调适与心理适应，为精神素养的提升提供了科学依据。

五是成就动机理论。成就动机理论探讨了个体在面对任务挑战时的动机和努力程度。根据成就动机理论，个体在追求成就时的行为不仅取决于外部奖励，还受内在动机的影响。在教育实践中，教育者能够激发大学生的内在动机，鼓励他们设定高远的目标并为之努力，激励他们在追求卓越、面对挑战时保持积极的心态，帮助他们发展成就动机，培养他们奋发向上的精神素养。

四、社会学理论

作为一门研究社会现象和社会规律的学科，社会学理论对精神素养的培育具有重要的启示作用。社会学理论帮助教育者理解社会环境如何作用于个体的精神世界，尤其是个体的思想、情感和行为如何在社会文化背景中不断发展与调整。社会学理论强调社会环境和社会互动的作用，特别是在塑造大学生的社会责任感、团队意识，以及个体心理和行为规范等方面具有重要意义。

一是社会文化理论。社会文化理论由俄国心理学家维果茨基提出，认为个体的发展是在社会互动中逐步实现的，社会文化环境对于个体的认知、情感和行为具有决定性作用。具体而言，个体的社会性发展即其通过与他人，尤其是成人或社会中较为成熟的个体互动而不断获得新的知识和技能，进而形成自己独特的思想和行为模式。维果茨基特别强调"最近发展区"概念，认为个体的发展是通过与他人合作和互动来实现的。社会文化理论强调社会与文化环境在塑造个体精神世界中的作用，认为个体的认知、行为和精神发展不仅是个人内在因素的结果，还受到社会文化环境的深刻作用。大学生的精神素养，尤其是思想观念、情感认同和行为习惯，都是在特定社会文化背景下形成的。社会文化理论为精神素养的培育提供了有效的视角。在大学生的成长过程中，家庭、学校、社会等文化环境非常重要。教育者要为大学生创造一个良好的文化氛围，帮助他们在社会互动中不断成长、不断自我调整。在精神素养的培育过程中，大学生不仅在课堂上学习吸收知识，更关键的是在社会实践、志愿活动中培养与他人合作、沟通、表达的能力。

二是社会认同理论。社会认同理论由社会心理学家亨利·塔吉费尔提出，强调个体将自身归属于某个社会群体以获得认同感和归属感。个体在与群体形成共同认同的过程中，能够建立社会支持系统，感到被认可与安全。社会认同理论强调了群体对个体身份和自我感知的基本性，在精神素养的培育过程中具有深刻的作用。在大学生精神素养的培育过程中，社会认同理论为教育者提供了有价值的启示。大学生正处在人生的核心阶段，面临身份认同、价值观塑造等重大问题，而此时群体的作用非常大。大学生的精神素养不仅由他们个人的努力决定，还受到同龄人群体、学校文化、社会环境等因素的深刻作用。大学生在归属于特定社会群体后，能够通过群体支持获得自信心、归属感和社会责任感的显著提升。社会认同理论还强调了社会身份的流动性和多元性。在数智时代，大学生的社会身份往往呈现多元化、动态化的特征，个体在群体中的身份并非固定不变，而是能够根据社会交往与文化认同进行调整和塑造。因此，在精神素养的培育过程中，教育者应鼓励大学生积极参与多样化的社会活动，并帮助他们在活动中不断塑造和调整自己的社会认同，培养他们的适应能力和跨文化交流能力。

五、道德发展理论

道德发展理论由美国心理学家科尔伯格提出，认为个体的道德判断和行为会随着认知水平的提升而逐步发展。道德发展理论关注的是个体如何通过一系列的发展阶段，从单纯地遵守规则到能够根据内在的道德原则进行判断和决策。

科尔伯格的道德发展理论基于皮亚杰的认知发展理论，提出人类的道德发展是一个逐步递进的过程。根据科尔伯格的理论，个体的道德发展经历了三个主要阶段：第一阶段是前习俗阶段，个体的道德判断依赖于对惩罚和奖赏的反应；第二阶段是习俗阶段，个体开始遵循社会规则和法律；第三阶段是后习俗阶段，个体根据个人的道德原则作出决策，并能够超越法律和社会规范，作出符合普遍伦理的判断。

在大学生精神素养的培育过程中，道德发展理论提供了主要的指导思想。大学生正处于道德发展的关键阶段，如何引导他们从遵守外部规范过渡到形成独立的道德判断力和社会责任感，是精神素养教育的重要任务。思想政治教育、道德教育等，是帮助大学生提高道德认知水平，促进他们形成内在的道德信仰，从而在复杂的社会环境中作出符合伦理和道德的决策的基本途径。

六、人本主义教育理论

人本主义教育理论强调教育应关注学生的个性化发展，注重激发学生的内在潜力，支持其全面成长，因为教育的目的不仅是知识的传授，更是个体人格的塑造和社会适应能力的提升。

人本主义教育理论的代表人物有马斯洛和罗杰斯。马斯洛提出了著名的需求层次理论，认为人的需求按照从生理需求到自我实现需求的顺序逐级递进。罗杰斯则主张教育应关注学生的个性化发展，尊重学生的自主选择和内在动机，激发学生自我实现的愿望。人本主义教育理论主张建立积极支持性的教育环境，激发学生的内在动力，使其在社会、情感、认知等多个方面实现全面发展。

在人本主义教育理论的指导下，精神素养的培育能够更好地满足大学生的个性化发展需求。教育者要关注大学生的情感和需求，发掘其内在潜能，借助适宜的学习资源和环境，引导大学生形成积极的人生态度与强烈的社会责任感。在现代社会，大学生面临巨大的心理压力和多样化选择，人本主义教育理论为如何帮助大学生建立自信、保持内心平衡和应对社会挑战提供了理论依据。

大学生正处于自我价值感和社会认同感的核心要素形成期，教育者应根据人本主义教育理论，尊重每一个大学生的独特性，营造安全且充满支持的学习环境，并提供适合其兴趣和需求的成长空间，帮助大学生形成对人生的积极认识，提升面对压力和挑战的适应能力，从而推动精神素养的全面发展。

第二章
梦想精神的培育

在当代社会, 梦想精神不仅是个体追求个人成就过程中的重要动力, 更是推动整个社会发展的主要因素之一。随着科技的进步与社会的不断多元化, 梦想已经不再局限于个人目标的实现, 而是与社会发展、国家命运紧密相连。新时代大学生肩负着中华民族伟大复兴与社会进步的责任, 梦想精神已成为他们引领未来的重要因素。梦想精神帮助大学生明确目标、坚定信念、付诸实践, 在实现个人理想的同时, 促进社会进步和民族复兴。因此, 深入探讨梦想精神的内涵、文化根基和社会价值, 能够为大学生提供理论指导与实践路径, 不仅有助于大学生的个人成长, 还能为国家和社会的发展注入新的动力。

第一节　梦想精神的内涵与文化根基

梦想精神是指个体在追求理想目标的过程中, 培养坚定信念、追求卓越、不断创新、不懈奋斗的精神状态。梦想精神不仅体现了个体在社会生活中的积极向上状态, 还是一种从内心激发的、追求更高目标的动力。它源自人类对美好生活的渴望, 体现了个体与社会发展的有机结合, 是文化传统、社会需求和时代价值的交汇点。

一、梦想精神的内涵

梦想精神作为个体在矢志不渝追求理想过程中的精神风貌, 展现了积极向上、创新进取与坚韧不拔的特质。它不仅是个人对未来美好生活热切向往与执

33

着追求的体现，更承载着深厚的社会责任与时代赋予的使命。作为一种内在驱动力，梦想精神激励着人们在逆境中勇往直前，不断追求卓越，并在推动社会进步中实现个人价值与社会价值的和谐统一。在新时代的工业化和信息化的浪潮中，梦想精神已成为推动大学生群体成长与发展的基本精神支柱。

(一)理想：驱动梦想的内在动力

梦想精神的关键在于对理想的坚定追求。理想作为对未来的美好憧憬与奋斗目标，是驱动个体不断前行的强大力量源泉。马克思曾深刻指出，人类历史发展的终极目标是实现人的自由全面发展，而理想正是推动人类与个体不断超越自我、迈向更高境界的精神灯塔。每一代人都有其特定的时代使命与理想追求，梦想精神要求个体通过不懈努力，将个人理想融入社会发展的大潮中，为实现社会的持续进步贡献力量。

在中国传统文化的深厚土壤中，对理想的追求有着源远流长的文化根基。儒家文化倡导的"修身齐家治国平天下"，不仅强调了个体修养与家庭和谐的重要性，更将个人的梦想与国家的兴衰紧密相连，鼓励个体通过不懈奋斗，在实现个人理想的同时，积极服务于国家的发展大局。追求理想的精神，不仅有助于个体实现自我价值，更为社会的向前发展注入了强大的动力。

理想驱动不仅是对未来的美好憧憬，更是一种强大的内在动力，它促使人们在困境中不屈不挠，勇敢跨越前进道路上的重重障碍。从古代的孔子到现代中国的诸多伟大人物，理想始终在他们的奋斗历程中扮演着至关重要的角色。梦想精神要求个体不畏艰难，勇敢地追求自己心中的理想，努力实现社会与自我的共同进步。

(二)创新：驱动梦想的进步引擎

梦想精神不仅体现在对理想的执着追求上，更体现在通过创新实现梦想的勇气与智慧上。创新作为梦想精神的关键组成部分，激励着个体突破传统思维的束缚，勇于探索未知领域，以全新的视角和方法解决问题。习近平总书记在庆祝改革开放40周年大会上的讲话中，明确提出了"创新是第一动力"的理念，强调了创新在推动经济社会发展中的核心地位。梦想精神要求个体在面对挑战时，敢于挑战传统，勇于创新，以实现个人与社会的共同进步。

从个人成长的角度来看，创新不仅意味着技术层面的突破，更意味着思维方式的更新与自我价值的重塑。邓小平同志指出,"发展才是硬道理",并强调了创新在推动个人成长与社会发展中的核心要素作用。梦想精神鼓励个体在追求梦想的过程中,不断尝试新方法、新思路,以创新的思维推动个人的成长与社会的进步。

(三) 奋斗：梦想成真的必经之路

梦想的实现离不开持之以恒的奋斗。梦想精神的另一个显著特征是坚韧不拔的奋斗精神。梦想并非一蹴而就的目标,而是一个长期努力、持续奋斗的过程。毛泽东同志在庆贺模范青年大会的讲话中明确指出:"什么是模范青年?就是要有永久奋斗这一条。"他强调,"永久奋斗"是革命先锋队最主要的一条,没有这一条,什么都是空的。他特别指出,"你们要切记这一点——永久奋斗",并强调了"永久奋斗"的基础性。个体在面对困难与挑战时,必须保持坚定的信念与不懈的努力,以坚韧不拔的奋斗精神推动梦想的实现。

大学生的奋斗精神尤为重要。面对学业、就业等方面的压力与挑战,大学生要保持积极向上的心态与坚韧不拔的毅力,不断努力奋斗,以此克服困难,逐步实现个人理想与价值。同时,奋斗精神也是推动社会进步的基本力量,个体的不懈努力能够凝聚成推动社会前行的强大动力。

(四) 个体理想与社会理想的统一

梦想精神不仅是个体对个人理想不懈追求的体现,还是个人理想与社会理想紧密相连的基本方面。在习近平新时代中国特色社会主义思想的引领下,梦想精神要求个体将个人的愿景与国家的战略目标相结合,力求使个人价值的实现与社会价值的提升达到和谐统一。

2012 年 11 月 29 日,习近平总书记在参观"复兴之路"展览时,首次明确提出了中国梦的概念,并强调实现中华民族伟大复兴是中华民族近代以来最伟大的梦想。在此后的多次讲话中,习近平总书记不断深化并扩展了中国梦的内涵,将其与个体梦想相融合,指出个人梦想与中国梦的紧密结合是实现中华民族伟大复兴的基本所在。个人梦想与中国梦的紧密结合揭示了梦想精神的社会性特征,它鼓励个体在实现个人梦想的过程中,积极承担社会责任,为国家的繁荣与民族的复兴贡献力量。

在中国革命文化的深厚底蕴中,个体理想与社会理想一直保持着紧密的联系。革命先驱们以民族复兴为梦想，通过实际行动树立了榜样，激发了无数中华儿女投身国家建设与社会发展的伟大实践。梦想精神要求青年群体在追求个人梦想的同时，关注社会的整体进步，致力于国家的未来与民族的复兴，从而为国家的发展注入新的活力与动力。

二、梦想精神的文化根基

梦想精神深植于中华民族心灵深处，其根基深深扎根在中国传统文化的沃土之中。它不仅是个人追求与奋斗的象征，更在历史长河的洗礼与文化传承的滋养下，展现出勃勃生机与无限活力。儒家文化中的理想主义追求、道家文化中的自我超越智慧和中国革命文化中的理想信念坚守，共同构成了梦想精神丰富多彩的文化支撑体系。

(一) 儒家文化中的理想主义："修身齐家治国平天下"的精神追求

儒家文化作为中国传统文化的核心要素，自古以来就对梦想精神的形成与传承产生了深远影响。儒家所倡导的"君子之志"，不仅体现了对理想的高度重视，更蕴含了"修身齐家治国平天下"的宏大愿景。它不仅是个人层面的自我完善，更是与社会责任、道德修养紧密相连的精神境界。

在儒家学者看来，理想并非孤立存在，而是与社会责任、道德修养紧密相连。孔子在《论语》中提出的"君子志于道"，为后世儒者树立了崇高的精神标杆。这里的"道"，既是个体追求的理想目标，也是社会遵循的道德准则。儒家文化的理想主义强调个人理想与社会价值的和谐统一，认为个人的成功与幸福只有在为社会作贡献的过程中才能实现。这一将个人命运与国家、民族命运紧密相连的理念，体现了儒家文化中的集体主义精神，为后世提供了宝贵的精神指引。

儒家文化的理想主义追求，对当代大学生具有深刻的启示意义。它激励青年学子树立崇高的人生目标，勇于承担社会责任，为社会的进步贡献力量。同时，儒家文化也强调在追求个人理想的过程中，注重道德修养与品德提升，以实现个人的全面发展。个人理想与道德修养相结合，有助于培养具有高尚品德和强烈社会责任感的优秀人才。

(二)道家文化中的自我超越：顺应自然，追求内心的和谐与自由

道家文化以其独特的哲学思想，在中国传统思想中占据着举足轻重的地位。与儒家文化不同，道家更注重个体的内心修养和自我超越，强调顺应自然、追求内心的和谐与自由。道家文化思想为梦想精神提供了另一种视角，使人们在追求外部成功的同时，注重内心的平和与自由。

道家学者认为，理想的实现并非盲目追求外部的成功与荣耀，而是在自我修养的基础上，顺应自然规律，达到内外合一的理想状态。道家的"无为而治"理念强调放松对外部事物的过度控制，让事物自然发展，以实现事半功倍的效果。对现代人来说，其蕴含着深刻的启示。

在现代社会中，人们常常面临巨大的压力与激烈的竞争，道家文化提醒人们，理想的实现不仅依赖外部成就，更需要内在修养的提升和对自然法则的深刻理解。大学生在追求梦想的过程中，应注重内在修养的提升，顺应自身的节奏与规律，探索属于自己的理想道路。对内心的关注与修养不仅能够帮助大学生实现个人梦想，还能推动社会的和谐与进步。

道家文化中的自我超越智慧还体现在对"道"的追求上。道家讲求"道法自然"，认为万物皆应遵循自然法则，个体也应顺应自然规律，以达到内心的和谐与自由。这一思想对于现代人来说，具有深刻的指导意义。它提醒人们在追求梦想的过程中，应保持内心的平和与自由，不被外界的喧嚣所干扰，以实现真正的自我超越。

(三)红色文化中的理想信念：为民族解放、国家独立和社会进步而奋斗

中国红色文化以其强烈的理想信念和奋斗精神，塑造了革命先辈的精神风貌，并为当代大学生提供了理想主义的精神力量。革命先驱们为实现民族解放、国家独立和社会进步，树立了远大理想，并为之不懈奋斗。这一精神力量不仅激励了无数仁人志士为国家的繁荣富强英勇献身，还为新时代的青年学子提供了宝贵的精神财富。

红色文化中的理想信念体现了强烈的集体主义精神和爱国情怀。革命先驱们在追求个人理想的同时，始终将国家的命运和民族的复兴放在首位。他们坚信，只有实现民族解放、国家独立和社会进步，个人理想才能真正实现。这一将个人理想与国家、民族命运紧密相连的理念，为后世提供了宝贵的精神指引。

红色文化中的理想信念对当代大学生具有深刻的启示意义。它激励青年学子将个人理想与社会责任相结合，勇于承担历史使命，为实现中华民族伟大复兴贡献自己的力量。同时，红色文化中的奋斗精神也提醒青年学子，在追求梦想的过程中，应保持坚定的信念和不懈的努力，以克服各种困难和应对各种挑战。

三、传统与现代交融中的梦想精神

梦想精神不仅是中华文化的核心要素之一，而且与现代社会的发展需求紧密相连。梦想精神从中华传统文化中汲取营养，同时融入现代社会的多样性与复杂性，形成了具有时代特点的全新内涵。传统文化中的理想主义、自我超越和理想信念，为当代大学生提供了深厚的精神支撑。而现代社会对创新、进步与个体自我实现的需求，又赋予了梦想精神更加丰富的内涵。传统与现代的交融，使梦想精神在新时代焕发新的光彩。

（一）梦想精神的文化传承与时代担当

梦想精神的形成和传承是一个漫长的历史过程，受到中华传统文化的深刻影响。在儒家文化中，理想主义与社会责任紧密结合，强调个体的自我修养与社会使命感；道家文化注重内心的平和与自我超越，提出"无为而治"的思想；中国红色文化则强调集体主义，推动个体为国家和民族复兴奉献一切。传统文化中的精髓在现代依然影响着每一代人的梦想追求。

新时代的大学生作为国家和社会未来的建设者与接班人，肩负着推动社会进步、实现民族复兴的重大责任。习近平总书记在多个场合多次强调："青年兴则国兴，青年强则国强。"2017年10月18日，在中国共产党第十九次全国代表大会上，习近平总书记再次强调："青年兴则国家兴，青年强则国家强。青年一代有理想、有本领、有担当，国家就有前途，民族就有希望。中华民族伟大复兴的中国梦终将在一代代青年的接力奋斗中变为现实。"大学生不仅是个人理想的追求者，更是民族复兴和国家未来的建设者。大学生的梦想精神，不仅包含个人的成长与自我价值的实现，还融入了时代发展的伟大使命，体现了个人与国家、社会的密切联系。

梦想精神在新的时代背景下，赋予了大学生更加庄严的使命。大学生的梦想不仅是个人发展的愿景，还与社会的责任、国家的复兴和民族的未来息息相关。传统文化所传承的理想主义和理想信念，成为大学生实现梦想的精神动力。而现代社会的发展需求，则使大学生既要继承传统文化，也要面对全球化与信息化背景下的挑战和机遇，在多元文化的交融中不断探索自我、超越自我。

(二)传统文化的滋养与现代需求的融合

新时代大学生的梦想精神，既是对传统文化的传承，也是对现代社会需求的回应。随着社会的快速发展，尤其是全球化、信息化和科技化进程的加速，大学生面临着前所未有的挑战和机遇。传统文化赋予大学生理想主义的价值取向，现代社会要求他们培养创新精神与全球视野，在实践中不断探索和创造。

在传统文化的滋养下，大学生不仅要追求个人成功，更要有对社会的责任感和对民族复兴的使命感。儒家文化中的"修身齐家治国平天下"理念，强调个体的修养与社会责任；道家文化中的"道法自然"，提醒人们通过内心修养实现更高的理想。新时代的大学生不仅要继承和发扬传统文化中的重要理念，还要根据现代社会的需求，主动探索符合时代特点的梦想路径。现代社会要求大学生培养创新能力、跨文化沟通能力和全球视野，能力的培养和发挥，促使大学生在追求个人理想的同时，积极参与国家和社会的建设，推动经济、文化、科技等各方面的进步。

现代社会对大学生的期望不再局限于传统意义上的社会责任感，而是延伸到创新与全球视野的塑造。随着社会结构的不断多元化和复杂化，大学生要培养跨文化交流的能力，理解不同文化和地区的需求，从而在全球范围内实现个人理想与社会责任的有机结合。全球化背景下的大学生，不仅要聚焦于本国的发展，还要与世界的发展相连接，推动国际理解与合作，为全球和平与繁荣贡献力量。

(三)习近平新时代中国特色社会主义思想为梦想精神提供方向指引

习近平新时代中国特色社会主义思想，为梦想精神的传承与发展提供了新的理论指导。习近平总书记多次强调，青年是祖国的未来，青春是时代的旗帜，青年一代的理想与奋斗将决定中华民族伟大复兴的前景。梦想精神与习近平新时代中国特色社会主义思想高度契合，为大学生的成长与成才提供了更加明确的方向。

习近平新时代中国特色社会主义思想强调，个体的发展必须融入国家发展和民族复兴的大局中，梦想精神不仅是个人价值实现的体现，还是推动社会进步和国家复兴的重要力量。大学生的梦想不再是孤立的个人追求，而是与国家命运、民族复兴和社会进步紧密相连的精神境界。大学生应当树立正确的价值观，明确自己的责任与使命，通过不断奋斗，成为国家建设的中坚力量。

梦想精神与习近平新时代中国特色社会主义思想的契合，要求大学生在追求个人梦想的同时，始终关注国家发展和社会需求。思想上的契合，使得大学生能够更好地理解自己的使命，明晰自己的理想，为实现中华民族伟大复兴的中国梦贡献自己的力量。

(四)传统文化与现代社会的双重挑战

现代社会的飞速发展，给大学生的梦想精神带来了新的挑战。在信息化、全球化和科技化日益深入的背景下，大学生不仅要继承和发扬传统文化中的理想主义精神，还要面对来自现代社会的多重挑战。全球化带来了不同文化的交流与碰撞，使得大学生不仅要关注国家和民族的需求，还要具有全球视野，了解不同国家和地区的文化与社会背景。信息化进程使得知识更新的速度加快，大学生在追求个人理想的过程中，必须培养持续学习和创新的能力。

面对挑战，大学生应当从传统文化中汲取智慧，在传承中创新，在现代社会的复杂性中找到自己的位置。大学生不仅要追求个人的理想，还要思考如何将自己的梦想与国家的复兴、民族的未来、全球社会的共同发展相结合。通过不断学习和自我提升，大学生能够在实现个人理想的同时，成为推动社会进步和国家复兴的重要力量。

(五)梦想精神的展望

随着社会的发展，梦想精神也在不断进化与升华。在未来的社会中，大学生将面临更加复杂的社会环境和更加多元的梦想需求。梦想精神的中心价值却始终没有改变，那就是追求卓越，为国家和民族贡献力量，并实现个人与社会、国家与世界的和谐统一。

未来，大学生将不仅是个人理想的追求者，更是全球共同发展愿景的积极参与者。梦想精神的现代化路径，不仅要继承传统文化中的理想主义精神，还要与现代社会的多样性和复杂性相融合，在多元文化的交织中不断创新，在全球化的竞争中脱颖而出，推动社会和国家的持续进步。梦想精神将不再局限于单一的文化背景，而是将全球化的视野、创新的科技和多元的文化有机结合，成为新时代大学生的基础力量，推动社会向更广阔、更公平、更繁荣的未来发展。

第二节　梦想精神的社会需求与时代价值

在当代中国，梦想精神已不再是个体内心的单纯愿景，而是推动社会进步与国家发展的基础精神力量。特别是在中国特色社会主义新时代，梦想精神的社会需求愈加显著，它不仅成为实现中国梦的主要支柱，还是促进社会和谐、激发全民活力的核心因素。随着社会的快速发展，梦想精神承载着深刻的时代价值。它既推动了个人价值的实现，也促进了国家复兴和社会全面进步。

一、梦想精神与社会需求的紧密联系

梦想精神不仅关乎个人的成长和发展，更深刻地影响着社会的整体进步与变革。从社会层面来看，梦想精神回应了时代的需求，成为推动社会向前发展的基本动力。梦想精神使个体的追求与社会的整体发展紧密相连，推动着社会的进步与变革。它激发个体在自我发展的过程中，既关注自身的成长和理想，也承担为社会和国家贡献力量的责任。社会的进步离不开每个个体的努力，而每个个体努力的背后则是梦想精神所提供的动力与方向。梦想不仅是一种个人理想，更是社会发展的动力源泉。

(一)促进社会进步

梦想精神是推动社会进步不可或缺的内在动力。社会的进步离不开个体的努力与奋斗，而努力与奋斗的背后正是梦想精神的强大驱动。无论是经济的发展浪潮，还是技术的进步飞跃，抑或是文化的传承绵延，梦想精神都发挥着至关重要的作用。梦想为个体指明了前进的方向，激励他们不断追求卓越。每个人的梦想、创新与奋斗，都是推动社会变革的宝贵力量，是社会发展不可或缺的组成部分。个体为实现梦想所付出的每一分努力，都汇聚成推动社会进步的强大力量，引领着整个社会朝着更加和谐与繁荣的方向稳步前进。

梦想精神不仅能够激励个体走向成功，更能促使个体勇敢突破自我，面对新的挑战。在追求梦想的过程中，个体往往会推动所在领域的发展，不断创新，探索新的可能性。梦想精神激励着个体不断追求卓越，推动着社会各个领域蓬勃发展。从更广泛的层面来看，社会的进步离不开一代又一代怀抱梦想的奋斗者，他们的奋斗与坚持共同推动了整个社会的深刻变革。梦想不仅属于个人，其背后往往代表着社会、国家乃至全人类的共同愿景。因此，梦想精神在社会进步的过程中，发挥着无可替代的基本作用。

（二）激发社会责任感与集体意识

梦想精神不仅激发了个体的社会责任感和集体意识，更促进了个体的成长。在现代社会，个体的理想已不再局限于个人的成功，而是与更广泛的社会目标和国家理想紧密相连。社会的进步要求每个个体不仅关注自身的利益和目标，而且关注社会的需求和集体利益。梦想精神激发了个体对社会的责任感，使他们更加关注社会整体的福祉，甚至超越了个人的成就与满足。在追求梦想的过程中，个体往往能够深刻认识到自己是社会大家庭中的一员，必须承担起推动社会前进的责任。

梦想精神促使人们在追求个人目标的同时，时刻关注社会的整体利益。个体理想的实现与集体理想的统一，构成了社会发展的双轮驱动。培养梦想精神能够帮助个体找到个人理想与社会目标的平衡点，既为实现自身目标而努力，也为社会的共同理想而奋斗。它不仅提升了个体的社会责任感，更强化了集体意识，激励着个体为社会的整体发展和国家的未来贡献自己的力量。在梦想精神的引领下，个体与社会形成了紧密的命运共同体，共同书写着社会进步与民族复兴的辉煌篇章。

（三）促进社会创新与技术突破

在现代社会的快速变迁中，创新已成为推动社会进步的核心引擎，而梦想精神则是该引擎的燃料。它激励个体勇于突破既有框架，挑战传统规则，从而催生出源源不断的创新活力。创新的关键在于将梦想付诸实践，它驱使个体从不同视角审视问题，探索新的方法与技术，进而实现社会的技术革新与结构性变革。梦想精神鼓励个体在不懈的探索与实践中，不断推进科技、文化乃至整个社会的创新进程，确保其在激烈的全球竞争中保持领先地位。

社会的创新与技术突破，不仅依赖于先进技术的研发与应用，更离不开创新精神的滋养与培育。梦想作为创新精神的内核,激发着个体对未来无限可能的憧憬与渴望,促使他们敢于尝试新事物,勇于挑战既有模式。在梦想的驱动下,个体往往能够迈出创新的步伐,推动社会在技术、管理、制度等多个层面实现突破。在不断演进的社会环境中,梦想精神成为创新的基本驱动力。它激励着个体跨越既有界限,拥抱新的挑战与机遇,为社会的持续创新与技术突破注入不竭动力。

(四)促进社会公平正义

梦想精神的培育,不仅有助于个体的全面发展,更在社会层面促进了公平与正义的实现。在传统社会结构中,个体的社会地位与发展机会往往受到性别、阶级、民族等多重因素的制约,而梦想精神以其独特的魅力,打破了束缚,倡导每个人都有平等追求梦想、改变命运的权利。梦想为个体提供了不懈奋斗以实现自我价值的舞台,使得社会结构不再固化,而且让更多人有机会凭借个人努力达成更高层次的自我实现目标。

梦想精神所倡导的平等与机会公平,促使社会更加关注个体的成长与发展,激励社会成员在追求个人梦想的过程中,共同推动社会整体的进步。它鼓励个体超越自我,同时也为社会带来了更广泛的公平与正义。在梦想的引导下,个体不仅能够改变自己的命运,更能推动社会变得更加包容与公正。它不仅有助于促进社会成员之间的平等与合作,而且有助于优化社会结构。

(五)培养个体的综合素质与社会适应能力

培育梦想精神,对于个体的全面发展具有深远影响。它不仅促进个体达成职业与学业成就,更在提高个体综合素质与社会适应能力方面发挥着核心作用。在追求梦想的过程中,个体需要面对各种挑战与困境,相关经历成为锻炼其应变能力、创新思维和自我管理能力的宝贵机会。梦想精神使个体在逆境中保持积极心态,进行不懈努力与探索,找到解决问题的路径,从而实现个人成长与突破。

在当今复杂多变的社会环境中,个体的适应能力尤为关键。社会的快速变化要求个体不断更新知识与技能,以应对新的挑战与满足新的需求。梦想精神通过激励个体追求自我实现目标,不仅助力其提升专业技能,更培养了其适应社会变化的能力。个体在追逐梦想的过程中,学会了应对挑战、调整策略,并培养了创新思维，从而在复杂多变的社会环境中立足并取得成功。

个体的社会适应能力不仅是个人发展的基础，更是社会稳定与发展的关键基石。梦想精神的培养，使个体能够在社会变革中迅速适应并作出积极回应，成为社会进步的中心力量。因此，梦想精神在提升个体综合素质和适应能力的同时，为社会注入了强大的创新活力，从而为社会的持续稳定与发展奠定了坚实基础。

二、梦想精神的时代价值

随着时代的变化与社会结构的深刻变迁，梦想精神的内涵逐渐丰富，并在新时代展现出越发显著的时代价值。在全球化、信息化和智能化迅速发展的背景下，梦想精神不仅得到了鲜活生命力，更成为推动国家繁荣、社会进步与民族复兴不可或缺的内在驱动力。

（一）推动实现中华民族伟大复兴的中国梦

实现中华民族伟大复兴的中国梦是当代中国精神的重要体现，不仅是民族复兴的宏大愿景，更是每个个体在生活中不断努力实现梦想的过程。中国梦把国家的宏大目标与每个中国人，尤其是年轻一代的个人梦想紧密相连，形成了全社会共同奋斗的目标。实现中华民族伟大复兴的中国梦体现了国家发展、民族复兴与人民幸福的有机统一。

在新时代的中国，大学生作为国家未来的建设者与接班人，担负着推动社会进步、实现民族复兴的基础使命。梦想精神引导青年一代树立远大理想，激励他们勇于承担时代责任，使个体的努力与社会整体需求相契合。青年一代不仅要关注自身的成长与发展，更要积极参与国家建设，从而为中国梦的实现提供源源不断的动力与活力。

梦想精神鼓励大学生勇敢担当时代使命，将推动社会进步、建设祖国的社会责任视作己任。梦想的力量不仅体现在个人目标的实现上，更体现在其培养了社会性和国家性的责任感。从个人的角度来看，每一个大学生的梦想，实际上是他们为实现中华民族伟大复兴所付出的努力的缩影；从社会的角度来看，其梦想的实现无疑推动了国家的繁荣与强盛。培育大学生的梦想精神，不仅能够培养更多具有国家情怀、社会责任感与创新精神的建设者和接班人，而且能够为实现中华民族伟大复兴贡献源源不断的智慧与力量。

(二)推动社会主义核心价值观的弘扬

社会主义核心价值观作为当代中国社会的基本价值体系，涵盖了富强、民主、文明、和谐(国家层面)，自由、平等、公正、法治(社会层面)，爱国、敬业、诚信、友善(个人层面)等方面的价值追求。它们不是抽象的理念，而是落实到每个人的实际生活中的行动指南。而梦想精神作为一种强大的精神力量，推动着社会主义核心价值观深深扎根于社会各个层面。它承载了个体的理想，并与社会共同价值紧密相连。

梦想精神不仅鼓励个体为自己的梦想而奋斗，而且倡导实现自我价值与推动社会进步和集体幸福相结合。在追求个人梦想的过程中，个体不仅要关注自身的利益与成就，更要关心社会整体利益，推动共同富裕的实现。梦想精神要求每个人的奋斗不仅仅为了个人的成功，更为了社会的整体进步与全民的幸福生活。追求梦想和努力奋斗的过程，体现了个体对社会主义核心价值观的高度认同与践行。梦想精神使个人的价值与社会的价值得到了统一，从而推动社会主义核心价值观在全社会的深度传播与广泛实践。

在当代中国，梦想精神极大地推动了社会的正能量积聚与社会风气的向善向上发展。梦想精神让个体的理想与社会的理想得以深度融合，并且与社会价值的实现密切相关。正因如此，梦想精神成为推动社会主义核心价值观普及与深化的核心力量。

(三)提升国民素质与社会整体文化水平

梦想精神在提升国民素质和社会整体文化水平方面，发挥了不可忽视的作用。每一个追求梦想的过程，实际上都是个人不断提升自我能力、拓宽视野、塑造品格的过程。梦想精神提倡创新、奋斗、责任与合作的品质，不仅能够提升个体的综合素质，还能够在更广泛的层面推动整个社会文化水平的提高。

在当代中国，尤其是在信息化、全球化快速发展的背景下，社会对创新型、复合型人才的需求日益增加。梦想精神作为激发个体内在潜力的核心力量，能够引导每个人不断突破自我，提升综合素质，并推动社会整体文化的进步。通过梦想的驱动，个体不仅能够激发更大的创造力，还能够在面对各种挑战时展现更强的适应能力与更大的解决问题的勇气。这一精神动力为社会的持续发展和创新提供了源源不断的推动力。

与此同时，梦想精神促使社会成员对社会责任和文化责任的认知不断深化。它要求每个人在追求个人梦想的过程中，关注和承担社会责任，从而推动社会整体文化素质的提升。梦想精神不仅体现在知识和技能的积累上，更强调个体全面素质的提高。个体不仅要提升自己的专业能力，还要培养面对社会变革和快速发展的适应能力与跨领域整合能力。随着社会对创新人才需求的不断攀升，梦想精神已成为培养创新型人才、推动社会文化持续发展的重要动力。

新时代的大学生作为社会的知识精英，其培养的梦想精神，不仅有助于促进他们自身的成长，更能为社会文化的全面发展贡献力量。大学生具有深厚的专业知识、卓越的创新能力和高度的社会责任感，他们的梦想精神能够推动社会各个领域的创新与进步，促进社会文明的进一步发展。梦想精神的培养不仅能够帮助个体不断提升综合素质，还能够使其在社会中发挥更大的作用。梦想不仅是对未来的展望，更是每个人对自我价值实现的追求。梦想精神的普及与传播，将促进整个社会文化素质的提升，推动社会文明的持续进步。梦想精神与社会文化的相互促进，共同推动了社会的全面进步。随着时代的发展，梦想精神将继续发挥其独特作用，激励每个人追求卓越、勇敢追梦，推动社会与文化的持续变革。

(四)促进社会公平与实现社会正义

梦想精神作为个体奋斗的动力，其深层次的社会价值还体现在促进社会公平与实现社会正义方面。社会的公平性与正义感不仅依靠政策和法律来保障，更依赖于每个人的思想观念与实践行动。梦想精神为社会成员提供了强有力的精神支持，推动着社会公平正义的实现。梦想精神主张每个人都应具有追求梦想的权利，并凭借自身努力实现自我价值，从而推动社会更加公正与进步。

在现实社会中，由于经济差距、教育资源不均等问题，社会的公平性曾经遭遇了诸多挑战。梦想精神激励每个人，不论其出身、背景或经济状况如何，都有机会追求自己的梦想，从而促进社会的公平性和公正性。梦想精神的关键在于它倡导的不仅是个体成功的实现，更是社会公正的实现。梦想的实现不仅是个体在追求自我价值的过程中取得的成功，更是社会整体进步的一种象征和动力。梦想精神为每一个社会成员提供了实现自我价值的机会。

梦想精神不仅鼓励个体追求自己的梦想，还激发了社会成员对公平与正义的共同追求。它作为时代精神的关键组成部分，推动着社会整体的进步和公正的实现。在今天的社会中，梦想不仅是个体自我实现的动力，更是推动社会前进、实现社会正义与公平的核心力量。

（五）提高国家软实力与文化自信

梦想精神在新时代的价值，不仅体现在推动个体发展、促进社会进步，更体现在提升国家的软实力与文化自信。软实力的关键是文化的作用力，而梦想精神作为一种积极向上的社会精神，能够显著增强国家文化的吸引力与感染力，从而帮助国家在全球化竞争中占据有利地位。通过培育梦想精神，国家不仅能够凝聚更多人民力量，还能够激发国民的自信心与凝聚力，推动文化软实力的提升。

软实力作为国家综合国力的基本组成部分，深刻影响着一个国家在国际舞台上的地位与作用。文化是软实力的基本要素，国家文化的吸引力和感召力直接作用于全球社会的认知与态度。在新时代，文化自信已成为国家竞争力的重要体现。梦想精神作为推动社会进步和发展的积极力量，为国家软实力的增强提供了强大的精神动力。梦想精神内含激励个人努力与推动社会进步的动力，而这一精神的传递与培养，最终将在国家层面反映为软实力的提升。当梦想精神成为社会的主流意识形态时，国家文化的传播力和认同感也就得到了极大增强。中国梦不仅是对物质文明的追求，更是对文化复兴的渴望。实现中国梦的过程，便是中国文化与价值观向全球展示的过程，而梦想精神正是其中至关重要的精神引领。

习近平总书记在多次讲话中强调，"文化自信是更基本、更深沉、更持久的力量"，深刻揭示了文化自信在国家发展中的根本作用。在新时代，文化自信不仅是对文化的认同与热爱，更是一种充足的信心。这种信心来源于对国家历史传统、文化底蕴和时代成就的深刻理解。梦想精神作为推动社会前进的重要动力，不仅使个体对未来充满信心，而且使中国人更加坚定对中国文化的自信。梦想精神促使个体努力追求梦想，进而推动国家在全球文化竞争中占据更高的地位。梦想精神与文化自信之间存在着深刻的内在联系，两者相互促进，共同推动国家文化的复兴。中华文化的复兴，离不开每个人对梦想的追求。个人在追寻梦想的过程中，不断传承与发展中华文化，形成了强大的文化吸引力和国际影响力。在全球化浪潮的背景下，梦想精神不仅为个体提供了成长的动力，更为国家文化的传承与创新提供了源源不断的能量。每个怀揣梦想的中国人，都是中国文化传播的参与者和推动者。个人与集体的共同努力，使梦想得以实现，并进一步提升了中国文化的自信心，使其成为全球文化体系中不可忽视的主要力量。

梦想精神的作用不局限于国内，其国际传播价值同样显著。在全球化的今天，各国文化交流与思想碰撞日益频繁，梦想精神为世界提供了一种积极向上的精神动力。梦想精神蕴含的拼搏精神、创新理念和自我超越的价值观，成为世界各国了解并认同中国文化的重要途径。借助梦想精神的传播，中国能够向世界各国展示其文化价值观与发展经验，增强国际社会对中国文化的理解与认同。文化自信的不断提升，有效促进了中国和其他国家之间的文化交流与合作，增强了中国在全球事务中的话语权和作用力。梦想精神为中国文化注入了现代化的活力，为全球社会提供了积极的价值观和行动方向，从而推动了全球多样性文化的共存与共同繁荣。

第三节　新时代大学生梦想精神的现状与挑战

随着中国社会的迅速发展，大学生群体作为中国特色社会主义事业的建设者与接班人，肩负着时代赋予的重要使命。新时代大学生的梦想承载着国家发展的希望，但在追求梦想的过程中，他们面临着诸多挑战。本节将分析新时代大学生在实现梦想过程中所面临的现状与挑战，并结合调查数据和访谈实例，探讨如何更好地培育大学生的梦想精神。

一、新时代大学生梦想精神现状调查

（一）调查背景

随着中国社会快速发展，大学生群体面临着前所未有的机遇与挑战，尤其是在就业压力、社会认同和个人发展等方面。新时代大学生在追求梦想时，面临着一系列困难与挑战。本次调查采用问卷形式，随机抽取了 300 名来自全国不同院校和专业的大学生，分析其在面对职业选择、职业不确定性、社会评价压力和内心困惑时的思考与实践。通过调查数据，本节将揭示新时代大学生梦想精神的现状与挑战。

（二）调查目的

本次调查旨在了解大学生在追求梦想过程中面临的主要挑战，探讨大学生在进行职业选择时的动机和考量因素，分析社会环境、个人内心困惑和自我认知对梦想实现的作用，并基于数据支持，提供对大学生精神素养培养的有益参考。

（三）调查方法

本次调查采用问卷调查法，随机抽取了300名来自不同院校和专业的大学生填写问卷。调查内容涵盖职业选择、社会环境压力、自我认知和梦想追求的心理因素等方面，具体问题设计如下：

1. 你在选择职业时，最关注的因素是什么？

2. 你对未来职业的不确定性有多大担忧？

3. 你是否在追求梦想时受到社会评价的困扰？

4. 你是否有明确的职业方向和个人梦想？

5. 你选择职业时，是否考虑薪资待遇和就业稳定性？

6. 你如何看待社会对"成功"的定义？

7. 你遇到失败时，是否会产生自我怀疑或焦虑情绪？

（四）调查结果

（1）职业选择因素。结果显示，60%的大学生在选择职业时最关注薪资待遇，而关注职业兴趣的比例仅为10%。这表明，经济压力对大学生职业选择的影响较大，许多大学生在追求梦想时，必须考虑现实的生存压力。

（2）职业不确定性。在调查中，58%的大学生表示对未来职业有较大的担忧，尤其是在面对快速变化的职业市场和技术革新时；42%的大学生表示对未来职业不太担忧。这反映了不同大学生对职业规划的认知差异。

（3）社会评价困扰。60%的大学生表示在追求梦想过程中，常常受到社会评价的困扰，尤其是在社会对"成功"标准的定义作用下，他们容易迷失自我，陷入对外界评价的过度焦虑中。

（4）职业方向和个人梦想。调查显示，65%的大学生有明确的职业方向和个人梦想，而35%的大学生则对未来规划和职业目标感到迷茫。尽管许多大学生有明确的职业方向，但仍然有不少人面临不确定的未来规划和职业选择困惑。

（5）薪资待遇与职业理想的平衡。60%的大学生在选择职业时更关注薪资待遇和就业稳定性，40%的大学生则关注个人兴趣和职业理想。这表明经济利益与个人兴趣之间的矛盾，往往让大学生在选择职业时妥协。

（6）成功的定义。对"成功"的定义呈现两种主要倾向，50%的大学生追求物质成功（如高薪、职位等），而另外50%的大学生则更注重精神层面的成功（如自主创业、社会贡献等）。这反映了新时代大学生在追求梦想时的多元化价值观。

（7）自我怀疑与焦虑情绪。调查数据显示，47%的大学生在面对失败时，会产生自我怀疑和焦虑情绪，53%的大学生能够快速调整心态和保持积极的心态。这表明虽然大部分大学生在面对失败时能调整心态，但仍有小部分大学生容易陷入消极情绪中。

二、新时代大学生梦想精神现状分析

在新时代的社会背景下，大学生群体作为社会未来的建设者和接班人，肩负着时代赋予的关键使命。作为思想的先锋，大学生的梦想精神承载着国家发展的希望。但是，随着时代的变迁，大学生在追逐梦想的过程中，也面临着一系列新挑战。通过对新时代大学生梦想精神现状的分析，笔者发现尽管他们普遍培养了较强的理想信念和追求卓越的动力，但在内外部环境的作用下，梦想精神的培养和实现受到诸多困境与挑战的制约。

（一）新时代大学生的梦想精神呈现出积极态势

随着中国社会的不断发展和时代的不断变革，大学生群体在思想观念、价值追求、社会责任感等方面发生了显著变化。尤其是在梦想精神的塑造与传承上，新时代大学生呈现出积极的进步和发展态势。信息化、全球化的浪潮推动着大学生梦想意识的觉醒，不仅使他们的梦想逐步多元化、个性化，而且使他们更注重社会责任感与国家使命感的结合。新时代大学生的梦想不仅是个人职业成就的追求，而且与社会进步、国家复兴紧密相连。随着全球化的发展，大学生的梦想视野不再局限于传统的职业理想，解决更多的社会问题成为他们的奋斗目标。新时代大学生的梦想精神正在不断演进，他们的梦想不仅展现了个人的理想与抱负，还体现了更广阔的社会责任感和更强烈的国家使命感。

1. 梦想意识普遍存在

近年来，大学生的梦想意识逐渐觉醒，并在日常生活中得到了广泛的认同和实践。越来越多的大学生开始重视梦想的力量，并认识到梦想不仅是个人成就的象征，还是社会进步的推动力。与过去大学生偏向于选择稳定职业、追求物质生活的模式不同，新时代大学生更加强调自我价值的实现与社会价值的融合。他们在追求梦想的过程中，更多地从个人发展、社会责任和时代使命的角度出发。新时代大学生的梦想不再局限于个人职业发展的范畴，而是涵盖了更广泛的社会层面，尤其是在社会责任感、国家使命感方面，展现了更为深刻的思想内涵和行动力。

本次调查结果显示，65%的大学生表示自己有明确的职业方向和个人梦想，并且梦想不再局限于传统的职业成就。在调查中，60%的大学生认为，梦想不仅是个人目标的实现，更是推动社会前进的重要动力。大部分大学生的梦想已不再专注于个人职业的进阶，而是着眼于自我成长与社会贡献的结合。许多大学生将个人的梦想与国家的复兴、民族的强大紧密结合，认识到只有努力追求个人梦想，才能为社会进步和国家发展贡献力量。

例如，小张（来自北京）在访谈中表示，他的梦想是利用科技创新改善农村地区的教育状况。他说：“我一直相信教育改变命运，特别是在农村地区。我的梦想是借助我所学的技术，开发一些适合农村孩子的在线教育工具，帮助他们获得更好的学习机会。这不仅是我的梦想，更是我作为一名大学生的社会责任。”小张的例子清晰地反映了新时代大学生将个人梦想与社会责任紧密结合，尤其是在科技与教育领域，许多人正以具体实践推动着社会进步。这一结合个人梦想与社会责任的精神，体现了新时代大学生对自己未来的期许，也表现了他们将梦想的实现与社会的福祉紧密联系的愿望。

调查结果显示，许多大学生正在以参与社会实践、志愿活动和创新创业等形式，将梦想的实现与社会进步和国家发展紧密联系在一起。他们不仅关注自身的职业成功，更注重如何运用专业能力和知识为社会贡献力量。从科技创新、文化传播到公益事业的参与，大学生的梦想精神逐渐彰显出他们强烈的社会责任感和时代使命感。

2. 梦想多元化与个性化

随着时代的飞速发展，大学生的梦想日益展现出多元化和个性化的鲜明特点。这一变化，既反映了个体对自我兴趣和职业追求的更加深刻的认知，也展示了新时代社会对个性化、创新思维的更大包容与接纳。过去，大学生的职业梦想往往集中在公务员、企业高管等传统职位上；而如今，他们的梦想正逐渐向科技创新、公益事业、文化创意和社会服务等多个领域扩展。调查数据显示，43%的大学生的梦想在职业方向上呈现显著的多元化趋势，这表明新时代大学生的职业选择不再局限于传统的社会结构和职业模式，而是更加多样化和灵活化。

新时代大学生的梦想不仅呈现更多的职业选择，而且注重个性化的体现。个性化不仅表现在职业选择的多样化上，更体现在大学生对自我价值的独立追求和对自我定位的精准把握上。与过去大学生普遍追求集体化目标、遵循社会主流价值的趋势不同，新时代的大学生更倾向于根据自身的兴趣、特长和个人的社会价值观来设定自己的梦想，从而体现出他们在选择职业道路和实现人生目标时的独立性与自由度。在调查中，42%的大学生表示，他们的梦想不仅是获得职业上的成功，而且是更加注重自我发展的实现，并与社会责任结合起来。这表明，大学生的梦想不仅关乎个人成就的获得，更关乎如何将个人的价值和社会的需求紧密融合，进而作出更加深远的社会贡献。

例如，小李（来自四川）是一名艺术设计专业的学生。在接受采访时，他说："我的梦想是能在国际舞台上展示中国的传统艺术，特别是将中国的传统元素和现代设计理念相结合，创造出属于新时代的艺术作品。我的梦想并不局限于物质上的成就，而是要在艺术领域为国家文化作出贡献。"小李的梦想体现了新时代大学生通过个性化的目标设定，将个人兴趣与社会责任紧密结合，从而推动中国传统文化的传播与创新。小李跨越文化和时代界限的梦想，不仅展示了个体的艺术理想，更体现了他对国家文化认同与民族复兴的深刻理解。

同时，大学生在关注社会问题方面也展现出更加广阔的视野，尤其是在全球性议题的思考上，他们的梦想涉及环保、社会公正、科技创新等多个领域。例如，绿色环保和可持续发展已成为许多大学生关注的重点。调查显示，39%的大学生表示他们希望通过自己的专业特长，参与环保创新项目、社会公益活动等，逐渐将个人梦想与社会发展需求相结合。这表明，新时代大学生的梦想不仅是个人理想的表达，更成为他们对社会、对世界的责任感的体现。

3. 梦想追求的实践性与行动力

新时代大学生在追求梦想的过程中，逐渐表现出更强的实践性和行动力，这意味着大学生不是停留在理想和目标的层面，而是更加注重用实际行动实现梦想。与过去偏重理论化、空洞化的梦想表达相比，新时代大学生更关注如何将梦想转化为可操作、可实现的具体行动。调查数据显示，82%的大学生曾参与与梦想相关的社会实践活动，如社会公益项目、环保活动、创新竞赛等。大学生不仅提升了自己的社会责任感和使命感，还进一步将个人梦想的内涵从理论层面转化为实际的社会贡献。

在实践层面，许多大学生参与社会公益项目、环保活动等，提升了对社会问题的关注度，并以实际行动推动社会变革。丰富的实践经历使他们更清晰地认识到自己的梦想目标，并在实践中逐步积累实现梦想所需的能力。在调查中，70%的大学生表示，他们在社会实践中更加明确了自己的梦想目标，并认为行动是帮助他们理解和达成目标的最佳方式。

例如，小张是一名环境科学专业的大学生。在接受访谈时，她说："我一直有一个梦想，那就是利用我学到的环境保护知识，为减缓气候变化贡献力量。今年夏天，我参与了一个关于塑料污染的环保项目，负责在学校和社区进行环保宣传。这让我对自己的梦想有了更加明确的认识，也让我深刻意识到对梦想至关重要的行动力和执行力。"小张的经历生动地展现了新时代大学生以具体的社会实践推动个人梦想的实现。这不仅强调了行动力的关键性，还表明实践是梦想从理论走向现实的根本路径。

还有许多大学生选择以创业实践实现自己的梦想。随着国家对创新创业的政策支持不断加强，大学生创业已成为一种新趋势。无论是在互联网平台开展科技创新，还是在文化创意产业中实现自我价值，越来越多的大学生通过创业将梦想从幻想转化为具体行动。在创业过程中，他们不仅积累了宝贵的经验，还锻炼了领导力、团队协作能力、独立解决问题的能力等软技能，为未来更高层次的梦想实现奠定了坚实基础。

4. 社会责任感和国家使命感的增强

大学生群体在追求个人梦想的过程中，逐渐增强了自身的社会责任感和国家使命感。新时代大学生不仅关注自身的职业发展和个人成就，更将国家的复兴、社会的进步和民族的强大作为梦想的重要因素。他们在深入理解中国梦、社会主义核心价值观等理念的基础上，将个人理想与国家使命和社会责任紧密结合，展现出更加强烈的国家认同感与社会责任感。他们逐渐意识到，个人梦想的实现不仅是为了追求个人利益和成就，更是为了实现国家的强盛、社会的进步与民族的复兴。

调查数据显示，65%的大学生在选择职业时，不仅考虑个人的职业发展，还将国家需求和社会责任纳入职业规划的考量。越来越多的大学生在职业方向的选择上，趋向于选择那些能够与国家发展紧密结合的领域，如国家政策制定、科技创新、社会治理等领域。他们认为这样做不仅能够通过自己的专业特长和知识储备，实现个人梦想，而且能够为国家的发展和社会的进步贡献力量。例如，许多大学生选择投身教育、科技、环境保护等领域，致力于推动社会变革和国家建设。大学生对职业选择的这一新趋势，体现了他们在新时代下社会责任感与国家使命感的进一步增强。

另外，新时代大学生的梦想精神还体现在他们对国家文化自信的认同和对文化传承的责任感上。随着中国文化在全球化进程中的崛起与国际影响力的提升，他们逐渐形成了对本国文化的认同感和自豪感。他们不仅关注自身梦想的实现，更注重将中国文化与世界文化接轨，推动中华文化的传承与创新。大学生不再将自己的梦想局限于职业成就，而是更关注如何在全球化的背景下推动国家文化的广泛传播和全球认同。例如，调查发现，越来越多的大学生选择投身文化创意产业，致力于通过艺术、设计、电影等形式，向世界展示中国的传统文化和当代文化成果。他们的梦想不局限于个人层面，而是更多地关注如何推动中国文化在全球舞台上实现广泛传播与普遍认同。

（二）新时代大学生梦想精神面临的挑战

尽管新时代大学生在梦想精神上展现了积极向上的发展趋势，但在实践中，他们依然面临着诸多挑战。挑战不仅源于外部环境的压力，还来自个体内心的焦虑与困惑。要想实现梦想，大学生必须面对来自社会、学业、职业等多个层面的挑战，只有克服挑战，才能真正实现梦想。

1.就业压力和现实的挑战

随着中国经济的快速发展与社会竞争的日益激烈，大学生在面对未来职业选择时往往会感到巨大的压力。尤其是在经济发展和就业形势发生变化的背景下，大学生面临着日益激烈的就业市场竞争。在一些热门行业和领域，人才的竞争非常激烈。许多大学生感到"毕业即失业"，理想的职业前景似乎变得遥不可及。调查数据显示，62%的大学生在面对就业市场时感到巨大的竞争压力，尤其是在热门行业。社会的现实要求使得许多大学生的理想与梦想面临着前所未有的挑战，这让他们感到自己的梦想越来越难以实现。

根据最新的数据，在2024届求职毕业生中，51%的求职毕业生将"工作稳定性"视为核心要素。此比例仅次于"薪酬福利"的比例（71.2%），居第二位。相较于2023年，认为"稳定性至关重要"的比例增加了10个百分点。可见，大学生选择职业时更倾向于优先考虑薪资待遇，而非完全按照个人兴趣或梦想来作选择。与此同时，是否能够获得经济独立和工作稳定性也成为他们考虑的主要因素，而理想职业则排在次要位置。这表明，经济压力和就业市场的竞争使得大学生的梦想逐渐趋于现实化，甚至出现了功利化的趋势。尤其是在人工智能、互联网、大数据等新兴产业快速崛起的背景下，传统行业的萎缩与就业机会的减少迫使许多大学生不得不调整梦想和现实之间的关系。而且，现实化的梦想使得他们难以保持最初的激情和理想，导致他们在追求梦想的过程中往往感到迷茫和无力。

2. 社会环境的复杂性与不确定性

现代社会的快速发展带来了剧烈的变革，社会的多样性、复杂性与不确定性增加了大学生实现梦想的难度。社会环境的不确定性使得很多大学生在追求梦想的过程中，不得不面对快速变化的职业市场和技术革新，曾经清晰的梦想也因为社会环境的变化而变得模糊和不确定。例如，互联网技术的迅速发展、人工智能的普及等，导致很多传统的职业岗位逐渐消失或被替代，许多大学生的职业理想必须随之进行调整，这使得他们的梦想常常处于变化之中，难以保持稳定和清晰。

随着全球化的推进，国内外的社会环境不断变化，大学生在面对复杂的社会局势时，往往会感到无所适从，甚至迷失方向。调查数据显示，60%的大学生在追求梦想的过程中，常常受到他人看法和社会评价的困扰。这一困扰主要来自社会对"成功"标准的多元化定义和他人的期许。过去单一的"成功"模式已不再适应新时代的需求，现代社会对成功的要求更加复杂、更加多样化。许多大学生在追求梦想时，常常受到外界舆论和社会评价的影响，容易陷入对"成功"的过度焦虑，导致迷失方向，甚至放弃自我。调查显示，55%的大学生对"成功"的定义受到了外界影响，这使得他们在追梦过程中容易迷失自我，产生不必要的焦虑。

3. 自我认知不足与内心困惑的挑战

尽管大多数大学生具有明确的职业目标和理想追求，但在实现梦想的过程中，许多人依然会产生内心的困惑与矛盾。根据调查数据，35%的大学生对未来的职业规划不清晰，尤其是在面临毕业后的职业选择时，他们往往感到迷茫与困惑。在自我认知方面，调查结果显示，50%的大学生认为自己并不清楚个人兴趣和能力是否与当前所学专业或职业目标相匹配。自我认知的不足，进一步加剧了他们的困惑，且使他们在面对挫折时，容易产生自我怀疑，影响他们对梦想的持续追求。许多大学生对自身兴趣、特长和未来目标的认识尚不深入，甚至在短期的失败面前产生自我怀疑，进而影响他们持续追求梦想的决心。许多大学生对于自己未来的职业方向缺乏清晰认识，甚至在选择专业时，没有充分考虑个人兴趣与能力之间的契合度。许多大学生在面对职业选择时缺乏自我认知，导致他们在追求梦想的过程中感到迷茫，甚至在遭遇失败时产生极大的困惑和挫败感。部分大学生在追求梦想的过程中常常陷入过于理想化的困境。社会文化的作用使他们对梦想设定了过高的期望，忽视了实现梦想所需的持续努力和耐心。理想与现实之间的巨大落差，使得大学生在面对挑战和挫折时，容易产生焦虑、失落等负面情绪，进而放弃对梦想的追求。过高期望的设定通常源自对未来的模糊认识和对梦想实现难度的低估。理想化心态与现实的冲突，使得大学生在遭遇实际困难时往往难以保持足够的心理韧性，从而影响他们的追梦动力与对未来规划的定位。

4. 价值观的多元化与精神空虚

随着信息化社会的到来，大学生的价值观呈现多元化的趋势，传统的家庭观念、社会规范和价值体系面临着新的挑战。同时，大学生对梦想的理解和追求也变得更为复杂，部分大学生对自我价值感到迷茫，甚至出现精神空虚的现象。他们虽然有梦想，但往往缺乏明确的方向和坚定的信念。在多元化的社会中，大学生容易受到来自不同思想和文化的影响，甚至会忽视自己内心真实的梦想和追求，而盲目追随外部的潮流。

现代社会的开放性使得大学生的价值观变得更加多元，尤其是对成功、财富、名誉等社会标准的理解出现了较大的分歧。一方面，有些大学生追求高薪、高职、名校等象征成功的目标，认为物质上的目标才是追求梦想的根本。

另一方面，也有一些大学生更注重精神上的追求，如自主创业、社会服务、科技创新等，认为梦想的价值在于对社会的贡献和自我价值的实现，而不是外在的物质回报。这一价值观的多元化，使得一些大学生在追梦的过程中，容易产生困惑，无法明确自己的方向。

5. 教育体系的局限性

尽管现代高等教育体系为大学生提供了较为丰富的知识资源与实践平台，在支持其追求梦想与实现人生价值方面发挥了重要作用，但在具体育人效果与结构功能层面，仍需要进一步反思。首先，传统教育方式局限仍较为突出。当前不少高校在教学内容与方式上较为单一，侧重于知识的系统传授，而对学生创新思维与实践能力的激发相对不足，尚未形成系统化、多元化的创新能力培养机制。从调查数据来看，47%的大学生表示现行教育体系在创新意识的培育与实践经验的积累方面难以满足其成长需求，导致其在应对复杂多变的现实环境时，往往缺乏足够的应变能力与自我发展动力。在部分高校教学实践中，理论知识的灌输仍占主导地位，而对学生综合素养、实践能力与社会适应力的培养则比较薄弱。课程设置和教学安排常以学科为单位，呈现出相对封闭的结构，使学生难以接触跨学科的知识体系，限制了其在复杂现实问题面前的综合判断与创造能力。

其次，教育体系与社会现实需求之间仍存在一定程度的衔接不畅。随着社会结构与职业生态的深刻变迁，大学生所须具备的能力结构正逐渐呈现出多样化与复合化的特征，而当前教育体系的调整节奏与内容设计在一定程度上难以实现高效匹配。大学生不仅需要掌握扎实的专业知识，更需要具备面向未来的跨界思维、协作能力和适应变革的灵活性。然而，现有教育模式的支持仍然不足，难以有效回应大学生面对多维挑战的实际需求，在一定程度上影响了大学生将个人梦想转化为现实路径的能力与信心，进而制约了大学生梦想的实现。

第四节　培育梦想精神的路径与策略

梦想精神是大学生实现自我价值和社会价值的重要动力。梦想精神不仅是个人成长的内在驱动力，还是社会发展中不可忽视的力量。培育大学生的梦想精神不仅是教育者的责任，更是社会各界共同推动的过程。面对日益复杂的社会环境、日益多元的价值观体系和日益加剧的竞争压力，大学生的梦想精神容易受到外界因素和个人困惑的影响。因此，如何有效培育大学生的梦想精神，提升其追梦能力，成为当代教育体系改革中的一个重要课题。本节将从教育体系的优化与创新、社会支持的加强与优化、心理引导与情感支持等多个层面，探讨培育大学生梦想精神的路径与策略。

一、教育体系的优化与创新

教育体系的优化是培育大学生梦想精神的关键基础。面对日益复杂的社会环境和快速变化的社会背景，大学生不仅要在学术和专业能力上得到提升，更要在思想观念、人生规划和社会责任感等方面得到发展。因此，大学教育的改革需适应新时代的发展需求，激发大学生的梦想精神。优化教育体系不仅有助于大学生实现自我价值，还能为社会进步注入源源不断的动力。在大学阶段，学生既是知识的学习者，又是社会实践的参与者。大学阶段不仅是学生学术能力和专业知识积累的阶段，更是学生世界观、人生观和价值观形成的基本阶段。如何通过教育体系的优化激发大学生的梦想精神，已成为高等教育改革中的主要课题。

（一）注重个性化发展，鼓励学生发现自我

传统的教育模式通常强调统一化培养，强调标准化的学习进程，却在一定程度上忽视了学生个性和创造力的培养。为了更好地培育大学生的梦想精神，教育体系应摒弃一刀切的教学方法，转而注重个性化的教育路径。学生的兴趣、特长和潜力是其个人成长与发展的重要动力，大学教育应当充分考虑这些因素，并鼓励学生根据自身的兴趣和优势，选择适合自己的学习内容和发展方向。

第一，大学应采用多样化的课程设置，为学生提供更大的选择空间。打破传统专业框架，允许学生根据自身兴趣选择跨学科课程，能够使学生实现更加个性化的发展。例如，一些大学已经开始尝试实行开放课程体系，允许学生在不同学科之间自由选课，甚至提供自主设计课程的机会，以满足学生对学术兴趣的探索。跨学科、自由选择的学习方式能够帮助学生在多元化的知识领域中发现自身的优势和兴趣，从而为个人理想的实现和未来职业生涯的发展奠定坚实的基础。

第二，大学教育应为学生提供更多的实践机会，让他们能够在真实的社会情境中检验自己的兴趣与挖掘自己的潜力。通过参与社会实践、科研项目或创新活动，学生能够将课堂知识应用于实际问题的解决，并感受知识的实际价值。实践经历不仅能够让学生深化学科知识，还能让他们在实际操作中锻炼沟通能力、团队协作能力和创新能力，从而在多方位的发展中明确自己的梦想和人生方向。如果学校能够提供一个宽松、支持个性发展的环境，学生便能在其中深入探索自我，明确个人的梦想目标，进而找到真正适合自己的人生道路。

(二) 提供职业规划与发展支持

大学生的梦想不仅体现在个人理想的实现上，还体现在职业发展的选择上。随着社会对高素质人才需求的不断增加，教育体系应当为大学生提供清晰的职业规划与发展支持。大学教育不仅应注重学术能力的培养，还应为学生未来的职业生涯提供明确的指导和支持。

第一，学校应开设职业规划课程，帮助学生认识自我，评估自身的兴趣、性格特点和潜力，进而为学生提供适合的职业选择方向。职业规划课程不仅能够帮助学生了解自我，还能够教导学生如何识别并抓住未来职业发展中的机会。通过职业规划课程，学生能够更清晰地在大学阶段确定自己的职业目标，制定合理的职业生涯规划，避免盲目跟随他人。

第二，学校应加强与企业和社会组织的合作，搭建产学研合作平台，为学生提供更多的实践机会与就业指导。学校应定期举办职业生涯指导讲座、行业趋势讲座、实习机会交流等活动，帮助学生提前了解行业需求和市场趋势，使学生更早地接触社会，并为未来的职场生活做好准备。学校还应积极与企业、行业协会等合作，建立多层次的实习和就业平台，为学生提供实践机会，帮助他们更好地了解市场需求并提升自身的竞争力。

第三，学校应帮助学生提升求职技能和职场竞争力。例如，学校应提供模拟面试、简历撰写、职场礼仪等方面的培训，帮助学生提升就业能力。学校的职业发展支持不仅是帮助学生找到一份工作，更是帮助学生明确职业发展的方向，提升学生的职场软技能，使他们具备在职场中脱颖而出的能力。通过综合性和系统性支持，学生能够更好地适应快速变化的就业市场，增加职业发展的机会，最终实现自身的职业理想。

（三）增强社会责任感与使命感教育

大学生的梦想精神不应当局限于对个人理想的追求，还应当扩展到承担社会责任和推动社会进步的层面。随着社会的不断进步，越来越多的大学生认识到，个人理想的实现不仅是为了追求个人的幸福与成功，更应该与社会的需求、社会的发展和社会的进步相结合；个人的梦想不仅关乎自我价值的实现，更与他人、社会和世界的福祉紧密相关。因此，大学教育有责任加强学生社会责任感和使命感的培养。学校应当通过多元化的教育路径和实践活动，激发学生承担社会责任的意识，让他们意识到个人的梦想不仅能够为自己带来成就感，更能够为社会进步作贡献。

第一，学校应利用课程设置和讲座等方式，帮助学生增强社会责任感和使命感。例如，学校可开设关于社会责任、公共管理、社会创新等课程，或邀请成功的社会责任实践者、公益组织负责人和社会企业家等举办讲座，分享他们在社会实践中推动社会发展、解决社会问题的经验。这样的课程和讲座将帮助学生深刻理解个人理想与社会发展之间的紧密关系，从而在追求个人梦想的同时，认识到自己肩负的社会责任。系统的社会责任教育能够让学生明确他们不仅是社会发展的受益者，更是社会发展的参与者和推动者，从而激励他们将个人梦想与社会进步紧密结合。

第二，学校应鼓励学生积极参与社会服务和志愿者活动。直接参与社会问题的解决，能够激发学生的社会责任感。实践活动可使学生更直观地了解社会问题，并在行动中深刻体会社会责任的重要性。学校可与社区、非政府组织或社会服务机构合作，组织学生参与贫困地区的教育支援、环境保护、社区建设等公益活动。学生在社会服务和志愿者活动中不仅能够感受服务他人和社会所带来的成就感，还能够培养将社会问题视为个人责任的意识，进一步将个人理想融入社会贡献。

第三，学校应鼓励学生积极投身公益事业和社会创新活动，支持他们通过创新的方法和实践解决社会问题。学校可以设立社会责任基金或创新基金等，资助学生在社会实践中进行创新性解决方案的开发，帮助他们通过社会企业等推动社会公益项目，让学生在实际行动中感受自己为社会贡献的价值，从而激发他们追求梦想的动力。对公益事业和社会创新的支持，能够培养学生的创新思维和社会责任感，进一步增强他们承担社会责任和肩负时代使命的意识。

(四)提供心理支持和引导

在追求梦想的过程中，大学生会面临来自学业、就业、家庭等方面的挑战，产生困惑和压力，使实现梦想的动力不足。因此，除了提供知识和技能的支持外，教育体系还应当加强对学生心理健康的关注，帮助学生保持积极的心态，使他们面对困难不轻言放弃，持续追求梦想。

第一，学校应当加强心理健康教育，开设心理辅导课程，帮助学生认识和管理自己的情绪，正确应对学业压力、就业压力、家庭压力等常见困扰。学校应设立心理咨询中心，提供专业的心理辅导服务，为学生提供一个情感支持的安全空间，帮助他们有效地解决学业压力、焦虑、抑郁等心理健康问题。心理辅导能够帮助学生逐步提升自我认知水平，增强情绪调节能力，从而在心理上保持健康、积极的状态，为实现梦想奠定坚实的心理基础。

第二，学校应当组织心理素质拓展活动、心理健康讲座等，培养学生的心理韧性。拓展活动和相关讲座不仅能够教会学生识别与管理压力，还能够提升他们的自我调节能力，同时增加他们面对挫折的勇气和智慧，帮助他们保持乐观向上的心态。这实际上是一种心理韧性训练，它有助于学生在面对人生中的困难时，理性思考、积极应对，持续朝着自己的梦想迈进。对大学生心理支持的加强，能够帮助他们在未来的职业生涯和人生道路上，始终保持内心的坚韧与信念，面对种种困难与挑战时，不轻言放弃，坚定地追求自己的梦想。

二、社会支持的加强与优化

社会环境对大学生梦想精神的培养与发展具有不可忽视的基本作用。社会不仅通过舆论引导和文化氛围塑造为大学生提供实现个人理想的外部条件，还影响着大学生对梦想的认识和追求。因此，社会各界应当携手合作，共同营造一个包容、支持和鼓励梦想实现的良好环境，为大学生实现梦想提供全面的社会支持。

(一)创建多元化的社会认同机制

社会的成功标准往往趋于单一，这使得许多大学生在追梦过程中感到来自外部环境的巨大压力。社会对成功的定义多以经济成就、职场地位等为衡量标准，忽视了每个个体的独特价值与不同的梦想追求。单一化的标准加剧了大学生的焦虑，使得他们在面对理想时感到迷茫和不安。因此，为了激发大学生的梦想精神，社会应当建立更加多元化的认同机制，尊重每个个体的独特梦想，并鼓励大学生根据自己的兴趣和优势选择适合自己的人生道路，而不是单纯迎合外界对"成功"的单一评价。

社会各界，包括政府、企业、媒体等，应积极倡导多样化的成功模式，展示不同领域的成功典范。广泛传播成功故事，不仅能够为大学生提供多样化的成功榜样，还能够帮助他们树立正确的价值观和增强自信心。例如，社会应更多地关注那些以创新、社会贡献、文化传承等方式实现个人价值的成功典型，而不局限于商业成功和社会地位。正向的引导和多元化的成功模式能够使大学生摆脱单一成功标准的束缚，发现并追寻真正适合自己的梦想。社会的包容与支持，能够有效消除大学生在追梦过程中所面临的焦虑与不安，帮助他们坚定自我信念，勇敢追求真正适合自己的理想。

（二）提供实践平台与机会

为了帮助大学生实现自己的梦想，社会各界应当为大学生提供更多的实践机会，尤其是在毕业之前，为他们提供更多的实习、社会实践和志愿活动等机会。实践经历能够让大学生深入了解社会运作机制，锻炼解决实际问题的能力，并进一步明确兴趣和职业方向，为未来梦想的实现奠定实践基础。

企业和社会组织应积极参与对大学生职业发展的支持，搭建更多校企合作平台，采取设立实习基地、提供就业机会、举办企业讲座等举措，让大学生尽早接触社会，了解行业需求与职业发展前景。这样的合作能帮助大学生积累工作经验，提升职业能力，同时通过专业指导和反馈，提升他们的实践水平。社会组织也可发起公益项目或社会创新活动，为大学生提供参与的机会，帮助他们锻炼领导力、团队协作能力和增强社会责任感。在广泛的社会支持下，大学生能够开拓更广阔的视野，挖掘更大的潜力，实现理想。值得注意的是，学校与社会的合作不应局限于职场和就业领域。例如，共同举办社会活动、设计实践项目等举措，可进一步丰富大学生的实践经历，为大学生提供更多的指导与机会，增强他们的社会适应能力和创新能力，从多个方面为梦想的实现提供更加坚实的支持。

(三)加强家庭与社会的支持

家庭是大学生梦想培育的最初场所,父母的支持对大学生梦想精神的塑造具有至关重要的作用。家庭环境的宽松和包容能够为大学生提供精神上的支持,使他们在追求梦想的道路上更加坚定。父母应尊重孩子的兴趣与选择,并鼓励他们在探索梦想的过程中,不断尝试与努力。家庭的支持不仅应体现在物质层面,更应关注孩子的心理健康和情感支持,帮助他们在面对挫折时保持积极的心态,勇敢追寻自己的梦想。

父母的作用是引导而非过度干涉。父母应当为孩子提供足够的自由空间,让他们独立思考、作出决策。家庭应关注孩子的全面成长,除了关注学业成绩,更要注重孩子情感的成熟与心理的健康。家庭的支持不仅在于物质上的帮助,更在于情感上的宽慰与鼓励,以帮助孩子建立自信,提升他们在追梦过程中的内在动力。学校、社会和家庭应形成合力,共同努力,让大学生在追求梦想的道路上获得全方位的帮助,使他们在追求梦想的过程中拥有坚实的后盾。

三、心理引导与情感支持

大学生的梦想精神不仅依赖外部环境的支持,更深深地植根于内心的理想信念与心理状态。随着社会竞争的加剧,大学生常面临多重心理压力和情感困扰,如何在追梦过程中保持积极心态、解开心理困惑,成为他们实现梦想的中心议题。因此,心理引导与情感支持在梦想精神的培育过程中占据不可忽视的地位。

(一)增强心理韧性,帮助学生应对挫折

在追梦的道路上,大学生必然会遇到各种挫折和挑战。如何在困难面前不轻言放弃、保持持续追梦的动力,是教育体系亟须关注的重点。就学校而言,一是要开设心理健康教育课程,帮助学生了解和应对学业、就业、家庭等多方面的压力,培养学生面对困难时的心理韧性。例如,学校应开设课程,教授情绪管理技巧和压力应对策略,使学生能够在高压环境下保持冷静,进而增强应对挑战的能力。二是要建立健全心理咨询体系,为学生提供专业的心理辅导服务。定期的个别咨询和团体辅导,能够帮助学生调整情绪、疏解压力、克服焦虑,确保他们在追求梦想的过程中,始终保持积极的心态,并有效应对各种挑战。

（二）树立积极心态，激发内在动力

大学生的梦想精神不仅来源于外部的激励，更来源于内心深处的动力和信念。只有培养强大的内在动力和积极心态，学生才能在困境中找到前进的方向，继续追求自己的梦想。因此，教育者应以积极心态引导学生，帮助他们树立正确的价值观和人生观，激发内在动力，使其在面对挑战时保有勇气与信心。

学校应采用多种形式培养学生的积极心态。例如，教师可以借助励志故事和成功人士的经历，展示在困境中坚持梦想并最终取得成功的案例。励志故事能够让学生看到别人面对困境、坚持梦想的情景，从而激励他们不畏困难、勇敢追求理想。例如，许多著名企业家和社会领袖在取得辉煌成就之前，虽然经历过许多失败与挫折，但他们始终坚持目标，最终实现了人生的价值。分享这些成功案例，不仅能够让学生汲取坚韧不拔的精神力量，还能够让他们建立积极的心态。

学校还应组织心理分享活动和同伴辅导活动，帮助学生倾诉困惑、解开心结，从而增强自我认同感和归属感。集体讨论和经验交流能够为学生提供情感支持，帮助他们增强自信心，使学生借助他人的经验和建议，找到应对压力与挑战的有效方式。专业的心理辅导也是培养学生积极心态的重要手段，心理教师通过科学的方法帮助学生识别和调节负面情绪，使学生在压力中保持平衡，维持良好的心理状态。

（三）强化情感支持，构建支持型社群

在追求梦想的过程中，大学生不仅需要专业知识的积累，更需要来自他人的情感支持和鼓励。追求梦想的道路并非一帆风顺，学生感到孤独、挫败甚至迷茫，尤其是在进行学业和职业选择时，他们缺乏经验，容易产生自我怀疑和不安情绪。因此，学校应当通过构建支持型社群，为学生提供情感上的支持，帮助他们更好地走出困境。

学校可以通过组织社团活动、集体讨论和志愿者活动等，帮助学生建立支持型社群。在社群中，学生能够结识志同道合的朋友，彼此分享梦想、挑战与收获，获得情感上的慰藉，感受群体的力量，增强坚持梦想的动力。在相互支持与鼓励的情况下，学生能够克服孤独与迷茫，提升自我认同感，进而更加坚

定追求梦想的信念。

　　当然，家长的情感支持也是学生追梦过程中的重要保障。家庭是大学生情感支持的最初来源，父母的理解与鼓励能够极大地增强学生的自信心。在学生面临困境时，家庭应成为他们坚强的后盾，给予心理上的安慰和鼓励，帮助他们保持积极的心态，而非施加额外的压力。家庭不仅要提供物质上的支持，更要关注孩子的心理健康与情感需求，帮助孩子在追求梦想的过程中树立信心与增添勇气。

　　学校与家庭的合作至关重要。学校应定期邀请家长参加家长会，建立家校合作机制，使家庭与学校共同支持学生的梦想。在家校合作关系中，家庭和学校应共同为学生提供情感上的支持，帮助他们在面对压力与挑战时更加从容和坚定。

第三章
奋斗精神的塑造

第一节　奋斗精神的基础价值与文化传承

在新时代现代化建设的征程中，奋斗精神作为推动社会进步和个人发展的基本力量，日益成为各行各业的价值共识。2018 年，习近平总书记在学习贯彻党的十九大精神研讨班开班式上强调："时代是出卷人，我们是答卷人，人民是阅卷人。"这道出了时代赋予我们的使命，也表明了每一个人都应当通过不懈奋斗来回应时代的召唤。奋斗精神在中国共产党成立以来的各个历史阶段都有重要意义作用，不仅是民族复兴的动力源泉，而且是每一位大学生成长与自我超越的精神动力。因此，深入探讨奋斗精神的关键价值和历史背景，对于理解其在新时代大学生精神素养中的中心性地位具有深远意义。

一、奋斗精神的主要价值

在庆祝中国共产党成立 100 周年大会上，习近平总书记深刻阐明了奋斗精神在国家和民族发展中的基础性作用。他强调："一百年来，我们取得的一切成就，是中国共产党人、中国人民、中华民族团结奋斗的结果。"奋斗精神作为一种精神力量，在面对生活中的困难、挑战和压力时，能够激励个体保持不懈的努力，勇敢追求目标，并不断锤炼自身，最终实现个人理想与社会价值。奋斗精神不仅是个人成就与社会进步的动力源泉，还是国家复兴与民族崛起的精神支撑。在中华传统文化中，奋斗精神并非新生的概念，而是在漫长的历史进程中逐渐积淀和发展而来的。从古代"士为知己者死"的忠诚精神，到近现代"自强不息、厚德载物"的文化理念，再到新时代"实现中华民族伟大复兴的中国梦"的国家目标，奋斗精神始终贯穿其中，激励着一代又一代人追求卓越、勇攀高峰。

（一）奋斗精神的内涵与关键要素

奋斗精神作为中华民族文化的核心精神之一，体现了个体在面对困难和挑战时，坚持自我、追求目标并为实现理想而不懈努力的品质。它不仅是行为上的表现，更是内心深处的动力源泉，推动个体和群体在历史的长河中不断前行。奋斗精神不仅与传统的坚韧、勇敢等美德相契合，还融入了创新、合作、责任等新的时代特征，成为推动社会进步和个人发展的强大动力。

奋斗精神的内涵能够从多个层面进行解读。传统文化中的奋斗精神包含个体在家国情怀下的责任担当。在中国古代文化中，"修身齐家治国平天下"的理念贯穿其中，个人不仅要为了自己的幸福而努力，而且要为家庭的和谐与国家的兴旺作贡献。到了现代，特别是随着中国社会的飞速发展，奋斗精神逐渐融入了更广泛的社会进步目标中，成为推动国家复兴、促进社会公平、实现个人理想的重要力量。奋斗不仅是对个人理想的追求，更是对国家和社会发展的贡献，成为当代中国人尤其是大学生践行社会责任的中心体现。

1. 价值指向：坚定的理想信念与社会责任感

奋斗精神的第一关键要素是价值指向。它体现了个体在社会中追求远大目标和实现自我价值的决心。在传统的中国文化中，目标常常与家族的荣誉、国家的兴盛紧密相连。无论是儒家思想中的"修身齐家治国平天下"理念，还是中国古代文学作品中英雄人物的奋斗目标，它们往往超越个人，关乎家国天下。所以说，奋斗不仅是个人自我提升的手段，还是社会责任的体现。

奋斗精神的基本价值体现在每个人都应当不懈努力，回应时代的召唤。新时代的奋斗精神不仅是个人努力的体现，更是时代赋予的历史责任。每一代人都有自己的使命，在国家复兴、社会进步的进程中，个人的奋斗与社会的发展相互促进，共同推动国家的繁荣和民族的复兴。奋斗精神作为一种强大的精神力量，不仅是一种行动的号召，更是一种思维模式、一种社会责任，并且深深扎根于中华传统文化的土壤中。个人的奋斗与集体的目标不应是割裂的关系，而应是相互契合、共同努力。只有不懈追求与集体的结合，社会才能实现持续进步，个人的理想和社会的价值才能逐步得到实现。

价值指向不仅要求个体明确奋斗目标的方向，还要求个体在追求目标的过程中制定清晰的路径和计划。大学生正处于理想信念的形成期和人生选择的关键期，树立明确的职业目标和社会理想，是他们实现自我价值和为社会贡献力量的起点。无论是在专业选择、职业规划时，还是在社会实践和创新创业过程中，大学生都应当清晰地认识到自己的目标，并为之奋斗不息。

2. 坚韧不拔：面对挑战和困难的决心与毅力

在奋斗的道路上，困难和挫折不可避免，而坚韧不拔则是奋斗精神的第二个关键要素。每个人在追求理想和目标的过程中，都将面临不同程度的挑战。挑战既来自外部的环境，也来自内心的困惑和不安。追溯中国悠久的历史长河，无数英雄豪杰以其非凡的坚韧不拔精神，书写了一段段感人至深的传奇故事。无论是古代忠贞不渝、宁死不屈的文天祥，还是精忠报国、壮志未酬的岳飞，抑或是近现代领导中国革命走向胜利的毛泽东与邓小平，他们在各自所处的时代背景下，面对重重艰难险阻，均以无畏的勇气与坚定的信念，从未动摇对理想的执着追求与对使命的忠诚坚守。历史人物的光辉事迹，不仅是中华民族宝贵的精神财富，更是激励后人不断前行的强大力量源泉。

新时代的奋斗精神在传承坚韧不拔精神内核的基础上，进一步融入了诸多契合现代社会发展的新元素。对于新时代大学生而言，坚韧不拔不再仅仅是面对学业压力时的不言放弃，而是在就业压力、社会竞争等多重困境交织的复杂局面下，依然能够坚守对未来的美好憧憬，鼓足勇气追逐自己的梦想。在庆祝中华人民共和国成立 70 周年大会上，习近平总书记掷地有声地指出："今天，社会主义中国巍然屹立在世界东方，没有任何力量能够撼动我们伟大祖国的地位，没有任何力量能够阻挡中国人民和中华民族的前进步伐。"习近平总书记的铿锵话语，持续激励并鼓舞着每一个人保持坚定的决心与顽强的毅力，勇于克服前进道路上的一切艰难险阻，向着成功的目标奋勇迈进。

尤其值得注意的是，新时代的大学生正置身于一个全球化与科技化加速融合、社会变革日新月异的复杂时代。面对前所未有的压力与竞争，他们不仅要在学习与职业生涯中展现出坚韧不拔的品质，更要培养快速适应环境变化、积极应对未来挑战的能力。每一位大学生都应将培养坚定的意志力与不屈不挠的奋斗精神作为自我成长的重要目标，以便在复杂多变的社会环境中脱颖而出，为国家的繁荣富强与社会的进步发展贡献自己的力量。

3.创新与进取：在变化的时代中不断超越自我

奋斗精神的第三个关键要素是创新与进取。随着科技的迅速发展和社会变革的不断加速，传统的思维方式和方法已难以应对日益复杂的社会问题。新时代的奋斗精神要求我们不仅保持"踏实肯干"的传统美德，而且培养创新思维，在变革中发现新的机遇和解决方案。创新不再仅仅是技术领域的需求，而是已经渗透到社会的各个层面，成为推动个人、集体乃至国家进步的核心力量。

2022年10月16日，习近平总书记在党的二十大报告中强调，"必须坚持科技是第一生产力、人才是第一资源、创新是第一动力"，这深刻反映了创新在新时代奋斗精神中的重要地位。随着全球化和信息化的不断推进，单纯依赖勤奋和努力已经不能满足现代社会日益增长的需求。创新和进取精神不仅是个体实现自我超越和自我价值的重要路径，更是推动社会发展的关键。特别是对于大学生而言，创新意识和开阔视野的培养成为实现自我价值的关键。通过跨学科的学习、实践探索和创业实践，大学生能够在创新的道路上找到属于自己的位置，并为社会发展提供新的动力。

创新与进取并非局限于从事高科技行业的研究者和创业者，而是涵盖了各行各业的创新，包括文化创新、管理创新、服务创新等。无论是在传统行业中的改革与发展，还是在新兴产业中的探索与实践，创新思维都至关重要。尤其是在社会变革的今天，大学生要培养打破常规、突破边界的思维方式，敢于面对变化，寻找新的机遇和挑战。在充满变革和挑战的新时代，大学生应当培养创新精神，在追求个人梦想的同时，关注社会发展与变革的需求，在增强个人的适应性和竞争力的同时，为社会注入源源不断的创新动力，推动社会的持续进步与发展。

(二) 奋斗精神的社会价值

奋斗精神不仅是个人成长与发展的动力，更是社会进步和国家复兴的源泉。在当今社会，特别是新时代的中国，奋斗精神作为社会基础价值观之一，不仅反映了个体对理想的追求，更凝聚了集体的力量，推动了社会的前行。中国梦是我们的共同梦想，它要求全体中华儿女同心协力、奋发图强，克服一切困难，走向更加辉煌的未来。也就是说，奋斗精神作为社会发展的核心力量，其内涵不再局限于个体的奋斗努力，而是通过全社会的共同奋斗，形成强大的集体动力，实现社会的全面进步。

1.奋斗精神有助于社会集体力量的形成

社会进步的根本动力来自集体的努力与合作。奋斗精神作为一种社会重要力量，能够在集体追求宏伟目标的过程中促进个体与群体之间的相互协作，形成社会整体的向心力与凝聚力。个体的奋斗不仅是为了个人的理想与发展，更是为了整个社会、国家的进步。集体目标的实现要依赖于每一个个体在奋斗过程中的自我超越与贡献。每个人的奋斗都将凝聚成集体的力量，推动社会实现更加长远的发展。

新时代中国社会的发展，正是全社会在奋斗中不断向前推进的结果。无论是改革开放初期的艰苦奋斗，还是全面建设小康社会的伟大征程，所有的历史性进步与成就，都离不开每一个普通劳动者和奋斗者的努力。习近平总书记在多个场合强调全体中华儿女同心协力、奋发图强的基础性作用，体现了集体奋斗在中国社会中的独特价值。在社会主义事业的各个领域，从经济到文化，从科技到教育，奋斗精神始终是集体行动的核心动力。在集体奋斗中，个体的努力汇聚成强大的社会力量，推动国家不断迈向复兴和富强。

集体奋斗的价值不仅表现在单纯的数量积累上，更表现在个体在奋斗过程中，形成的社会契约精神与集体责任感。奋斗精神激发了全体人民团结一心、共同奋斗的激情与动力，促使每个人在为个人梦想努力的同时，肩负起对社会和国家的责任。每一个社会成员都可通过自己的奋斗，为社会贡献智慧和力量，最终实现集体目标，推动社会变革与进步。

2.奋斗精神推动社会进步与发展

社会的发展离不开每个人的奋斗，而每个人的奋斗也都直接关系社会的发展和国家的未来。奋斗精神为社会注入了源源不断的活力，推动着社会结构、经济模式、文化思想等各个方面的深刻变革。在经济、政治、文化、科技等多个领域，奋斗精神的发挥促进了社会持续发展。随着社会现代化进程的推进，传统的生产方式、生活方式和价值观念不断发生变化，新时代的奋斗精神为一系列变革提供了动力与支持。

在新时代的中国，奋斗精神所推动的社会进步与发展，体现在社会的各个层面。在经济领域，奋斗精神要求每个人都在自己的岗位上兢兢业业、脚踏实地，为国家经济的繁荣贡献力量。无论是工人、农民、企业家，还是政府官员、教育工作者，所有人都在自己的岗位上努力奋斗、创造社会财富，推动国家经济的持续发展。中国的快速崛起，离不开广大人民群众在艰苦环境中不懈努力的奋斗精神。在全球化、信息化的浪潮中，奋斗精神激发了中国劳动者的创造力与工作热情，推动了中国从"制造大国"向"创造大国"的转型。在政治领域，奋斗精神为国家治理与社会管理提供了原动力。社会管理不仅需要制度和政策的支持，更需要每个公民共同参与协作。在中国特色社会主义制度框架下，奋斗精神激发公民的责任意识与社会参与感，推动了民主法治建设、社会治理创新等方面的持续发展。每个公民在个人奋斗中践行社会责任，遵纪守法，积极参与社会公益事业，为建设和谐社会作贡献。奋斗精神使得每个人都不再是旁观者，而是国家发展、社会进步的重要参与者。奋斗精神的作用在文化领域尤为突出。文化是社会发展的灵魂，而奋斗精神则是文化传承与创新的重要内容和动力。中华文化源远流长，其中充满了奋斗精神的元素。从孔子倡导的"修身齐家治国平天下"理念，到古代英雄人物的传奇故事，再到近现代中国革命和建设过程中涌现的众多奋斗者，奋斗精神始终贯穿在中华文化的血脉中。新时代的奋斗精神不仅延续了中华优秀传统文化，还在当代社会的文化创新与发展中发挥着核心作用。在文化创意、艺术创作、科技创新等领域，奋斗精神激励着无数青年人才不断追求卓越，推动了中国文化走向世界舞台。

3.奋斗精神塑造社会价值观

奋斗精神的普及与弘扬，不仅是社会进步的推动力，还是社会价值观形成与更新的中心机制。在一个多元化、全球化的社会中，如何塑造积极向上的社会价值观，推动社会成员树立正确的价值取向，已成为当今社会亟待解决的问题。奋斗精神作为一种重要价值观，不仅塑造了个体的责任感与使命感，还推动了礼会整体价值观的形成与更新。

奋斗精神能够帮助每个人明确自我定位与目标，使个体在社会中找到奋斗的方向。在多元化的社会中，人们的目标、理想和生活方式各不相同，在差异中形成共识、推动社会的团结与和谐，是社会发展的基础。奋斗精神强调每个人都能通过努力实现个人理想，进而服务社会、推动国家进步的理念，帮助人们树立正确的价值观。奋斗精神不仅提升了个体的自我认同感，还增强了集体的凝聚力，推动社会形成积极向上的集体价值观。

奋斗精神推动社会成员树立正确的价值观，进一步促进了社会道德的提升与更新。在社会日益复杂化的今天，道德面临着诸多挑战。个人主义、功利主义等观念的盛行，使得社会整体道德水平有所下降。奋斗精神的关键价值观，要求每个人都为实现社会和国家的共同目标而努力；集体主义和责任担当的理念，能够有效遏制社会中不良风气的蔓延，促进社会的整体进步。

奋斗精神作为一种社会价值观，在推动国家发展的同时，塑造了更加公正、和谐的社会环境。随着社会经济的发展，贫富差距、城乡二元结构固化等社会问题逐渐显现，如何通过制度创新和文化引导促进社会公平与正义，已成为当代中国面临的基础任务。奋斗精神倡导"人人平等、奋斗成就未来"的理念，帮助人们打破阶层固化，促进社会各群体之间的互动与沟通，从而为社会的公正和公平奠定了基础。

二、奋斗精神的历史传承

奋斗精神是当代社会重要的精神资源，有着深厚的历史根基。在中国的历史长河中，奋斗精神的种子在不同的历史时期不断萌发、传承，并在各个时代的社会变革和历史进程中发挥了至关重要的作用。无论是在古代中国的封建社会，还是近现代抵御外侮、探索复兴的岁月，奋斗精神始终贯穿于中国历史的各个阶段，成为推动国家富强、民族振兴、人民幸福的重要力量。

（一）古代历史文化中体现的奋斗精神

在中华文明漫长的演进历程中，古人早已深刻体悟"天行健，君子以自强不息"的道理，同时强调"士不可以不弘毅，任重而道远"的社会责任。中华民族之所以能在历史的长河中生生不息、薪火相传、不断壮大，一个核心要素就在于始终怀揣着为实现伟大梦想而不懈奋斗的精神追求与独特气质。中华民族的发展史，实际就是一部波澜壮阔、感人至深的奋斗史。自古以来，中华民族便以勤劳奋进闻名于世，正是凭借着这一伟大的奋斗精神，我们在广袤的国土上繁衍生息，创造了举世瞩目的中华文明。

古代中国的奋斗精神源远流长，贯穿于中国文化的各个方面，特别是在儒家思想、道家思想和法家思想的作用下，古代中国形成了独特的个人与家族、国家的关系。古代士人的奋斗精神尤其突出，他们常常把"立德立言、建功立业"作为自己的人生理想，力求在个人修养、社会责任与国家事业之间找到平衡点，追求卓越与成就。

1. 儒家的奋斗精神

儒家文化强调修身齐家治国平天下，提倡个人通过修身养性、孜孜不倦地学习来实现道德追求。在《论语》中，孔子提出："学而时习之，不亦说乎？有朋自远方来，不亦乐乎？人不知而不愠，不亦君子乎？"这句话充分表达了不断自我提升的奋斗精神，强调通过不断的学习与修养来提升个人的道德素质，追求智慧与德行的完美统一。孟子更进一步提出"穷则独善其身，达则兼善天下"的观点，阐述了人在不同的境遇下，应该以自身修养为基础，既要关注个人成就，也要承担社会责任，推动社会的进步与国家的强盛。儒家思想中的奋斗精神强调了个体奋斗对于整体社会福祉的深远影响，表明了为他人和国家付出努力的责任感，进一步凸显了奋斗精神对社会的价值与作用。

2. 道家与法家的奋斗精神

道家文化虽主张"无为而治"，但中心思想仍包含着追求"道"的理念和个人内心修养的奋斗精神。道家提倡的"无为"并非消极地逃避，而是一种顺应自然、克服个人欲望与自我约束的奋斗过程。道家认为，通过自我修养与内心磨砺，人们能更好地理解自然和宇宙的规律，实现心灵与思想的提升。修养本身包含了内心世界的不断努力与奋斗，尽管在形式上看似云淡风轻，实际上却是持续不断的内在奋斗。

法家思想则更加注重以严格的法治与制度来实现国家的强盛，倡导以制度为基础的外在奋斗。法家认为，只有完善的法律体系，才能有效促进国家治理的高效与有序。法家的制度性与集体主义的奋斗精神，使得国家长治久安得以保障。在法家的思想体系中，个体奋斗与国家治理紧密结合，促使每个人遵循制度，实现国家整体的目标与发展。

3. 古代英雄人物的奋斗精神

中国古代历史上涌现了许多具有奋斗精神的英雄人物，相关事迹至今仍在流传，如岳飞、文天祥等。他们在国家危难时刻挺身而出，为保家卫国、捍卫民族尊严而不懈奋斗。岳飞的"精忠报国"与文天祥的"人生自古谁无死，留取丹心照汗青"，都体现了他们将国家的未来置于个人安危之上，不畏强敌、不怕牺牲的奋斗精神。英雄人物的事迹成为中华传统文化中"忠诚、勇敢、坚韧"精神的象征，深深植根于中华民族的集体记忆里。

正如习近平总书记所言："在几千年历史长河中，中国人民始终革故鼎新、自强不息，开发和建设了祖国辽阔秀丽的大好河山，开拓了波涛万顷的辽阔海疆，开垦了物产丰富的广袤粮田，治理了桀骜不驯的千百条大江大河，战胜了数不清的自然灾害，建设了星罗棋布的城镇乡村，发展了门类齐全的产业，形成了多姿多彩的生活。"中华文明历经沧桑，延续发展数千年而从未中断，离不开中华民族坚韧不拔、持续奋斗的精神。正是这一坚强刚毅、不懈努力的品质，铸就了中华民族辉煌灿烂的历史篇章。

（二）近代历史文化中体现的奋斗精神

近代以来，中国逐渐沦为半殖民地半封建社会。在国家民族生死存亡的紧要关头，伟大的奋斗精神再次激励中国人民奋起救亡图存。从魏源、林则徐到左宗棠、张之洞，从康有为、梁启超发起的戊戌变法到孙中山领导的辛亥革命，再到陈独秀、鲁迅等掀起的新文化运动，为改变苦难深重的命运，中国人民进行了前仆后继、可歌可泣的斗争，进行了一系列的奋斗尝试，直至中国共产党走上历史舞台，带领全国人民不懈奋斗，最终使中华民族摆脱了积贫积弱的困境，从内忧外患走向独立自主，从一穷二白走向繁荣富强。

自成立以来，中国共产党始终注重发扬中华民族伟大的奋斗精神，力求在新的历史阶段继续深化奋斗精神的内涵与实践。在中国共产党的领导下，革命、建设、改革等各个历史阶段的奋斗精神得到了进一步升华和发展。无论是在革命时期，还是在中华人民共和国成立后的社会主义建设中，中国共产党始终强调并弘扬艰苦奋斗的优良传统，推动全党全社会持续进行并完成各项建设任务，确保国家和人民不断前进。

在革命时期，党的"红船精神"、井冈山精神、长征精神、延安精神等一系列精神的形成，体现了党在艰苦环境中坚持斗争、团结群众、开辟新道路的伟大力量，充分展示了中国共产党在面临国内外困境时，依然坚持理想、团结人民并不断前行的决心。特别是在长征时期，党以极其坚韧的意志克服了种种困难，向全世界展示了中国共产党人顽强不屈、不畏艰险的革命精神。

毛泽东同志在抗日战争时期提出的"坚定正确的政治方向，艰苦朴素的工作作风，灵活机动的战略战术"，为党和人民在战争中取得胜利提供了关键的理论指导。它不仅为抗战胜利奠定了坚实基础，还极大地增强了人民群众对革命事业的信心，进一步丰富了艰苦奋斗的精神内涵。在抗日战争时期，党所展现的"艰苦奋斗、为人民服务"的精神，不仅激励了党和人民共同战胜敌人，还深远影响着党在社会主义建设中的奋斗目标，成为党在各项建设事业中勇往直前、不断奋进的不竭动力。

（三）新中国成立初期至党的十八大前所体现的奋斗精神

新中国的成立，标志着中华民族翻开了崭新的历史篇章。党的领导集体在继承中华民族优良传统——艰苦奋斗的同时，将其融入了中国特色社会主义建设的伟大实践中。毛泽东同志深刻认识到，艰苦奋斗不仅是革命斗争取得胜利的法宝，更是共产党人应当保持的政治本色，对事业成功具有决定性意义。因此，在党的领导下，全体人民共同努力，走上了建设社会主义的伟大道路。

新中国成立初期，毛泽东同志深刻认识到，艰苦奋斗是新中国取得胜利的宝贵财富，也是推动国家向前发展的关键因素。在党的引领下，从土地改革的顺利完成到社会主义改造的圆满结束，再到社会主义工业化基础的初步奠定，每一步都凝聚着中国人民的智慧与汗水，彰显了艰苦奋斗精神的巨大力量。特别是在新中国成立初期，尽管国家经济基础薄弱、国内矛盾重重，党始终依靠人民，坚定信念，持续推进经济与社会建设，为国家日后的繁荣打下了坚实基础。

改革开放的号角吹响后，中国特色社会主义道路逐步清晰并不断深化。在党的坚强领导下，国家不仅在经济领域取得了举世瞩目的成就，还在社会、文化等多个方面实现了全面进步。在此期间，艰苦奋斗精神继续作为推动国家发展的内在动力，引导全国人民在经济特区建设、国有企业改革、市场经济体制确立等一系列重大变革中勇往直前。在改革开放初期，党提出一系列政策，推动了国家的逐步现代化，使得中国经济实现了从计划经济到市场经济的转型。随着转型的不断深入，中国的经济实力显著增强，人民生活水平大幅提升，国家的整体面貌焕然一新。

中国经济在短短几十年内实现了前所未有的跨越，成功转型为世界第二大经济体。艰苦奋斗精神成为全国人民共同的力量源泉，推动着中国在全球化的浪潮中脱颖而出。党领导下的中国，坚持不懈奋斗，迎来了社会主义建设的崭新局面，为后续的持续健康发展奠定了坚实基础，并向世界展示了一个崛起中的伟大国家的风采。

（四）新时代奋斗精神的深化与拓展

进入新时代，习近平总书记明确指出这是一个属于奋斗者的时代，并为新时代的奋斗精神赋予了更加丰富与深远的内涵。新时代的奋斗不再局限于经济领域的快速增长，而是涵盖了社会公平正义、生态文明建设、文化自信提升和科技创新驱动等多个维度，构成了一个全面而系统的奋斗体系。新时代的奋斗精神，已经充分融入国家发展的每一个环节，成为推动中国不断迈向强盛的强大动力。

从理论角度来看，新时代的奋斗精神体现在对经济发展的深刻认识上。习近平总书记明确指出，要推动经济高质量发展，构建以国内大循环为主体、国内国际双循环相互促进的新发展格局。新阶段、新格局、新发展理念，体现的是新时代对经济结构优化的追求，也是中国经济在全球化竞争中的新定位的反映。新时代中国特色社会主义正在逐步从以速度为主的发展模式转向更加注重质量与效益的增长方式。在新时代中国特色社会主义经济发展领域，新时代的奋斗精神体现为对国家经济长远目标的坚定追求和不断创新的精神。

在科技创新领域，新时代的奋斗精神表现得尤为突出。习近平总书记在党的二十大报告中强调："以国家战略需求为导向，集聚力量进行原创性引领性科技攻关，坚决打赢关键核心技术攻坚战。"中国已经将科技创新作为国家发展的核心驱动力之一，并大力支持基础科研和前沿技术的突破。无论是5G通信技术的迅速发展，还是量子计算、人工智能等高科技领域的积极布局，都体现了新时代奋斗精神在科技领域的深刻实践。中国通过全力推进科技创新，力图打破外部技术封锁，走出一条符合自身特色的科技创新发展道路。

在社会领域，新时代的奋斗精神更加注重公平与正义。习近平总书记提出，要不断完善社会保障体系，促进教育、医疗、养老等公共服务均衡发展，确保人民群众在各个领域都能享受更加公平的机会与待遇。新时代奋斗精神的基础价值体现在对社会弱势群体的关怀与扶持，体现了国家以人为本的执政理念。无论是乡村振兴战略的深入实施，还是对贫困地区的精准扶贫，都体现了国家全方位的社会保障体系致力于让每一个公民都共享现代化建设的成果。

在生态文明建设方面，新时代的奋斗精神强调绿色发展理念和人与自然和谐共生的现代化建设新格局。习近平总书记提出，要推动形成绿色生产方式和消费模式，构建美丽中国。中国已经制定并实施了一系列政策，力求在经济发展的同时保护生态环境，实现可持续发展。新时代的奋斗精神在生态文明建设中的体现是国家在追求经济增长的同时，始终坚持人与自然和谐共生，注重生态资源的合理利用与保护，推动绿色、低碳的经济社会发展模式。

新时代的奋斗精神不仅是对经济、科技、社会与生态等各个领域的推动，更是全体中国人民共同参与、共同奋斗的精神力量。习近平总书记多次强调，每个人都是新时代的见证者、开创者和建设者，这不仅是对全体国民的深切呼唤，还生动体现了新时代奋斗精神的基本要义。新时代的奋斗精神是全社会共同追求卓越、勇于担当、团结奋进的精神力量，它激励着每一个中国人，无论身处何种岗位、从事何种职业，都要以饱满的热情、坚定的信念和不懈的努力，为实现中华民族伟大复兴的中国梦贡献自己的智慧和力量。

第二节　新时代大学生奋斗精神培育的价值意蕴

大学生不仅肩负着个人成长的责任，更承担着推动社会进步、实现民族复兴的关键使命。作为新时代的主力军，大学生的奋斗精神对个人发展、社会进步和国家命运都具有深远影响。2023 年 6 月 26 日，习近平总书记在同团中央新一届领导班子成员集体谈话时，着重指明了青年一代在国家发展中的基本作用。他强调，党和国家事业的希望寄托在青年身上，希望共青团中央深入贯彻党中央要求，切实肩负起新时代新征程党赋予的使命任务，传承弘扬优良传统，坚持改革创新，更好把青年一代团结凝聚在党的周围，为推进强国建设、民族复兴伟业接续奋斗。习近平总书记的讲话不仅明确了青年一代在推进国家事业中的基本地位，更凸显了奋斗精神在青年成长成才过程中的重要作用。因此，深入挖掘新时代大学生奋斗精神的价值意蕴，不仅对于全面提升大学生的综合素质具有重要意义，更有助于培育具有强烈社会责任感和历史使命感的新时代青年，为国家的繁荣富强和民族复兴贡献青春力量。

一、奋斗精神与个人成长的内在联系

大学生作为未来社会的主力军，肩负着时代赋予的重任。随着社会的发展，大学生的个人成长不再局限于知识和技能的积累，还包括思想观念的提升、价值观的塑造和社会责任感的培养。奋斗精神不仅为大学生提供了追求梦想的动力，更是他们自我提升、适应社会变革和承担时代责任的主要驱动力。

从个人修养的提升到社会责任的承担，从学术研究的深耕到职业规划的落实，奋斗精神对大学生成长的各个方面都有着深远的影响，其作用是不可忽视的。

(一)奋斗精神与正确世界观、人生观和价值观的树立

大学生在面临人生重大抉择和方向性选择时，常常会产生诸多困惑与迷茫。奋斗精神作为一种重要的价值观，对大学生世界观、人生观、价值观的塑造起到了基本的引领作用，可使大学生聚焦长远目标和自我发展道路，抵制短期诱惑与外界干扰，保持清晰的方向感。

奋斗精神帮助大学生坚定追求卓越的目标，这不仅是对知识的追求，更是对理想的追求和对社会责任的担当。在面对多重选择时，大学生能够通过奋斗精神明确自己的兴趣，找到职业方向，并逐步形成清晰的人生目标。在奋斗的过程中，大学生不断审视自我，探索自我价值，从而逐步建立起正确的世界观、人生观和价值观。奋斗精神为大学生提供了内在的信念支撑，帮助他们在复杂的社会环境中保持理性判断，从而形成稳固的自我意识。

奋斗精神还能够帮助大学生在思想观念上实现自我超越，使大学生在奋斗的过程中，从单纯追求个人成功逐渐转向关注社会整体进步。奋斗精神促使他们意识到，个人价值的实现与社会责任紧密相连。在不断努力和奋斗的过程中，大学生不仅能够实现自我价值，还能够在社会中发挥积极作用，最终将个人理想与国家发展、社会进步紧密结合，走向更加美好的未来。

(二)奋斗精神与学术追求和实践卓越的关系

学术追求与实践能力的培养是大学生成长过程中至关重要的两大领域。进入大学后，大学生面临着大量的学术任务与实践要求，奋斗精神对他们来说，不仅是克服学业困难的动力源泉，还是激发学术创新与实践探索的重要力量。

学术上的成功并非一蹴而就，而是需要长期积累与不断努力。大学生在学习的过程中，常常会遇到各种各样的困难，如学科的难度、课程的挑战、学术写作的压力等。奋斗精神能够促使大学生在面临学术挑战时，保持冷静，坚持不懈地努力，最终突破学术瓶颈。长期的奋斗和积累，让大学生不仅能够收获学术上的成功，还能够锻炼独立思考、创新探索的能力。

奋斗精神不仅能够帮助大学生进行学术追求，还能够引导大学生在社会实践中持续追求卓越。大学生应将所学的知识与社会需求相结合，服务社会，解

决实际问题，进行创新创业，提升自身的实践能力。无论是在志愿服务、社会调研中，还是在创新创业等领域，大学生的奋斗精神都能够激励他们在复杂的社会环境中发挥作用，逐步实现自己的社会价值。实践经验的积累，让大学生在解决现实问题的过程中不断自我成长，提升综合素质，并将自己的奋斗成果转化为对社会的贡献。

(三) 奋斗精神与自信心和独立性的培养

自信心和独立性是大学生成长过程中不可忽视的心理素质。大学生在不断追求目标和实现自我价值的过程中，必然会遇到各种挑战与挫折。正是这些经历促使他们逐步成长，形成更强劲的心理韧性，塑造更为坚强的内心世界。奋斗精神能够激发大学生在面对困难时的勇气，帮助他们从失败中汲取经验，恢复自信，并坚持不懈地向前迈进。

奋斗精神可以帮助大学生树立积极的心态，使他们在面临挑战时不轻言放弃，以乐观向上的态度去应对。在学术上，大学生会遭遇成绩不如预期、科研项目停滞不前的局面；而在社会实践与职业发展中，他们也不得不面对职场的不确定性、激烈的竞争等挑战。奋斗精神可以帮助他们坚定信念，不断提升自己的专业能力和综合素质，增强自信心。

奋斗精神可以帮助大学生在成长过程中逐步培养独立性。独立性不仅仅指在学术上具备独立思考的能力或在生活中能够自理，更包括面对社会压力时保持自我，以及在外部诱惑与干扰中坚持自己的目标与信念。奋斗精神推动大学生发展出坚强的内心力量，促使他们在面对困难时不是依赖他人，而是依靠自我探索和独立决策来解决问题。独立性的培养有助于大学生在日益复杂的社会环境中找到自己的定位，增强适应能力与应对挑战的能力，逐步实现个人的独立与自主。

值得注意的是，在奋斗精神的激励下，大学生能够逐步认识到自己潜力的无限性，增强自我认同感。随着自信心与独立性的不断提升，大学生能够在面对未来职场或人生中的多重压力时，始终保持强大的内心力量，坚定对自我价值的认同与自信。大学生不仅能够在学业和职业上建立起自信，还能够更加坚定地践行社会责任，持续追求理想。

（四）奋斗精神与个人社会责任感的增强

大学生不仅是个人成长的主体，更是社会进步的推动者。在实现自我价值的同时，大学生还应当肩负起对社会的责任。而奋斗精神正是激励大学生履行社会责任的基本力量。它不仅关注个人的成就，更强调个体在社会中的作用，鼓励大学生为推动社会进步而贡献自己的力量。

通过奋斗，大学生逐步形成了强烈的社会责任感，学会了将个人目标与社会需求相结合。大学生参与社会实践、志愿服务、公益项目等活动，直接服务社会、帮助他人，在实现自我理想的同时，为社会的进步贡献力量。奋斗精神促使他们在关注自我发展时，不忘关注社会民生，努力在各个领域作出积极贡献。社会责任感不仅提升了大学生的集体主义精神与团队合作意识，还塑造了他们在面对社会变化时积极响应、勇于担当的品质。

通过奋斗，大学生在社会实践中能够不断提高自己的组织能力、沟通能力和领导力，为未来的职业生涯打下坚实的基础。大学生不仅能够实现个人目标，还能够为社会提供更多有价值的创新思想和服务。这一社会责任感将贯穿大学生的整个职业生涯，促使他们始终以推动社会进步和国家发展为己任，为更广泛的社会群体创造价值。

二、奋斗精神与社会进步的紧密联系

社会进步是一个多维度的概念，不仅包括物质生产力的提高，还包括精神文化、社会制度等方面的变革。大学生肩负着民族复兴的历史重任，其思想觉悟、行动力和奋斗精神对于社会的进步与发展具有重要作用。

第一，大学生的奋斗精神是社会创新的重要源泉。在当今社会，创新已成为推动国家和社会进步的重要动力。无论是在科技领域、文化创意领域，还是在社会治理与制度创新过程中，创新都扮演着举足轻重的角色。而创新的根本驱动力来源于奋斗精神。作为国家未来的建设者和社会的重要力量，大学生的奋斗精神决定着创新活动的广度和深度。奋斗精神不仅是大学生进行学术研究、技术创新和社会实践的动力源泉，还是他们在探索新知识、开拓新领域时的核心驱动力。大学生在校期间通过不懈奋斗，不仅提升了自身的创新能力，还为社会带来了新的思想，积累了有益的实践经验。许多大学生积极投身于科技创新、文化创意、社会服务等领域，或者参与创新项目、技术研发、艺术创作等实践活动，不仅丰富了社会的精神文化内涵，而且增强了社会的竞争力。

第二，奋斗精神有助于培养大学生的社会责任感和集体主义精神。社会进步不仅依赖于科技创新和物质生产力的提升，还需要大学生群体培养强烈的社会责任感和集体主义精神。新时代的大学生肩负着国家建设和社会进步的重要使命，他们的奋斗精神不仅是自我提升的动力源泉，更是推动社会发展的责任所在。奋斗精神帮助大学生形成强烈的社会责任感，使他们在追求个人价值的同时，关注社会需求与发展。大学生应了解社会的真实需求，关注弱势群体的处境，并通过实际行动践行社会责任，推动社会的和谐进步。无论是参与扶贫工作，还是在环境保护、教育援助、社会调研等领域，大学生都能提升自我，贡献社会，推动国家的发展和社会的进步。同时，奋斗精神还培养了大学生的集体主义精神。在大学校园内，大学生通过参加集体活动、合作项目，增强了集体意识和协作能力。奋斗精神促使大学生在追求个人成功的同时，关注集体利益，协同合作，共同实现更大的目标。集体主义精神的培养，不仅有助于大学生的个人成长，还为社会和国家的持续进步提供了强大的动力。

第三，大学生的奋斗精神能够促进社会公平与正义。社会公平与正义是社会进步的重要标志，关系每个公民的福祉。新时代中国社会依然面临诸多不平等和不公正的问题，尤其是贫富差距、教育机会的不平等等问题，依然影响着社会的稳定与发展。因此，如何实现社会公平与正义，成为推动社会进步的核心议题。奋斗精神不仅强调个人的努力与成功，还倡导人人平等、机会均等。大学生的奋斗精神促使他们超越自我局限，关注社会弱势群体的权益，并推动社会资源的公平分配。奋斗精神使大学生认识到，个人的成功不仅是自我发展的体现，更应与社会整体的进步、弱势群体的权益保障相结合。在实现个人理想的过程中，大学生的奋斗精神激励他们关注社会不平等现象，积极参与社会改革与创新，为实现社会公平与正义贡献力量。

三、奋斗精神对于国家发展的深远意义

新时代的中国正以前所未有的决心和勇气，迈向中华民族伟大复兴的新征程。在新征程上，大学生群体以其独特的身份与使命，成为推动国家发展和社会进步的重要力量。奋斗精神作为大学生精神风貌的基本体现，不仅关乎个人成长与成才，更与国家的前途命运紧密相连，具有深远的战略意义。

第一，从实现中国梦的宏观视角来看，大学生的奋斗精神是实现国家愿景

不可或缺的精神动力。中国梦是中华民族伟大复兴的形象表达，蕴含着国家富强、民族振兴、人民幸福的深刻内涵。作为国家的未来和希望，大学生的奋斗精神直接关系中国梦的顺利实现。在科技创新领域，大学生以其敏锐的洞察力和强烈的创新意识，不断推动新技术、新产业的涌现，为国家经济的转型升级和高质量发展提供了强大的智力支持。同时，在文化传承与创新方面，大学生通过挖掘和弘扬中华优秀传统文化的精髓，推动中华文化的现代化和国际化，增强了国家的文化软实力，为中国梦的实现提供了丰富的精神滋养。

第二，从国家凝聚力与向心力的角度来看，大学生的奋斗精神是维护国家稳定、促进社会和谐的关键力量。在全球化、信息化的时代背景下，国家面临着前所未有的挑战和机遇。大学生以其独特的视角和敏锐的洞察力，能够准确把握时代脉搏，引领社会潮流。大学生积极参与社会实践、志愿服务等活动，不仅增强了自身的社会责任感和使命感，还激发了社会成员对国家发展的认同感和归属感。认同感和归属感是增强国家凝聚力与向心力的主要因素，它们能够有效抵御外部势力的渗透和干扰，确保国家发展的稳定性和可持续性。

第三，从人才培养的角度来看，大学生的奋斗精神使国家培养了大量高素质、复合型人才。国家的发展需要一支具有创新精神、实践能力、国际视野和领导力的高素质人才队伍，大学生作为知识与技术的主要承载者，是国家创新与发展的重要力量。通过不断奋斗，大学生不仅能够在自己的专业领域积累丰富的知识和经验，还能提升自身的综合素质。在不断努力的过程中，大学生学会了如何面对挑战，如何解决复杂问题，如何在全球化竞争中保持独立性与创新性。他们不仅能够在国内市场取得成功，还能够在国际舞台上展示中国智慧与中国方案。高素质人才的培养为国家发展提供了坚实的智力支持，也为国家在国际竞争中脱颖而出提供了重要保障。

第三节　新时代大学生奋斗精神培育的现状与挑战

在纪念五四运动 100 周年大会上，习近平总书记引用了毛泽东同志的诗句"自信人生二百年，会当水击三千里"，并强调："今天，我们的生活条件好了，但奋斗精神一点都不能少，中国青年永久奋斗的好传统一点都不能丢。"习近平总书记鼓励新时代中国青年要勇做走在时代前列的奋进者、开拓者、奉献者。新时代大学生奋斗精神的培育不仅是高等教育的基础任务，还是社会发展的重要需求。随着社会的进步与教育体制的不断完善,奋斗精神作为一种内在驱动力,已经成为塑造大学生人格和推动社会进步的核心因素。然而,当前的培育工作虽取得了一定成效,却仍然面临诸多现实挑战。本节将在探讨新时代大学生奋斗精神培育现状的基础上,分析其在实践中的成效与局限,继而剖析在此过程中所面临的主要挑战,为今后的教育实践提供更加全面的视角。

一、新时代大学生奋斗精神现状调查

(一)调查背景

随着社会竞争的不断加剧,大学生群体面临着越来越多的挑战,包括学业压力、就业困境、社会变革等。新时代的大学生作为未来社会的主力军,他们的奋斗精神不仅关系个人的发展,更作用于国家和社会的进步。因此,培养大学生的奋斗精神已成为高等教育的核心任务之一。本次调查对 200 名来自不同院校和专业的大学生进行问卷调查,旨在了解他们对奋斗精神的认知、实践和面临的挑战,为进一步完善教育政策、优化培养策略提供依据。

(二)调查目的

本次调查的主要目的是分析大学生对于奋斗精神的理解,探索他们在实际行动中如何践行奋斗精神,并深入了解他们在奋斗过程中所遇到的困难和挑战。同时,本次调查为高校增强大学生奋斗精神教育提供数据支持,推动学校更加有效地制定相关的教育策略,帮助学生克服困境,实现自我成长。

(三)调查方法

本次调查采用问卷调查法,随机选取了 200 名大学生,涵盖不同院校和专业。问卷的内容包括对奋斗精神的理解、个人目标的设定、实现目标的具体措施、奋斗过程中面临的主要障碍等。

(四)调查结果

1. 奋斗精神的认知与理解

调查显示,96%的大学生对"奋斗精神"有明确的认知,认为奋斗精神是克服困难、追求理想的重要动力。大多数大学生认为，奋斗精神不仅关乎个人职业的成功，更关乎社会责任的担当与集体主义精神的体现。在面对未来的不确定性时，他们普遍认为，奋斗精神是推动其不断挑战自我、超越自我的动力源泉。尽管如此，有部分大学生在访谈中提到，他们虽然理解奋斗精神的内涵，但在实际生活中，要想有效地将奋斗精神转化为行动，依然面临较大的困难。

2. 奋斗目标的明确与规划

在奋斗目标的设定方面，75%的大学生表示自己已经为未来规划了明确的目标，并为之付诸实践。不过，仍有25%的大学生表示自己在设定未来目标时感到困惑或不确定，尤其是在职业规划方面。对于大学生而言，社会环境的变化、家庭的期望和就业前景的不确定性，常常让他们在未来发展方向上产生迷茫。调查还发现，许多大学生由于缺乏对自己优劣势的清晰认识或对外部环境的全面了解，难以设定长远且具有可行性的目标。

3. 奋斗过程中的行动与努力

大部分大学生表示，在实现奋斗目标的过程中，他们已经在参加社会实践、志愿服务等方面积累了丰富的经验，并提升了自己的能力与综合素质。调查发现，20%的大学生在实践中遇到了困难，如缺乏足够的机会、支持系统不足，或在面对实际问题时缺乏足够的解决能力，所以他们很难将奋斗目标转化为具体且有效的行动。

4. 奋斗精神与心理适应能力

调查显示，65%的大学生在遭遇失败或挫折时，能够通过调整心态，继续积极地朝着目标前进；而35%的大学生在面对挑战时容易感到焦虑、无助或自我怀疑，奋斗动力受到影响。大学生普遍认为，心理压力和自我怀疑是他们在奋斗过程中遇到的两大障碍。此部分大学生更加需要学校、家庭和社会提供情感支持与心理疏导，以帮助他们保持良好的心态和增强前进的动力。

5. 社会评价与外部压力的作用

58%的大学生表示，在追求个人奋斗目标的过程中，他们受到了来自社会评价标准的压力，尤其是社会对"成功"的单一定义，使得他们产生了焦虑与焦躁情绪。许多大学生表示，社会普遍强调财富、地位和社会认可等外部标准，往往忽略了个人成长、内在价值的追求。这种单一的社会评价标准影响了大学生的决策，使得他们在职业选择和目标设定上会更多地考虑外部的经济因素，而非自身兴趣或社会责任。

二、新时代大学生奋斗精神培育取得的成效

新时代大学生奋斗精神的培育在近年来取得了显著进展。随着社会对青年一代的期望不断提升，大学生群体在奋斗精神的认同和践行方面逐步取得了积极成果。高等教育体系和社会各界的共同努力使大学生的精神面貌产生了积极变化，进一步推动了其个人成长与社会责任感的培养。

(一) 课堂与课外活动对奋斗精神的重视

在当前的教育体系中，奋斗精神已成为高等教育的一个核心价值观，且融入并贯穿课堂教学与课外活动的多个层面。随着新时代大学生思想政治素质的不断提高，高等院校普遍加强了关于奋斗精神的理论教学，并通过实践导向的教学方式与丰富多样的课外活动，帮助大学生将奋斗精神内化为行动的动力。

在课堂教学方面，思想政治教育课程逐渐加入更多关于奋斗精神的内容。教师不仅传授关于奋斗精神的历史背景、发展脉络及其与当代社会发展的密切关系，还通过互动讨论、案例分析等教学方式，帮助大学生深刻理解奋斗精神的内涵与现实意义。根据调查结果，65%的大学生表示课堂中对奋斗精神的教学对他们的个人成长和职业规划产生了深远影响，使他们不仅可以在理论学习中获取知识，而且可以在实践中进一步验证和深化对奋斗精神的理解。

在课外活动方面，越来越多的高校注重采用志愿服务、社会实践、创新创业等多种形式的活动，培养大学生的实际能力与奋斗精神。还有一些高校通过举办专题讲座、励志活动等形式，增强大学生对奋斗精神的认同与共鸣。调查数据显示，超过70%的大学生认为课外活动在他们培养奋斗精神的过程中起到了重要作用。例如，学生会、社团组织、校园文化活动等为他们提供了自我展示、挑战自我的机会，促进他们在学术、社会服务与公益事业中践行奋斗精神。课外活动不仅鼓励大学生在专业领域追求卓越，还强调在社会服务和集体行动中体现奋斗精神，从而进一步增强了大学生的社会责任感和集体主义意识。

(二) 教育政策的逐步完善

国家和地方教育部门采取一系列政策举措，逐步加强对大学生奋斗精神的

引导，确保奋斗精神在教育体系中得到系统的培养与践行。政策的出台体现了国家对大学生思想政治教育的高度重视，也为高校推动思想政治教育提供了坚实的制度保障。

根据调查，90%的大学生认为，国家和学校在思想政治教育领域的关注有效促进了他们奋斗精神的培养。政府持续完善相关政策，明确要求加强大学生思想政治教育，推动教育内容和方法的更新与创新。政策为高校提供了理论依据和实践指导，确保教育手段与时代需求相适应。例如，政府鼓励高校采用多元化、互动性的教学方式，以多渠道、多平台的方式强化大学生对奋斗精神的认知。调查显示，65%的大学生认为教育政策帮助他们更好地理解奋斗精神，并将其转化为个人成长与奋斗的动力。

政策的另一个重要方面是强化大学生的社会责任感和集体主义精神。政府推动高校加强校园文化建设，鼓励学校将奋斗精神融入校园文化，创造有利于大学生思想发展的文化环境。大学生在文化节庆等活动中增强了集体主义意识，体验了奋斗精神的力量。政策的实施为大学生社会责任感与集体主义精神的培养提供了强有力的支持，有助于他们在日常生活和学习中践行奋斗精神。

(三) 大学生个人奋斗意识的提高

新时代大学生普遍展现了较强的个人奋斗意识，并将其视为实现个人目标和社会价值的重要途径。调查数据显示，超过95%的大学生认为奋斗精神是走向成功的重要驱动力。随着社会竞争的日益激烈与教育环境的不断演进，越来越多的大学生开始意识到，只有持续努力和自我奋斗，才能在日益复杂的社会中占据一席之地，开创更加美好的未来。这也标志着大学生逐步从依赖外部资源转向自我驱动，个人奋斗不再是选择，而是必然的路径。

伴随着社会环境和职业市场的变化，大学生的个人奋斗意识也发生了显著的变化。调查显示，75%的大学生表示在规划职业生涯和人生道路时，他们越来越倾向于依靠自身努力，而非外部条件，如家庭背景或社会资源等。随着社会竞争的加剧，大学生逐渐从依赖外部支持转向自主发展，更加注重自我提升与学习。如今，他们已认识到，在瞬息万变的时代，只有不断提升个人能力与素质，才能在职场上站稳脚跟。

在求学阶段，大学生的奋斗意识表现出积极的变化。在调查中，70%的大学生在选择专业时，越来越关注该专业与自己的兴趣、能力和未来职业规划的契合度。他们希望通过所学专业和课程，为自己积累竞争优势，并以此为基础，提升个人的综合素质。大学生在参与各类实践活动时展现了更强的自主性，调查结果显示，85%的大学生参与了社会实践、志愿服务和创新创业等项目，其目的是积极展示自我、提升能力。

社交媒体和网络平台的广泛使用，进一步激发了大学生的奋斗意识。在调查中，80%的大学生表示，他们关注成功人物的励志故事、职业生涯发展等内容，受到了极大的启发与鼓舞。网络平台上的成功人士成为大学生追求梦想、克服困难的榜样，促使他们树立明确的奋斗目标，并为之付出努力。许多大学生分享个人成长和奋斗的故事，不仅激励了自己，还激发了他人的奋斗热情。社交媒体不仅是信息传递的渠道，更是大学生彼此鼓励、共同进步的平台。

大学生的奋斗意识不再局限于个人发展领域，越来越多的大学生开始将奋斗精神扩展到社会责任的履行上。调查显示，71%的大学生在追求个人成长的同时，积极思考如何通过自己的努力为社会作贡献。他们参与公益活动、环保项目、社区服务等，不仅在个人层面实现了自我价值，还在社会层面展现了强烈的社会责任感。这说明大学生在增强个人奋斗意识的同时，越来越意识到个人努力对社会的积极作用，形成了既注重自我发展，又强调集体意识与社会责任意识的价值观。

(四)大学生精神风貌的变化

随着社会的进步和全球化进程的加速，新时代大学生的精神风貌发生了深刻的变化。其变化不仅表现在对自我认同和个人发展的重视上，更表现在对奋斗精神的理解的丰富与深化上。过去，大学生的奋斗目标往往集中在学术成就和职业成功上；而如今，奋斗精神的内涵已发生扩展，大学生不仅关注个人成就，更强调社会责任、集体价值和对社会整体进步的贡献。

从单一的学术成就到更广泛的社会责任和集体进步，大学生的奋斗目标经历了明显的转变。根据调查结果，近70%的大学生表示，他们的奋斗目标已经不再局限于学术成就或职业发展。过去，学术成就和职业发展是大学生奋斗的主要动力；而现在，更多的大学生开始将自己的奋斗目标聚焦于更广泛的社会责任和集体利益。社会公正、环境保护、科技创新等全球性议题成为他们关注的重点领域。许多大学生不仅希望通过个人努力获得职业成就，还积极参与社会公益、环保行动和文化传承等事业，为社会带来积极改变，最终实现个人价值。

新时代大学生在追求学术和职业成功的同时，逐渐认识到社会责任感和集体主义精神的重要性。调查显示，75%的大学生认为，个人奋斗不仅是为了自身的成功，更是为了实现集体与社会的进步。调查反映了大学生价值观的深刻变化，即从强调个人成功的观念，逐步向强调集体和社会共同进步的观念过渡。越来越多的大学生参与社会实践、志愿服务、创新创业等活动，不仅践行社会责任，还在活动中磨砺自己，积累实践经验。这种积极参与社会活动、关注社会问题的态度，使得大学生的奋斗精神变得更加多元化和全面化。

随着全球化的深入，大学生的视野逐渐开阔，许多大学生不仅关注国内的经济社会发展，还开始关注全球性问题，如气候变化、贫困、国际文化交流等。在调查中，60%的大学生表示，他们会关注全球社会的福祉，这体现了当代大学生具备广阔的全球视野，并且在全球性挑战中看到了个人奋斗的意义。全球性的挑战，如气候变化和贫困问题，促使大学生将奋斗目标从单纯的个人成就，转向对全球社会福祉的贡献，这是对个人职业生涯的追求，更是凭借智慧、创新和行动为全球社会创造更多可能性的实践。

大学生的奋斗精神呈现个人与集体共同奋斗的特点。在高校中，集体主义和合作精神的培养得到了越来越多的重视，许多大学生在集体活动和团队合作中，增强了自己的集体主义意识与社会责任感。调查数据显示，55%的大学生认为，团队合作和集体奋斗在他们的奋斗目标中占据核心地位。大学生越来越认识到，个人的成就离不开团队的支持和合作，集体的进步也推动着个人目标的实现。

随着集体主义精神的重塑，大学生的奋斗目标不再局限于个人荣誉和成就，而是与团队合作和社会整体进步密切相关。在调查中，61%的大学生表示，他们在追求个人职业目标的同时，越来越注重与他人的协作和合作，以共同推动社会的发展与进步。许多大学生通过加入学术社团、参与集体项目等方式，锻炼自己的团队合作能力，提升自我价值，并在集体奋斗中实现个人和集体的双重目标。合作与协同的精神，展现了新时代大学生在全球化背景下的集体主义意识和社会责任感。

(五)校园文化的积极作用

高校校园文化的建设为大学生奋斗精神的培育提供了基本的支持与平台。

随着现代教育理念的更新与进步，校园文化的作用已逐步超越了传统意义上的为学生营造积极向上的学习与生活环境，转变为塑造学生价值观、行为方式和社会责任感的重要力量。调查结果显示，超过80%的大学生认为，校园文化活动在培养他们的奋斗精神与社会责任感方面发挥了积极作用。许多高校组织丰富多彩的校园文化活动，积极推动精神文明建设，形成了浓厚的奋斗氛围，激励大学生不断追求卓越、超越自我。

高校组织一系列多元化的文化活动，积极营造有利于大学生成长和发展的校园氛围。活动不仅包括学术讲座、文体比赛、艺术展览等文化形式，还涵盖了志愿服务、社会调研等实践性活动，为大学生提供了展示自我、实现价值的广阔平台。在校园文化活动中，大学生不仅提升了学术能力，还培养了创新思维和解决问题的能力。例如：学术讲座帮助学生了解前沿科研成果和发展趋势，激发了他们对学术研究的兴趣和探索精神；文体比赛和艺术展览为大学生提供了展现个性与才能的机会，同时激励他们在竞争中提高自我，树立自信，激发了他们积极进取的精神动力。

校园文化活动不仅关注知识的传递与技能的提升，还特别注重团队合作精神和集体意识的培养。许多校园文化活动需要大学生在团队合作中发挥作用，协调各方资源，共同探讨和解决问题。大学生在集体行动中不仅能够锻炼人际沟通能力、团队协作能力，还能够学会如何有效整合力量与资源，进而提高组织能力和领导素质。校园文化活动帮助大学生在集体中找准自己的定位，意识到集体奋斗的关键性，从而增强了他们的集体主义精神和社会责任感。合作互动不仅促进了大学生的个人成长，还进一步强化了他们对集体进步的贡献意识。

丰富多彩的校园文化活动为大学生提供了更为广阔的视野，使大学生能够接触到社会的实际问题，进而激发他们的社会参与意识。大学生参与志愿服务和社会实践活动，能够更深刻地理解社会需求与挑战，培养社会责任感，并将个人奋斗目标与社会发展紧紧联系在一起。实践活动不仅让大学生体会到服务他人的价值和成就感，还帮助他们在为社会进步贡献力量的过程中认识到自我提升的意义，使他们的奋斗精神得到了进一步的强化。大学生不仅在个人层面上追求卓越，还开始关注如何为社会整体发展作出贡献。

三、新时代大学生奋斗精神培育面临的挑战

新时代大学生的奋斗精神虽然得到了广泛关注和持续培养，但在实际的教育过程中，仍然面临着诸多挑战。挑战不仅作用于学生个人的成长和发展，还在一定程度上制约了奋斗精神的深入推进与有效落实。在价值多元、观念多样的背景下，如何坚持以社会主义核心价值观为引领，增强大学生的价值认同与精神感召力，成为当代教育实践中亟需关注的重要课题。

（一）价值观的多元化与冲突

在当代大学生所处的社会环境中，价值观呈现多元化特点。随着全球化进程的加速，跨文化交流日益频繁，来自不同国家和地区的文化与价值观不断交融、碰撞。网络文化的崛起、商业传媒的主导地位和个体主义思潮的盛行，使许多大学生在理解奋斗精神时容易产生价值观上的困惑与偏差。

1. 个人主义与集体主义的冲突

现代社会强调个人自由与独立，许多大学生在追求个人目标时，往往优先考虑个人利益的最大化，忽视集体主义精神的培育。特别是在追求个人成功的过程中，许多大学生过于关注自己在学术或职场中的表现，忽略集体利益与社会责任的同步提升。在本次调查中，有51%的大学生表示，他们的奋斗目标更侧重于个人成功与利益的最大化，只有约35%的大学生将集体主义、社会责任、个人奋斗视为同等核心要素。偏向个人主义的理解方式，容易导致奋斗精神的片面化，进而忽视集体协作和社会共享的价值。

2. 功利主义与理想主义的矛盾

当前，社会的竞争压力巨大，大学生普遍被鼓励追求"立竿见影"的成功，功利主义倾向与理想主义中追求"为社会、为人类贡献力量"的传统观念存在矛盾。在功利主义作用下，部分大学生往往将奋斗精神简化为个人目标的迅速实现，而忽视了为社会、为民族作出长远贡献的深远意义。在功利主义的驱动下，部分大学生的奋斗目标往往局限于短期的职业成功和经济回报，而忽略了长期的社会责任与集体价值。

3. 社会责任与自我追求的冲突

随着社会的不断变革，一些大学生逐渐形成了以自我为中心的价值观，尤

其是家庭条件较为优越的学生，他们往往在追求个人发展的过程中，忽视社会责任和集体价值。在本次调查中，有56%的大学生将个人职业发展与生活质量置于首位，而将社会责任放在前面的仅占22%。调查表明，部分大学生在对个人奋斗目标的追求中忽略了集体主义与社会贡献的基本性，对集体主义精神的理解与认同也逐渐被削弱，因此无法全面领会奋斗精神的深刻内涵。

(二) 过于注重表面成就的导向

在当前的教育和社会环境中，成功的标准常常被过度简化为学业成绩、职位升迁和经济回报等表面成就。过度注重结果的导向，使得大学生在追求奋斗精神的过程中，忽视了对奋斗过程和方法的关注。奋斗精神的内涵被片面化，成为对个人短期成就的单一追求，奋斗精神背后的坚韧、奉献和长期努力的意义被蒙蔽。

1. 表面成就的诱导作用

当前，社会对成功的定义过于依赖个人的短期成绩，学业成绩、职位晋升和经济回报成为衡量成功与否的主要标准。调查结果显示，73%的大学生将经济回报与职位升迁视为其奋斗的重要目标。他们往往将注意力集中于如何通过短期努力获取快速回报，忽视了奋斗过程中的持久性、耐力与内在价值。大学生在追求短期目标时，忽略了长远规划与持续努力的重要性，不能真正理解奋斗精神的内涵。

2. 忽视过程和方法的价值

许多大学生在追求个人成功的过程中，缺乏对奋斗方法和过程的深入思考，过于依赖现成的成功模式，期望快速获得结果，不能真正理解"奋斗"的内在要求。根据调查结果，67%的大学生表示，他们通常以"按部就班"的方式进行学习和工作，缺少独立思考和自我反思的机会。但是，奋斗精神的真正含义，往往蕴含在努力的过程、持久的坚持和面对挑战时的不放弃中。如果大学生在追求表面成就的过程中没有深刻地自我反思和思考，他们的奋斗目标就将仅仅停留在表面的成功，而不是实现真正的个人成长和为社会作贡献。

3. 奋斗精神的内涵被简化

长期以来，社会普遍将奋斗精神狭隘地理解为"奋斗＝成功＝财富"，大学生习惯将奋斗与个人成功的短期目标挂钩，从而忽视了奋斗精神的深层次内涵。奋斗不仅是为了获得个人回报和成就，更应该是推动社会进步、实现集体价值和承担社会责任的过程。大学生很容易忽视奋斗过程中的艰辛与奉献，当然也就不能真正理解奋斗精神的深刻内涵与社会价值。

（三）教育方法的单一性与形式化

目前，许多高校在实施大学生奋斗精神培育的过程中，仍然存在教育方法单一、形式化的现象。许多学校依赖传统的讲座、报告和座谈会等方式，强调大学生的个人努力和社会责任。形式化的教育方式虽然有一定的效果，但往往无法真正触动大学生的内心，也难以激发他们的内在动力。教育内容缺乏创新和互动，使大学生对奋斗精神的认同与理解停留在表面。

1. 教育内容的局限性

目前，许多高校在培养大学生奋斗精神时，主要依赖传统的课堂讲授和理论讲解。传统方式虽然能够传递基本的奋斗理念，但缺乏与大学生日常生活和实际问题的结合。理论与实践的脱节，使得大学生很难从抽象的概念中获得实际的奋斗动力。教育内容的单一化使奋斗精神无法在多个层面进行深度剖析，限制了大学生对奋斗精神的全面理解与认同。因此，单纯的理论教育难以满足大学生的个性化需求，也难以培养大学生对奋斗精神的长期认同。

2. 教育方法缺乏互动性

当前的教育方法过于强调知识的单向传递，使大学生成为知识的被动接受者，缺乏自主思考和实践的机会。尽管讲座、报告等方式能够传递一定的信息，但单向式的教育模式常常缺乏互动和实践的环节，难以激发大学生的兴趣，使其缺乏参与感。缺乏互动性使得大学生容易对形式化的教育产生疲劳，无法真正唤起他们内心的奋斗激情。

3. 缺乏个性化教育

大学生的兴趣、优势和发展目标存在显著差异，而当前的教育模式较少关注大学生个性化发展的需求。许多大学生在接受传统教育时，很难将奋斗精神与自己的个人兴趣、长远目标结合起来。教育方式的单一化和形式化，使得大学生的奋斗精神在培养过程中丧失了个性化的色彩，难以推动奋斗精神的深入发展与持久激励。

(四)社会环境对奋斗精神的冲击

尽管教育体系在培育奋斗精神方面取得了一定进展，但复杂多元的社会环境仍然对大学生的奋斗精神产生了冲击。在看重物质利益和即时回报的不良社会风气下，许多大学生在步入社会后，容易受到外部环境的影响，逐渐迷失奋斗的方向，放弃长远目标，转而追求短期利益。社会压力、就业竞争和经济不确定性等因素，使得奋斗精神的真正价值被削弱，部分大学生也因此放弃追求长期目标和社会贡献。

1. 社会竞争的激烈性

当今社会的竞争压力日益加剧，尤其是在职场上，大学生面临着就业压力和生存困境。毕业后进入职场的大学生，常常要面对繁重的工作任务、复杂的人际关系和激烈的职场竞争。在激烈的竞争环境下，大学生容易将原本专注于奋斗目标的精神转向对短期成果和即时回报的追求。根据调查，61%的大学生在选择职业时，更加关注"快速就业"和"高薪待遇"，而较少考虑长期的职业规划及其对社会的贡献。社会对经济回报和职位晋升的高度重视，使得大学生容易偏离最初的奋斗目标，选择短期、保守的职业路径，而忽视了长远的社会责任和价值实现。

2. 外部环境的物质诱惑

在现代社会，物质利益和即时满足的观念日益盛行，大学生步入社会后，常常面对来自经济诱惑、消费主义和名利压力的挑战。许多大学生开始更加关注如何用最快捷的方式获得财富与声望，而对长远的个人成长和社会贡献的关注很少。物质主义的氛围在一定程度上削弱了大学生对奋斗精神的认同，迫使他们忽视奋斗精神的持久性、坚持性和社会责任感，转而追求表面的成功。调查数据显示，许多大学生在进行职业选择和人生规划时，受到即时回报和物质利益的驱使，容易偏离内心的长期目标和理想，选择短期内能够带来快速成就的路径。对即时回报的偏重，使得大学生难以体会到奋斗精神中的坚韧、奉献和社会责任，最终导致奋斗目标浅薄化。

(五)个体与集体的目标存在偏离

在当代大学生群体中，部分大学生将个人成就与利益置于优先地位，忽视了集体奋斗的重要价值。虽然奋斗精神的培育应当注重个体与集体的协调发展，但在实际过程中，许多大学生将个人成功作为唯一的奋斗目标，忽视了团队协作和共同进步的重要性。个人主义的兴起使得部分大学生在追求个人目标时，容易牺牲集体利益和忽视社会责任，从而偏离了奋斗精神的真正内涵。

1. 强烈的个人主义倾向

随着社会的快速发展和个人主义思潮的作用，部分大学生在成长过程中形成了以自我为中心的价值观。在他们的奋斗过程中，个人目标的实现往往被置于最重要的位置，集体目标则被忽视了。以个人为中心的思维方式，使得一些大学生在追求个人成功时，容易忽略团队合作与集体利益，甚至在工作或社会活动中脱离集体，过度强调个人成就，不仅制约了个人的长远发展，还在一定程度上削弱了集体的凝聚力和协作精神。

2. 集体主义精神的缺失

在强调个人成功的过程中，部分大学生忽视了奋斗精神中的集体主义成分。集体主义强调团队合作、社会责任和共同进步，但它们在现代大学生的奋斗过程中常常被忽略。尽管部分大学生在个人学业和职业发展上取得了显著成就，但他们往往将个人目标置于集体目标之上，忽视了在集体中的协作和对社会的贡献。调查数据显示，部分大学生认为，个人目标和集体目标并不总能协调一致，这导致他们在群体活动或集体工作的过程中，缺乏足够的合作精神和责任感。以自我为中心的奋斗观念，不仅不利于集体的长远发展，还使得奋斗精神的真正内涵无法充分体现。

第四节　塑造奋斗精神的有效策略与实践路径

在中国共产党第二十次全国代表大会上，习近平总书记指出："中国共产党已走过百年奋斗历程。我们党立志于中华民族千秋伟业，致力于人类和平与发展崇高事业，责任无比重大，使命无上光荣。全党同志务必不忘初心、牢记使命，务必谦虚谨慎、艰苦奋斗，务必敢于斗争、善于斗争，坚定历史自信，增强历史主动，谱写新时代中国特色社会主义更加绚丽的华章。"新时代，大学生奋斗精神的塑造已成为教育体系的基本任务。为了有效培育大学生的奋斗精神，教育工作者、家庭和社会各界要共同努力，采取切实有效的策略，走多元化的实践路径。从理论引导到实践路径的综合推进，塑造奋斗精神的过程应当是系统而全面的。

一、加强理论引导，夯实思想基础

(一)立足思想政治教育，深化奋斗精神的理论学习

塑造大学生奋斗精神的首要任务是加强思想政治教育，帮助大学生全面理解奋斗精神的深层次内涵。思想政治教育不仅是知识的传授，更是培养学生形成正确的世界观、人生观和价值观的中心途径。因此，高校应从以下三个方面入手。

1. 加强奋斗精神的理论学习

学校应通过思想政治理论课程、专题讲座和研讨活动等多种形式，推动学生深入理解奋斗精神的要义。教师讲解历史人物和典型案例，能够帮助学生认识奋斗精神在推动历史进程中的重要作用，进而引导学生明确个人奋斗与社会责任之间的紧密联系。教师也能够通过讲述中国革命、建设和现代化进程中的奋斗故事，帮助学生深刻理解奋斗精神与社会变革、国家发展的关系，激发学生为国家、民族贡献力量的责任感与使命感。

2. 明确奋斗精神的时代内涵

当代大学生奋斗精神的内涵不仅要包括个人目标的实现，还要强调集体主义精神、社会责任感和对国家发展的贡献。思想政治教育应引导学生认识到，新时代的奋斗不仅关乎个人职业生涯的成功，还关系文化的传承、社会的进步和民族的复兴。教师可用案例分析等形式，揭示个人成功不仅是自我实现的结果，更是社会贡献、民生改善和国家发展的体现。

3. 增强批判性思维与自主学习能力

学生不仅应学会接受知识，还应培养独立思考的能力。思想政治教育应采用互动式教学、辩论赛、批判性思维训练等方式，鼓励学生提出问题并深入探讨奋斗的真正意义。同时，思想政治教育应通过引导学生思考如何在当代社会中实现个人目标与社会责任的统一，帮助学生在实现自我价值的同时，为社会的共同进步贡献力量。

(二)构建创新型课程体系，培养多维度的奋斗精神

大学生的奋斗精神不应局限于学术研究或职业成就，还应延伸至社会责任、文化创新、环境保护等多个维度。因此，高校应根据社会需求和学生特点，构建多维度的课程体系，综合培养学生的奋斗精神。

1.跨学科融合的教育方式

学校应设置跨学科课程，帮助学生从多个视角理解奋斗精神。例如，学校应设立社会责任、历史文化、伦理学等课程，让学生在了解不同领域的奋斗历史和现实挑战时，形成更加全面的奋斗观念。跨学科融合的教育方式，有助于拓宽学生的知识视野，让学生将不同学科的知识与奋斗精神结合起来，从而在实践中解决复杂的社会问题。

2.加强实践与理论的结合

学校应开展丰富多彩的实践活动，将理论与社会实际问题紧密结合。例如，学校应组织学生参与社会服务、志愿活动、创新项目等实践活动，让学生在真实场景中体验奋斗精神的真正内涵。在实践活动中，学生不仅能够了解社会需求，还能够在实际操作中积累经验，培养团队协作能力和社会责任感。理论知识与实践经验相结合，可使学生更深刻地理解奋斗精神的意义，进而将其转化为实际行动。

二、注重实践路径，推动奋斗精神的内化

(一)丰富校园文化活动，营造奋斗氛围

校园文化在塑造大学生奋斗精神过程中起着至关重要的作用。丰富多彩的校园文化活动，可为学生提供展示自我、培养奋斗精神的平台。校园文化活动不仅能够促进学生在学术上的卓越追求，还能够在多元化的社会实践中帮助学生提升团队合作能力和社会责任感，从而全面增强学生的奋斗意识。

1.打造多样化的校园文化活动

学校应组织形式多样、内容丰富的校园文化活动，如学术研讨、文体比赛、志愿服务等，激发学生的竞争意识、创新精神和合作能力。活动不仅应聚焦学术成就，还应关注学生的创新能力、社会责任感和集体协作精神。在活动中，

学生能够意识到，奋斗不仅是个人的努力成果，还是集体智慧和团队合作的结晶。集体主义的精神和实践，能够更好地促使学生在追求个人目标时，始终牢记社会责任和团队价值。

2. 倡导积极向上的文化风尚

学校应积极倡导健康、向上的文化风尚，鼓励学生树立自信，弘扬坚持和拼搏的精神。通过开展励志讲座、成功经验分享活动等，学校能够让学生了解成功背后的奋斗故事，激励他们在学术与社会实践中保持积极的态度。学校还应通过校园媒体、广播、宣传海报等传播手段，广泛宣扬奋斗精神的核心理念，让更多学生从思想层面认同并内化奋斗精神。

3. 注重优秀传统文化与现代价值的结合

中国优秀传统文化中蕴含了丰富的奋斗智慧，如儒家思想中的"修身齐家治国平天下"理念和道家文化中的"无为而治"思想。学校应弘扬优秀传统文化，帮助学生在感受古代奋斗智慧的同时，将其与现代社会的需求和价值观结合起来，使学生能够树立更加符合新时代要求的奋斗精神，进而形成积极的生活和奋斗态度。

（二）增加实践活动与社会参与，增强奋斗体验

要使奋斗精神真正内化为学生的内在驱动力，单纯依靠理论学习和课堂教学是远远不够的。学生只有在广泛的实践活动和社会参与中，才能真切地体验到奋斗的意义，并将奋斗精神融入日常生活与未来职业生涯。

1. 强化社会实践与志愿服务

学校应积极组织学生参与社会实践活动，使他们接触社会现实，以培养社会责任感。参与社区服务、支教活动、扶贫项目等社会服务项目，不仅能让学生体验个人奋斗对社会贡献的意义，还能让他们在服务的过程中更深刻地理解奋斗精神如何推动社会进步。学生能够在实际操作中积累经验，提升其对社会问题的感知能力和解决问题的综合能力，从而在服务社会的过程中不断提升自我。

2. 鼓励创新创业，培养自主奋斗精神

学校应积极鼓励学生参与创新创业活动，培养其创新思维和自主奋斗精

神。通过创新创业竞赛、实验室项目等，学校可为学生提供实现自我价值的广阔舞台。创新创业不仅能够锻炼学生的应变能力和创造力，还能够在面对市场竞争与社会挑战时激发学生的坚韧品质和奋斗精神。在实践中，学生能更好地理解如何在实际工作中体现奋斗精神，并形成坚韧不拔、勇于创新的奋斗品质。

3. 提供实习和就业机会，增强实践体验

学校应为学生提供更多的实习和就业机会，让学生将课堂上学到的理论知识与实际工作相结合。在职场中，学生将面对真正的挑战和问题，这有助于他们锻炼解决问题的能力，并从中汲取奋斗的力量。丰富的职场经验，能够让学生更加深刻地理解奋斗精神的内涵，学会在职场中不断超越自我，保持前行的动力。职场的实际挑战有助于学生锻炼适应能力，并激发其为个人理想和社会发展奋斗的决心。

（三）提高自我认知，激发内在奋斗动力

内在的驱动力是学生持续奋斗的重要源泉。学校应采用多种方法帮助学生提升自我认知水平，激发他们内心深处的奋斗动力，从而实现自我超越和持续成长。

1. 培养价值指向的思维方式

明确的目标是学生集中精力、实现理想的核心要素。学校应开设职业生涯规划课程、举办个人发展讲座等，帮助学生树立清晰的奋斗目标，制定切实可行的行动计划，并定期检查进展，及时调整策略。价值指向的思维方式，让学生能够在追求目标的过程中保持持续的动力和热情，进而实现更高层次的个人成就。

2. 注重心理素质的培养，提升奋斗韧性

在奋斗的过程中，学生往往面临各种困难和挑战，如何应对困境是长期奋斗的核心要素。学校应通过开展心理健康课程、心理辅导等途径，帮助学生增强心理韧性，提升他们在逆境中坚持不懈的能力。学校要培养学生良好的心理素质，让他们理性面对挫折，并从失败中汲取力量，继续向前。心理素质的提升能够帮助学生在奋斗中保持良好的心态，并最终实现自我超越。

3.激发自我驱动的精神

内在的自我驱动力是学生持续奋斗的基础。学校应通过设定富有挑战性的目标、组织竞争性活动等方式，激发学生自我超越的动力。学校应为学生提供一个自由、开放的学习环境，允许他们根据个人兴趣与特点进行自主探索，激发他们的自我驱动精神。自主性学习和实践不仅有助于学生在专业领域内获得深厚的知识积累，还能激发他们在未来职业生涯中持续奋斗的精神。

三、实现全社会共同参与，推动奋斗精神的普及

塑造奋斗精神不仅是高校和学生的责任，而且是全社会共同努力的系统性工程。家庭、社会和国家等各个层面的支持至关重要，每一层面的努力都能为大学生的奋斗精神提供必要的支持与引导，从而确保奋斗精神在更广泛的范围内得以传承与发展。

（一）家庭的支持与作用

家庭是学生价值观的初始培育场所，父母在其中起着至关重要的作用。作为学生最早接触的教育环境，家庭不仅是学术能力培养的起点，还是塑造孩子个性、品德和奋斗精神的重要场所。家庭教育不应仅仅聚焦于学业成绩的提升，更应关注孩子责任感、独立性和奋斗精神的培养。父母的榜样作用至关重要，他们不仅要用言语进行教育，更要用实际行动传递奋斗精神。

父母的行为和态度对孩子的作用是深远的。父母的奋斗历程、克服困难的经验和面对挑战时不放弃的精神，为孩子提供了生动的榜样。孩子在看到父母努力工作、自我提升和克服生活中的种种困难时，往往会将奋斗行为内化为自己的信念，并将奋斗精神融入自己的日常生活。注重自我奋斗与努力的家庭氛围，有助于孩子形成正确的世界观、人生观和价值观。

父母在面对困境时展现的坚韧不拔的态度，也会对孩子起到潜移默化的作用。通过讲述自身克服困难、解决问题的过程，父母能够让孩子意识到，奋斗并非一蹴而就，而是要面对重重挑战。父母分享成功与失败的经验，可帮助孩子树立正确的奋斗观，增强他们的抗压能力，使孩子更好地理解奋斗的意义与价值。

（二）社会环境的塑造

社会环境在大学生奋斗精神的塑造中具有基本作用。社会为大学生提供的机会、平台和所传递的价值观会直接作用于大学生如何看待奋斗精神、如何在实践中体现奋斗精神。因此，企业、公益组织、社会团体等各行各业的力量应当承担起一定的社会责任，为大学生提供更多的发展机会。

第一，社会各界应为大学生提供更丰富的实践机会。企业、科研机构、非营利组织等能够为大学生提供实习、见习、科研项目等实践机会。实践机会不仅能够让大学生学以致用，积累实际经验，还能够激发他们的创新思维，培养他们解决实际问题的能力。大学生能够接触到社会的真实需求，体会到奋斗不仅是个人发展的动力，更是社会进步的主要力量。

第二，社会应设置各类奖学金、创业基金和创新支持政策等，激励大学生为社会进步和个人发展而奋斗。各类奖学金的设立不仅是对学术成绩的肯定，而且能激励学生在学术追求和社会实践中不断突破自我。社会应鼓励企业和社会组织为有潜力的大学生提供创业支持与资源，帮助他们将自己的理想转化为实际的行动。

第三，媒体和文化环境也在塑造大学生奋斗精神的过程中起着核心作用。积极的舆论引导和文化传播，能够帮助大学生树立正确的奋斗观。媒体应倡导积极、健康的奋斗理念，弘扬在平凡岗位上默默奉献的奋斗精神，传播那些勇于迎难而上的典型事例，帮助大学生认清奋斗不仅是追求个人成功，更是对社会、对他人、对集体的贡献。奋斗文化氛围的营造，能够促进大学生形成正确的奋斗精神，并在生活和职业道路上不断激励他们前行。

（三）国家政策的引导与支持

国家在引导和推动大学生奋斗精神的普及方面，扮演着关键角色。国家应通过多方面的政策支持，引导大学生树立正确的奋斗观念，并为他们提供实现理想的机会和平台。国家实施一系列有关大学生创业、就业、社会服务等领域的支持政策，能够为大学生提供更多的机会，让他们在奋斗过程中不断成长和超越自我。

第一，国家应加大对大学生创业和就业的政策支持，帮助他们顺利进入社会并实现自我价值。国家应通过设立创业基金、提供税收优惠、搭建创业孵化平台等方式，鼓励大学生创新创业。国家还应制定相应的就业政策，确保大学生顺利进入职场，并在工作中发挥自己的专业特长，为社会贡献自己的力量。相关政策的出台，不仅为大学生提供了更多的职业选择，还为他们提供了追求奋斗目标的有效途径。

第二，国家还应完善相关法律法规，建立保障大学生发展和权益的体制机制。例如，国家应制定保护学生知识产权的相关法规，为学生的创新和劳动成果提供法律保障。同时，国家还应加强对大学生社会实践和志愿服务的支持，推动社会各界对大学生社会责任的认同。法律与政策的引导和保障，能够为大学生提供一个稳定、公平的奋斗平台。

第三，国家应加强对思想政治工作的引导，促进大学生形成正确的价值观，鼓励他们树立为社会、为人民、为国家奋斗的理想目标。教育体系应更加注重培养学生的社会责任感和历史使命感，从而使奋斗精神成为大学生个性和社会价值的核心要素。

(四)形成全社会共同参与的推动机制

塑造大学生奋斗精神是一项系统性工作，需要家庭、社会、学校和国家共同参与。家庭通过榜样作用传递奋斗精神；社会提供实践机会、创新平台和激励措施，为大学生创造积极向上的奋斗环境；国家的政策支持、法律保障和思想引领，推动奋斗精神的普及与发展。只有全社会共同参与，才能为大学生提供一个充满动力的奋斗平台，使他们在个人成长和社会贡献的双重目标下，始终保持奋斗的激情，推动个人与社会共同进步。

第四章
创新精神的培养

习近平总书记多次强调，创新是引领发展的第一动力，必须把科技创新摆在国家发展全局的重要位置。科技创新不仅是推动国家发展的重要引擎，而且是应对国际竞争的基础变量。党的十八大以来，党中央明确提出实施创新驱动发展战略，将科技创新作为国家发展的战略支撑。在新时代的浪潮中，创新精神作为驱动社会进步、经济发展和个人成长的主要动力，已成为教育体系与社会发展的核心要素。特别是在大学生群体中培养创新精神，对于实现国家战略目标和推动社会创新具有深远意义。

第一节　创新精神的内涵与社会功能

创新精神是推动社会进步、经济发展的关键动力之一，尤其是在当代社会，创新精神已成为衡量国家、企业和个人竞争力的核心标准。创新不仅体现在科技领域的突破，还广泛体现在社会管理、文化艺术、教育和个人生活的各个层面。因此，深入剖析创新精神的内涵与社会功能，对于促进个人成长、推动社会与国家进步具有至关重要的作用。

一、创新精神的内涵、特征和价值

创新精神是推动社会进步、经济发展和个人成长的重要力量。随着社会的不断进步与变化，创新的范畴已不再局限于科技领域，而是扩展至各个领域、各个行业。创新精神不仅是一种心理态度，还与个体的实际行动密切相关，主要表现为个体在面对复杂问题时的一种思维方式和应对策略。创新的目的不仅在于创造新事物，更在于有效地解决现实问题，推动社会和科技的持续发展。

(一) 创新精神的基本概念

创新精神是一种以创新为中心的心理态度和行为方式，它体现了个体或群体在面对新问题、新挑战时，能够突破传统思维定式，积极寻求并实施新的解决方案的精神素养。创新精神要求个体在面对新问题时，能够以开放的心态、积极主动的思维方式，突破传统观念和常规方法的限制，创造性地提出或实施新的理念、方法、技术，从而解决实际问题，推动社会进步与发展。

创新精神不仅是一种心理态度，而且强调个体在行动中的实践能力。它包含了创新的思维方式，还涵盖了将创新理念转化为实际行动的能力。创新精神的要求是突破传统的思维框架，创造新的知识、技术、方法或形式，进而推动社会进步与科技发展。

1.创新精神的形成背景与发展历程

(1)形成背景

创新精神的形成与发展既有深厚的历史文化根基，也与社会发展的需求密切相关。从历史和文化的角度来看，中华民族自古以来便具有丰富的创新精神和求变思想。例如，"穷则变，变则通，通则久"和"周虽旧邦，其命维新"的古训，就体现了中华民族对于变革和创新的深刻认识。又如，中国古代诸多发明创造——陶器、榫卯结构、丝织技术等，不仅推动了中华文明的进步，还为人类社会的发展作出了不可磨灭的贡献。

在社会变革的推动方面，近现代以来，中国经历了多次社会变革，每次变革都为创新精神的发展提供了契机。例如，新文化运动强调对传统文化的革新，为中国现代化进程注入了新的动力。改革开放后，中国进一步坚持解放思想、实事求是，推动了经济、政治、文化、社会、生态文明等领域的创新，走出了一条中国特色社会主义道路。

随着全球化的加速和科技革命的推进，创新已成为国家竞争力的基本要素。21世纪以来，中国明确提出将创新作为引领发展的第一动力，实施创新驱动发展战略，推动科技创新、制度创新和文化创新，进一步增强国家的国际竞争力。

（2）发展历程

创新精神在中国的发展经历了从传统到现代、从自发到自觉的演变过程。

古代的创新实践。中华民族的创新精神早在古代便有体现。创新不仅体现在技术发明上，还包括制度和思想文化的革新。例如，商鞅变法、科举制度的创立等，都是对制度的创新。

近现代的觉醒与探索。近代以来，面对西方列强的压迫，中华民族的创新精神得到了空前的激发，推动了一系列社会变革和思想解放运动。例如，新文化运动、五四运动等都强调了创新和变革的必要性。

当代的全面发展。新中国成立以来，尤其是改革开放之后，创新精神得到了全面发展。党的十八大以来，中国将创新明确提升为国家发展的关键战略，提出"创新是第一动力"，并将其作为实现中华民族伟大复兴的核心支撑。

新时代的创新实践。进入新时代，创新精神的表现不仅体现在科技领域，而且广泛渗透到社会管理、文化艺术、教育等多个层面。中国在航天、量子通信、人工智能等前沿领域取得了显著成就，展现出强大的创新能力和国际竞争力。

2. 创新精神与创造力的关系

创新精神与创造力之间虽然有着密切的关系，但并不完全相同。创造力是指个体通过独特的思维方式产生新的、有价值的想法、概念或解决方案，而创新精神则是一种推动创造力得以实现的内在驱动力。创造力侧重于"产生新想法"，而创新精神更注重将创意转化为实际可操作的解决方案，并付诸实践。

创新精神不仅关注结果，还注重实施过程中的执行力与适应性。创造力往往停留在思想层面，而创新精神则能推动思想转化为能够解决现实问题的具体行动。因此，创新精神的关键在于实践性，只有培养具有创新精神的人，才能将理论上的创造力转化为实际的解决方案。

总而言之，创造力是创新的源泉，而创新精神则是将创意转化为现实的驱动力。两者密不可分，共同促进社会和科技的进步与发展。

（二）创新精神的主要特征

创新精神是一种深刻作用于个体和集体行为的心理动力，具有鲜明的特征。它具体表现为敢于突破与冒险、求变求新和解决问题的能力。创新精神不仅是心理层面的自我激励，更是在实践中的具体行动，包括行动力、执行力和灵活应变的能力。

1. 敢于突破与冒险

创新精神要求个体能够突破传统框架，敢于挑战既定规则和常规思维模式。在面对新问题和复杂环境时，创新者要培养一定的冒险精神，敢于承担失败的风险。创新过程充满了不确定性，成功与失败常常并存。只有创新者在面对未知领域时敢于冒险，才能激发创新的潜力，进而推动个人和集体的进步。

突破思维定势是创新精神的核心要素之一。许多创新并非来自全新的发现，而是从现有的思维框架中寻找新的角度、视角或应用方法。创新者往往能够摆脱传统思维的束缚，找到新的突破口，从而推动现有知识体系的革新或发展。创新者打破常规，不仅能突破现有的限制，还能为解决复杂问题提供新的思路。

创新的过程并非一帆风顺，每一次突破和冒险都伴随着一定的风险。创新者需培养面对挑战、接受失败并继续前行的勇气。突破常规意味着打破固有习惯，这一行为伴随着不可预见的风险，要求创新者培养坚定的决心和行动力。在勇于冒险的同时，创新者还要培养足够的灵活性与适应性，并且能够快速调整思路和策略。

2. 求变求新

创新精神的另一个显著特征是"求变求新"，即推动事物向新的方向发展。创新者不仅要培养解决现有问题的能力，更要在解决问题的过程中，提出更加高效、有创造性的解决方案。创新者往往能够突破常规的思维模式，主动探索未知领域，寻找具有潜力的创新路径。

创新精神的"求变求新"体现在两个方面：一是对现有问题进行重新定义，并通过不同的视角，重构问题的内涵和结构。通过重构，创新者不仅能够发现问题背后的深层次原因，还能够提出新的视角和方案。二是不满足于解决眼前的问题，并且能够提出全新的解决方案。例如，在应对复杂的经济、环境或社会挑战时，创新者常常能够以全新的方式和路径找到突破口，从而推动社会变革。

"求变求新"不仅依赖于已有的经验和知识，还依赖于对未知领域的探索和发现。创新者要培养敏锐的洞察力和高度的敏感性，能够在日常生活中发现常人难以察觉的潜在问题，并用新颖的方式去思考和解决问题。因此，创新精神不仅是解决问题的工具，更是推动个人和集体持续进步的动力源泉。

3. 解决问题的能力

创新精神的最终目标是有效解决实际问题。创造新事物固然重要，但创新精神的中心价值体现在其解决实际问题的能力上。创新不只是"想出新点子"，而是能够结合实际需求，提出切实可行的解决方案，在实践中不断优化方案，最终有效解决问题。

创新精神强调实践性，解决问题的能力是其最中心的方面。无论是技术创新，还是社会治理创新，抑或是文化艺术创作，创新精神的基础均在于突破现有的局限，提出符合实际需求的新方案或新方法。创新者不仅要培养深刻的洞察力，还要进行持续的实验、调整和改进，不断完善解决方案，找到最佳的实施路径。

解决问题的能力与创新者的应变能力密切相关。在面对复杂多变的环境时，创新者必须培养快速调整思维和行动的能力。当遇到失败和挫折时，创新者要能够迅速识别问题的根源，并及时调整策略，从而继续向着预定目标前进。创新者的应变能力不仅能够帮助他们从失败中汲取经验，还能够使他们在新的挑战面前迅速作出反应，持续推动个人和社会的进步。

创新精神不仅体现在产生新思维的能力上，更体现在将新思维转化为解决实际问题的实践能力上。它是推动社会变革、解决复杂问题和应对快速变化的重要动力。

（三）创新精神的重要价值

创新精神的价值不仅体现在思想层面上，更体现在其对社会和个人的深远影响上。创新精神所蕴含的关键价值包括创造性与实践性、适应性与灵活性。

1. 创造性与实践性

创新精神的基础价值之一在于创造性与实践性。创新不是空洞的理论或抽象的构思，而是强调用实践来验证和落实创意。创新者必须将抽象的思想与具体的实践相结合，经过反复试验、调整与优化，最终将创意转化为具有实际意义的成果。创新者只有将创新的思维付诸实践，才能验证其可行性与有效性，从而推动社会与科技的真正进步。

创造性与实践性的结合，使得创新精神不再局限于理论的构建，而是在不断的实验和实践过程中，展现其真正的价值。在科技领域，创新精神的实践性体现在技术研发与实际应用的无缝连接上。例如，许多科技创新最开始产生在实验室内，只有经过试验、完善，才能转化为产品或解决方案。在社会管理和文化建设领域，创新精神则表现为创新思维与政策、文化的具体落实之间的互动。又如，社会政策的创新往往需要实际操作的反馈，只有这样，社会政策才能不断调整和完善，从而适应社会的多样化需求。

创造性与实践性的结合，使创新不再停留在理论阶段，而是实实在在地促进实践层面的变革。通过不断的实验、实践和调整，创新精神推动社会和科技的真正进步，并将创新的理念转化为现实的社会成果。创新精神的价值在于它不仅推动着理论的进步，更为解决实际问题提供了源源不断的动力，进而推动了社会发展与科技进步。

2. 适应性与灵活性

创新精神的另一个关键价值在于适应性与灵活性。创新者在面对快速变化的社会、科技和经济环境时，必须培养迅速应对并调整策略的能力。随着社会的不断演变，创新者不仅要具备一定的远见，还要在不断变化的环境中灵活调整思维与行动，以保持竞争力。创新精神要求个体或集体在面临外部变化与内部挑战时，迅速作出反应并采取有效措施。

适应性与灵活性是创新精神的重要特征之一。在快速发展的时代，单一的固定模式已经无法应对多变的社会需求和复杂的环境挑战。创新精神要求创新者跳出既定框架，灵活运用各种工具和方法，不断调整方向、优化策略，探索新的路径。灵活性不仅体现在创新者在面对问题时的应对策略上，还体现在创新者在创新过程中对方法与思维的不断调整和更新上。在经济全球化背景下，全球市场的变化、技术革新的迭代和社会需求的快速变化都要求创新者不断调整战略，灵活应对外部环境的冲击。

随着全球化和信息化时代的到来，创新的竞争不仅是技术和产品的竞争，更是应对快速变化和调整创新战略的竞争。创新精神的适应性与灵活性，使得个体或集体能够在瞬息万变的社会环境中持续保持创新优势，从而推动社会进步与科技革新。创新者培养高度的适应性，才能够在新的环境和挑战中迅速发现机会并有效利用，从而确保在复杂、多变的全球竞争中始终处于领先地位。

创新精神的适应性与灵活性不仅体现在对外部变化的迅速反应上，还体现在对内部资源的动态调整和对新挑战的敏锐洞察上，这使得创新精神成为推动社会与科技不断发展、应对环境快速变化的强大动力。

二、创新精神的社会功能

创新精神不仅对个人发展具有深远影响，而且对社会和国家的发展至关重要。特别是在全球化背景下，创新已经成为推动社会进步和经济发展的基本动力。通过创新，个体、企业和国家能够在复杂多变的环境中保持竞争力与应变能力，推动科技、经济、文化等多个领域的长足发展。下文将重点探讨创新精神在社会层面的功能，分析其在推动科技进步、社会变革、教育改革、文化繁荣和国家竞争力提升等方面的重要作用。

（一）推动科技进步与社会发展

创新精神是科技进步与社会发展的原动力，特别是在信息时代的背景下，科技创新不仅推动了科技本身的进步，还加速了各个行业与社会层面的深刻变革。

1. 促进新技术的发现与应用

创新精神是推动前沿科技发现与应用的主要力量。在现代社会中，科技的迅速发展推动了物理学、化学、生物学等基础科学的不断进步，并加速了新技术的研发与实际应用。量子计算、人工智能、基因工程和新能源技术等突破性科技，都源于创新精神的驱动。许多曾被认为不可能的技术在创新者的不懈探索下，逐渐转化为现实，并迅速应用于生产、生活和各行各业。

创新精神激励科研人员不断挑战现有的科学界限，持续地对未知领域保持好奇心，并以创造性思维解决前所未有的问题。探索和发现的动力不仅提升了人类对自然界的认知水平，还深刻改变了生产、生活的方式。特别是在信息技术领域，创新精神推动了计算机、互联网、移动通信等技术的快速进步，极大地提升了信息流动的效率，扩大了信息流动的范围，深刻改变了社会结构和商业模式。

2. 解决社会难题与推动可持续发展

创新精神的另一项重要功能是通过技术突破与思维创新，寻找解决社会难题的新路径。在当前全球社会面临诸多挑战的背景下，如环境污染、资源短缺、人口老龄化等问题，创新精神为解决社会问题提供了新的思路。创新思维不局限于技术领域，还包括在全球性社会问题的应对过程中，如何寻找多角度、多维度的创新方案。例如，在环境污染和能源危机方面，创新精神推动了绿色能源技术的发展。太阳能、风能、电动汽车等技术的创新应用，不仅提升了能源利用效率，还有效减少了对环境的污染。在公共卫生、贫困消除等领域，创新精神在推动全球合作与科技研发方面发挥了重要作用，为解决全球性问题提供了有效手段。

3.跨领域融合与创新应用

创新精神还促进了跨学科领域的融合与应用。不同学科、行业的知识与技术相互交融，催生了生物信息学、环境工程、智能制造等新兴学科与产业。跨学科合作让许多行业之间的界限逐渐模糊，创新也变得更加多元化和全面。跨领域的融合不仅带来了技术层面的突破，还推动了产业结构的优化与社会功能的提升。

创新不再局限于单一领域的突破，而是在不同学科的交叉与融合下，创造出更加复杂且全面的解决方案。跨领域的创新推动了学术界与产业界的协同合作，为全球社会的可持续发展注入了新的活力。

(二)促进社会变革与经济发展

创新精神在推动社会变革和经济发展方面发挥着不可替代的作用。随着社会环境的不断变化，传统的社会结构和经济发展模式已无法满足新时代的需求，创新精神因此成为推动变革的核心力量。

1.经济结构的调整与优化

创新精神推动了经济结构调整与产业升级。在面对资源匮乏、环境污染、市场饱和等外部压力时，传统产业往往无法应对现代化的挑战，而创新则成为推动产业转型的基本因素。通过技术创新，传统制造业得以向智能制造、高效能生产和绿色生产转型；通过商业模式创新，服务业突破了传统行业的瓶颈，迎来了新经济形态的崛起。

创新为新兴产业的崛起提供了强劲动力。数字经济、人工智能、大数据等新兴产业的迅速发展，不仅创造了大量的就业机会，而且在全球经济中占据越来越重要的地位。新兴产业推动了全球经济朝着更加多元化、科技化和绿色化的方向发展，为未来的经济繁荣奠定了基础。

2. 社会治理与制度创新

创新精神不仅体现在技术与产业领域，而且对社会治理模式和公共管理体制的创新产生了深远影响。在面对日益复杂的社会问题时，传统的治理模式往往捉襟见肘。创新精神推动了社会治理模式的转型，促使政府、企业和社会各界展开更高效、透明且开放的合作，形成更加灵活的治理体系。

随着社会问题的多样性增强和全球化进程的加剧，创新社会治理模式成为提升社会管理效率与公平性的重要途径。创新的治理方法让社会治理效率和社会参与度显著提升，从而形成更加和谐、便捷的社会环境。

3. 促进社会公平与包容性发展

创新精神不仅促进经济增长，还为解决社会不平等问题提供了新的路径。创新的社会政策、公益项目、科技应用等，能够让社会的贫富差距和地区发展不平衡问题得到有效缓解。例如，中国政府通过户籍制度改革、城乡养老并轨等一系列惠民改革举措，推动了社会公平正义的实现。在科技领域，创新应用如互联网医疗、在线教育等，为偏远地区提供了更优质的公共服务，促进了资源的均衡分配。创新精神还鼓励社会各方在经济发展过程中更加注重包容性发展，努力缩小不同群体之间的差距。例如，科技扶贫、乡村振兴等战略推动偏远地区经济增长，提升农民的科技应用能力。公益创新项目也有很多，如"思源守护计划"和"故宫小书包"等，它们通过教育支持和文化传承，为弱势群体提供了更多的发展机会。创新实践不仅推动了社会公平与包容性发展，还为构建更加公正、和谐的社会环境奠定了坚实基础。

(三) 推动教育模式与文化发展

创新精神在教育和文化领域的作用尤为突出。教育与文化作为社会进步的核心组成部分，承载着人才培养和价值观塑造的重要任务。创新精神不仅推动了教育理念和教学方法的改革，还为文化发展提供了丰富的土壤。

1. 教育理念与教学方法的革新

随着科技的进步与社会需求的变化，传统教育模式已无法满足新时代对人才培养的要求。创新精神在教育领域的应用，促使教育理念、教学方法和课程内容发生了全面的革新。教育不再局限于知识的传授，而是更加注重培养学生的创新能力、批判性思维和问题解决能力。

创新的教育理念倡导跨学科的学习与实践，强调多元化思维和终身学习能力的培养。通过翻转课堂、项目式学习、互动式教学等方法，可以促进学生更积极地参与学习过程，提高学习兴趣与效率。相比于传统教学模式，创新方法不仅帮助学生获得知识，而且让他们掌握如何在实际生活中应用知识，成为具有创新精神与独立思考能力的未来社会栋梁。创新的教学方法提升了学生的自主学习能力，使学生在互动中培养批判性思维和解决问题的能力，进而适应未来多变的社会环境。教育理念的革新，不仅赋予了学生更广泛的知识视野，还激发了他们的创新潜力，从而使他们成为更加适应社会发展需要的复合型、创新型人才。

2. 文化创作与文化传承的创新

文化的创新与繁荣是社会发展的重要标志。在文化领域，创新精神不仅体现在艺术创作的突破上，还体现在文化传承方式的创新上。传统文化的创新不仅是对传统艺术形式的改造和再创作，而且涵盖了传统文化的现代化和全球化传播。

文化创新促进了新艺术形式的诞生，打破了传统艺术的边界，推动了社会文化的多元发展。创新精神在文化产业中的作用尤为显著，它不仅带来了更加丰富的文化产品，还使得文化形式变得更加多样化，从而推动了文化消费的变化。电影、电视、互联网等现代传播方式的广泛应用，扩大了文化传播的渠道和范围，使得文化的传递不再局限于传统的形式，并且向更广泛的受众延伸。

文化创作的创新不仅体现在内容和形式的突破上，还体现在文化产业的全面发展上。传统与现代文化元素的融合，极大地增强了文化的活力和吸引力，使文化产品能够更好地满足大众多元化的需求。文化的创新不仅增加了社会的文化多样性，也提升了国家文化软实力和国际竞争力。

（四）提升国家竞争力与国际影响力

在全球化时代，国家的竞争力不再局限于经济规模、人口和资源，创新能力成为国家竞争力的关键体现。创新精神的普及与实践，能够提升国家在全球事务中的影响力，增强国家的竞争力。

1. 提升国家科技与经济竞争力

创新精神是提升国家科技与经济竞争力的基本因素。在全球科技竞争日益激烈的背景下，科技创新已成为国家竞争力的重点要素。在持续的创新投入和政策支持下，中国在多个高科技领域实现了突破，全球创新指数排名从 2012 年的第 34 位上升到 2024 年的第 11 位。中国在全球产业链中的地位获得极大提升，经济的全球竞争力大大增强。

科技创新对经济高质量发展的支撑作用日益显著。近年来，中国通过推动科技创新与传统产业的深度融合，构建现代化产业体系，增强产业链的韧性和安全性。例如，企业作为科技创新的主体，研发投入强度不断提升，为产业创新奠定了坚实基础。2023 年，企业研究与试验发展经费投入达到 2.6 万亿元，占全社会研究与试验发展经费的 75% 以上。创新投入不仅推动了传统产业的转型升级，还催生了新兴产业和新经济模式。

创新精神还通过提升自主创新能力，减少对外技术依赖，实现高水平科技自立自强。例如，中国在量子通信、深空深海探测等前沿领域不断取得突破，展示了强大的科技实力。这不仅提升了国家的科技竞争力，还为国际科技合作提供了新的机遇。在政策层面，中国政府不断深化科技体制改革、完善创新生态、加强知识产权保护等，为科技创新提供了有力保障。例如，中国推行职务科技成果赋权改革，加速了科技成果的转化和产业化。政策支持进一步激发了企业和科研人员的创新活力，推动了经济的高质量发展。

2. 增强国家的软实力与影响力

创新精神对增强国家的软实力和影响力具有重要意义。习近平总书记指出，文化软实力集中体现了一个国家基于文化而具有的凝聚力和生命力，以及由此产生的吸引力和影响力。创新精神不仅是科技进步的基础动力，更是文化发展的不竭源泉。通过创新，中华优秀传统文化得以创造性转化和创新性发展，为国家软实力的提升提供了坚实的文化支撑。

在新时代，中国弘扬创新精神，积极推动文化与科技的深度融合，实现文化建设的数字化赋能和信息化转型。创新不仅提升了文化产品的质量和多样性，还促进了国际文化交流与合作，增进了中华文化的国际影响力。例如，借助"一带一路"倡议，中国积极开展国际科技合作和文化交流，推动中华文化走向世界。同时，创新精神还体现在国家形象的塑造上。创新传播方式，讲好中国故事，传播中国声音，使中国在国际上的文化形象越发立体、多元，进一步提升了国家的文化软实力。文化自信和创新实践，不仅增强了中华民族的凝聚力和认同感，而且为全球文化多样性贡献了独特的中国智慧。

创新精神是增强国家软实力和影响力的中心因素。中国正持续推动文化创新和国际交流，以更加自信的姿态走向世界，为构建人类命运共同体贡献文化力量。

3.提高国际合作与交流的能力

创新精神能够显著提高国际合作与交流的能力，这在中国近年来的实践中得到了充分体现。创新理念和技术手段的突破，使得中国在国际舞台上不断拓展合作领域，提升合作层次，为全球发展注入了新动力。

创新精神极大地推动了中国在全球科技合作中的深度参与。中国构建开放创新生态，加强与国际科研机构和行业协会的合作，积极参与全球治理。例如，中国在"一带一路"倡议下，通过科技创新合作推动共建国家的基础设施建设、技术转移和联合研究，提升了区域合作的科技含量。国际合作不仅促进了技术交流，还加深了各国的互信与理解。同时，创新精神助力中国企业"走出去"，在全球范围内开展合作。例如，国家电网有限公司在"一带一路"沿线30多个国家开展电网产能合作，发布国际标准并投资运营骨干能源网，展现了中国企业在全球化过程中的创新能力和责任担当。另外，医药行业的创新实践也为中国企业赢得了国际声誉。例如，上海联影医疗科技股份有限公司在海外设立研发中心，其产品已进入70多个国家和地区。创新精神还体现在国际合作的平台建设上。中国搭建国际科技合作平台，促进资源共享与优势互补，推动多领域、多层次的国际科技合作。例如，江苏省产业技术研究院与国际机构合作，推动人工智能、机器人等领域的创新技术规模化应用，成为全球协作的典范。创新精神推动了文化交流与民心相通。通过跨文化传播创新，中国在国际舞台上展现了多元文化的调和理念，增进了不同国家和地区之间的文化互鉴与理解。例如，2024年是"中国—东盟人文交流年"，中国在教育、文化、旅游等领域举办了各种活动，促进了双方的人文合作。

三、创新精神对个人的作用

习近平总书记多次强调，人才是创新的第一资源。中国致力于营造良好的人才创新生态环境，培养和引进战略科技人才、科技领军人才、青年科技人才和高水平创新团队。创新精神不仅在社会和国家层面发挥着基础作用，对个体的成长与发展同样具有深远的影响。在当今快速变化的世界中，创新精神已成为个体在职业、生活和个人成长中的基本驱动力之一。它不仅能够激发个体的创造力，还能够促使个人实现自我价值、提高生活质量，并在多方面促进心理成长、增强自信心与抗压能力。创新精神对个体具有深刻作用，可以帮助个体在日常生活和职场中应对挑战，实现自我超越，进而带来全面的个人成长。

（一）提升个人竞争力与职业发展水平

在当今社会，个体的竞争力不仅体现在传统的学术知识和技能上，而且体现在创新能力和应对复杂问题的能力上。具有创新精神的人能够灵活地应对工作中的各种挑战，采取富有创意的方法解决问题，迅速调整策略，以适应日新月异的环境。

1. 灵活应对复杂工作挑战

工作中的复杂问题往往需要用创新思维来解决。面对快速变化的市场环境、持续更新的技术手段和日益激烈的竞争态势，传统的工作方式无法提供令人满意的解决方案。具有创新精神的个体能够突破常规思维的束缚，从多角度出发思考问题，并提出全新的解决方案。这一能力在工作中极为重要，尤其是在处理突发事件、解决客户需求、优化工作流程等方面。创新思维能为个人带来更多的工作机会和更大的发展空间。创新精神使个体能够在复杂多变的环境中保持敏锐的洞察力和灵活的应变能力，从而更好地适应并引领变化。

2. 职场晋升的动力

在激烈的职场竞争中，个体不仅要培养扎实的专业技能，还要培养创新的思维方式和解决实际问题的能力。具有创新精神的个体在面对工作挑战时，能够提出独特且有效的解决方案，展现超出常规的能力。创新精神不仅能够为个体赢得同事和上级的认可，还能够显著提升其在公司中的价值。通过不断创新，个体不仅能增强自己的专业技能，还能为公司创造更多的商业价值，从而获得更多的晋升机会。创新精神为职场发展提供了强大的动力，使个体能够在竞争中脱颖而出，实现职业目标。

3.自主创业与创新思维

在自主创业的过程中，创新精神尤为关键。创业本身是一个充满不确定性的过程，企业面临的竞争压力、资金挑战和市场风险等问题都需要用创新的思维来解决。创业者如果能够持续创新，不仅能找到更精准的市场定位、改进产品和服务，还能在不断变化的市场环境中获得竞争优势。因此，创新精神为自主创业者提供了超越传统商业模式的动力，使他们能够开辟新的市场领域，实现企业的可持续发展。创新精神不仅体现在产品和服务的创新上，还体现在商业模式、营销策略和企业管理等多个方面，可为创业项目注入强大的生命力。

4.解决复杂问题的能力

无论是在职场晋升还是在自主创业过程中，创新精神对个体的意义都在于能够快速解决复杂问题。在职场中，个体面对的问题往往是多维度、复杂的，解决问题不仅需要深厚的专业知识，还需要创新的解决方案。创新精神能够帮助个体从多角度思考问题，找到最佳的解决路径。这一能力在竞争激烈的职场环境中，能够使个体脱颖而出，获取更多的机会和资源。在自主创业过程中，创新精神则是解决市场竞争、资金短缺和企业管理等难题的根本。创业者不仅要培养创新的思维，还要培养将创新转化为实际成果的能力。通过创新解决方案，创业者能够提升企业的竞争力，确保企业在激烈的市场竞争中获得生存和发展机会。创新精神使个体在面对复杂问题时能够保持积极主动的态度，不断探索新的可能性，从而实现个人和组织的共同成长。

(二) 激发个体的社会责任感

创新精神不仅能促进个体的职业发展，还能激发个体的社会责任感。通过创新，个体不仅能够为自身的成功奠定基础，还能够将创新成果应用到更广泛的社会层面，推动社会进步、国家发展，甚至提升全球福祉。创新精神促使个体意识到自己不仅是为了追求个人成功而奋斗，更是为了共同体的进步和全社会的福祉作贡献。

1.创新与社会贡献相结合

个体通过创新能够有效解决社会面临的诸多实际问题，如环境污染、公共健康、贫困等重大社会挑战。创新精神使个体认识到，个人的成功不仅在于个人财富的积累，更在于推动社会进步和改善民生。凭借创新的思维方式，个体能够提出并实施惠及他人的方案，使创新成果不再局限于个人受益，而是扩展到更广泛的社会领域，进而推动社会的整体进步。这一从个人到社会的拓展，体现了创新精神的深远意义和价值。

2. 从个人成功到承担社会责任的转变

创新精神促使个体在追求职业成功的过程中，逐步增强社会责任感，并意识到自己的工作不仅是为了谋取个人利益，更是为了给社会创造更大的价值。创新者往往会通过思考如何利用创新成果更好地服务社会、改善人类生活质量，来实现自身的价值。随着这一思维的深化，个体逐渐从单纯的职业成功向社会贡献转变，致力于为社会进步、公共福祉和环境可持续发展等目标作出积极贡献。因此，创新者能够在实现个人价值的同时，承担起对社会、对他人、对环境的责任，成为推动社会向更好方向发展的核心力量。

3. 对社会问题的关注与积极参与

创新精神促使个体更加关注社会问题，为解决社会问题贡献智慧。在面对社会贫富差距、环境问题等全球性挑战时，具有创新精神的个体会积极寻找突破口，通过创新的方法和理念，推动社会制度的改革和社会问题的解决。创新不仅体现在技术层面，还体现在社会政策、管理模式等方面。创新能够为社会的整体发展提供新的解决方案，促进社会的和谐与公平。在创新精神的驱动下，个体将自身能力转化为解决社会问题的动力，从而推动社会向更加美好的方向发展。

（三）促进个体的心理成长与自我超越

创新精神的培养不仅促进了个体在职业上的发展，还深刻作用于个体的心理成长和自我超越。创新不仅是一种技术能力的体现，更是一个不断超越自我、提升自我的过程。创新激发个体不断追求更高的目标，挑战更广阔的边界。

1. 持续挑战与心理成长

创新精神要求个体不断挑战自我，走出舒适区，尝试新的思维方式和行动方法。每一次创新都伴随着不确定性和挑战，而挑战激发了个体不断超越自我的动力。创新过程要求个体不断审视和调整自己的思维模式与行为方式，在实践中不断试探与调整，从而在心理层面获得成长。个体不仅在知识和技能上获得提升，更在自我认知、情绪调节和心理韧性等方面实现了深刻的进步。

2. 增强自信与应变能力

创新精神通过反复地实践和实验，可以增强个体的自信心。在创新实践的成功中，个体获得了成就感和满足感，极大地提升了其面对未知挑战时的自信心。与此同时，创新过程中充满了不确定性，个体必须培养较强的应变能力。在初步创新方案不能如预期那般发挥作用的情况下，创新精神可以促使个体保持冷静、分析问题、调整策略。反复试验与调整的过程，不仅增强了个体的应变能力，还提升了其心理适应力与自信心，让个体在面对挑战时更加从容与坚定。

3. 提高抗压能力与坚持精神

在创新过程中，失败和挫折几乎是不可避免的。创新者在面对失败时，要培养强大的心理素质和抗压能力。创新精神促使个体在面对挑战时，能够保持积极的心态，从失败中吸取经验教训，并迅速恢复状态继续前进。创新的过程往往充满了困难与障碍，而持续的努力和坚持有助于提升个体的抗压能力。在职业生涯与个人生活中，具有创新精神的个体能够更好地应对压力与困难，在挑战面前不轻易放弃，调整心态、改变策略、坚持不懈地追求目标。

4. 自我超越与目标实现

创新精神最终可以帮助个体实现自我超越。在追求创新的过程中，个体不仅要克服外部的困难，更要不断突破内心的自我限制，实现自身潜力的最大化。每一次创新的尝试都成为对个体潜力的挖掘和突破，并推动个体从量变到质变，达到一个全新的层次。创新过程中的努力和成长，促使个体不断提升自我，最终实现个人设定的目标。这一自我超越不仅体现在职业成功上，更体现在心理层面的巨大满足与成就上。它使个体能够不断超越自我，达到更加完整和深远的自我实现目标。

第二节　创新精神与新时代大学生的发展需求

随着科技进步和社会变革的加速，新时代大学生的培养目标已经不再局限于知识和技能的传授。如今，大学生不仅要具备扎实的学科知识，还要具备创新思维和能力，这样才能应对快速变化的社会需求和激烈的就业竞争。因此，创新精神作为新时代大学生必备的关键素养，已成为教育体系中不可忽视的基础要素。创新精神的培养，不仅有助于大学生在个人、职业和社会责任等方面的全面发展，更是大学生适应未来社会、实现个人成长、推动社会进步的核心动力。

一、新时代大学生的成长需求

新时代大学生的成长需求已超越了单纯的知识学习，更多地关注能力的提升和多方面素质的培养。随着信息化社会的到来、科技的快速发展和全球化的日益加剧，大学生面临的社会环境变得越来越复杂，传统的学术教育模式已经无法完全满足大学生未来发展的需求，他们不仅要培养较强的专业知识，更要培养创新精神、实践能力和适应变化的能力。创新精神的培养，已成为大学生教育中的一项重要任务，创新精神是他们应对未来社会挑战、推动个人全面发展的重要因素。

（一）新时代大学生所面临的社会挑战和就业竞争

随着经济全球化的加速，大学生所面临的社会挑战和就业竞争日益增大。过去，大学生的就业优势通常依赖于专业知识和高学历，但现代社会对人才的需求发生了显著变化。现代就业市场不再单纯要求学术成就和对专业技能的掌握，而是更注重个体的综合素质，尤其是创新能力、团队合作能力和跨学科知识储备等。大学生的成长需求已经不再局限于学术知识的积累，培养适应复杂社会环境的能力才是其未来发展的关键。

随着全球化经济的深入发展，许多企业、机构和组织的工作模式发生了巨大的变化，跨国合作和跨文化交流逐渐成为常态。对于大学生而言，传统的学科知识已无法满足其在转型中的全面发展需求，而环境变革则要求他们培养跨领域的知识体系和敏锐的文化适应力。因此，创新精神成为大学生在就业竞争中脱颖而出的主要因素。培养创新思维和实践能力，已成为现代大学生教育的关键目标之一。同时，全球科技和社会变革带来的职业发展变化，也要求大学生培养更加灵活的学习能力和跨学科的合作能力。在技术飞速发展的时代，单一的知识体系已难以适应未来职业的多样化和变化性需求。大学生不仅要有深厚的专业知识，更要培养快速学习新知识的能力，以及时适应社会和职业发展的变化。这要求大学生培养创新精神，独立思考，并运用创新方法解决复杂的现实问题。

(二)新时代教育的转型需求：从知识型教育到能力型、素质型教育的转变

随着社会、经济和科技的不断变革，人才需求日益多样化，传统的教育模式已逐渐显现出局限性。传统的知识型教育以知识传授为核心，学生的学习主要集中于理论知识的积累和专业技能的掌握，但在解决实际问题的能力、创新思维和综合素质等方面存在明显不足。单纯的知识传授已经无法满足新时代对高素质、创新型人才的需求。

新时代教育的转型不仅是为了适应社会的变化，更是为了培养高素质的创新人才。从传统的知识型教育向能力型、素质型教育的转变已成为教育改革的主要方向，这不仅是教育自身发展的内在需求，而且符合培养高素质创新人才的社会需求。

能力型教育强调培养学生的实践能力、创新能力、团队合作能力和跨学科知识的运用能力。能力型教育模式不仅关注学科知识的学习，更重视学生在真实情境中解决问题的能力。通过实践活动、跨学科合作和项目式学习，学生能够深化对知识的理解，并将其应用于解决实际问题中。在能力型教育模式下，学生不仅能在课堂上学习掌握专业知识，还能在实际操作中提升综合能力，形成解决问题的思维方式。能力型教育模式旨在培养学生的创新能力和实践能力，促使他们在面对复杂问题时，能够提出具有创新性的解决方案。

素质型教育则进一步关注学生的全面发展，包括道德修养、身心健康、审美情趣和社会责任感等方面。素质教育不仅旨在提升学生的专业知识，更注重学生人格品质和社会适应能力的培养。通过素质教育，学生能够培养良好的个性和更强的社会适应能力，最终成为全面发展的人才。

中共中央、国务院印发的《教育强国建设规划纲要（2024—2035 年）》明确提出，要全面构建高质量教育体系，推动教育从知识传授向能力培养和素质提升转变。该纲要特别强调，要深入实施素质教育，建立德智体美劳全面培养的教育体系，加快补齐体育、美育、劳动教育等短板，进一步提升学生的综合素养。国家政策导向为新时代教育从知识型教育到能力型、素质型教育的转变提供了强有力的支持，也为培养适应未来社会发展的高素质创新人才奠定了坚实的基础。

(三)创新精神对大学生全面素质提升的促进作用

创新精神对大学生全面素质的提升起到了至关重要的作用。创新不仅是一种解决问题的能力，更是一种思维方式和一种突破常规、寻求突破的态度。在新时代的社会环境中，大学生不仅要学会如何获得知识，更要学会如何使用知识去解决实际问题、创造社会价值。培养创新精神有助于大学生从不同角度看待问题，提供多种解决问题的思路，从而提高其思维的深度和广度。

1. 创新思维促进分析能力的提升

创新精神能够显著提升大学生分析问题的能力。创新思维的培育，能够让大学生以更加开放的心态审视问题，打破传统思维的局限，从不同的视角分析问题。创新思维使学生能够识别问题的多个维度，深刻理解问题的复杂性，并提出富有创意的解决方案。在面对复杂且不断变化的社会问题时，创新精神使学生能够快速辨识问题的核心，并提出多元化的解决路径。大学生在面对社会问题时，应运用创新思维方式进行深度分析，并在此基础上不断优化解决方案，推动社会问题的有效解决。创新能力不仅可以提升学生的职业竞争力，而且可以使他们在职场和社会中创造更多的价值。

2. 创新精神增强解决问题的能力

创新精神对大学生提高解决实际问题的能力有着直接促进作用。传统教育模式侧重于理论知识的传授，而创新精神则要求学生不仅能够运用已有的知识，还要在面对未知挑战时，主动寻找新的解决方法。创新思维能够帮助学生在快速变化的环境中灵活应对，不断找到新的解决方案。通过创新实践，大学生能够在实际生活和工作中展现强大的问题解决能力，并且在复杂多变的工作环境中突破自我，获得职业发展的新机会。大学生不仅掌握了知识，更获得了应对挑战、解决问题的宝贵经验，从而极大地提升了他们的实践能力。

3. 创新精神激发好奇心和探索欲望

创新精神有助于激发学生的好奇心和探索欲望。在快速发展的现代社会，许多问题并没有固定的答案，解决方案也不再是唯一的。创新精神鼓励学生不断探索未知领域，质疑现有知识体系，探索新的方向与解决途径。这使得学生不仅能够在学术研究上取得突破，还能够在社会实践中发掘创新机会，推动社会进步。创新精神赋予学生思考的空间，使他们能够突破传统教育框架的限制，从更为开放的角度审视问题，创造性地进行思考和探索。通过培养学生的创新精神，教育不仅提升了学生的学术能力，还帮助他们成为推动社会发展的积极力量。创新精神的培养，促使学生不断在学术领域、职业生涯和社会实践中寻找新的价值与意义，最终成为具有社会责任感的创新型人才。

4.创新精神增强自我超越能力与竞争力

创新精神的培养不仅提升了大学生的学术素质，还激励着他们不断超越自我，从而增强了他们在社会中的竞争力。在全球化和科技不断进步的今天，大学生的竞争力不仅体现在学术成就和职业技能上，更体现在创新思维和解决问题的能力上。创新精神促使大学生不断突破个人局限，勇于挑战自我，追求卓越。这一自我超越的态度，不仅提升了学生的学术成就，而且帮助他们在职业生涯中不断创新，保持竞争优势。

随着社会竞争的加剧，传统的知识体系已经不足以满足个人职业发展的需求。创新精神使学生能够在复杂多变的社会环境中迅速适应并作出反应，解决实际问题，从而提升综合竞争力。竞争力不仅来源于扎实的学术基础，还来源于学生在面对复杂问题时展现出的创新能力和行动力。创新精神使学生不仅能在职业领域脱颖而出，还能在社会中发挥更大的作用，推动社会发展与进步。

二、创新精神与大学生个性化发展的关系

大学生的个性化发展是其在不同领域展现自我、发挥特长的过程。每个大学生都有不同的兴趣、爱好、特长和潜力，而创新精神则为大学生提供了一个发挥个性和创造力的基础。通过创新，大学生能够从不同角度思考问题，形成独特的解决方案。这不但能够促进他们在学术上的突破，还能够帮助他们在职业发展和社会实践中找到独特的方向。创新精神为大学生提供了多维度的发展空间，并帮助他们在激烈的竞争中脱颖而出。

(一)创新精神促进大学生独立思考能力、批判性思维和跨界能力的培养

创新精神促进了大学生独立思考能力的培养。独立思考是指个体在面对问题时，能够不依赖他人或传统框架，敢于质疑、突破和重构已有的知识体系，提出独特的见解和观点。创新精神要求学生在面对复杂问题时，能够跳出既定的思维模式，探索全新的分析和解决路径。这不仅有助于大学生在学术领域取

得突破，还为他们在日常生活和社会实践中提供了解决问题的灵活思路。

批判性思维作为创新精神的核心要素，是大学生独立思考能力的核心。批判性思维鼓励学生深入分析、质疑和评估所接收的信息，使学生更加理性地思考问题，避免盲目接受片面或错误的观点，有效识别偏见与误导，从而更加全面地理解问题。当然，批判性思维不仅帮助学生理性评估信息，还推动学生不断自我反思，从而提出更具创造性和前瞻性的解决方案。尤其是在面对学术研究、社会问题和职业挑战时，具有批判性思维的学生往往能够从更广阔的视角审视问题，避免陷入狭隘的思维框架，进而提出创新性的应对策略。

与此同时，创新精神还特别强调跨界能力的培养。随着社会问题的日益复杂，涉及的领域也变得越来越广阔，单一学科的知识体系已无法有效应对现实中的许多挑战。因此，跨学科、跨领域的合作成为解决复杂问题的重要途径。创新精神促使大学生突破学科界限，打破不同领域的知识壁垒，从多个维度进行思考与融合。通过跨学科的合作，大学生能够将不同领域的知识资源有效整合，创造更多具有实践价值和创新意义的成果。跨界能力不仅能够帮助大学生适应多元发展的社会需求，还能够为他们的个性化发展提供更加广阔的舞台，促进他们在多个领域中展现独特的优势。创新精神激发大学生在多个学科之间寻找联系，培养跨领域的视野和理解能力。无论是在科技、艺术、商业上，还是在社会问题的解决上，跨学科的视角都变得尤为重要。创新精神鼓励学生跳出传统学科的框架，探索不同学科之间的联系与交集，从而提升他们在不同领域之间的协作与创新能力。跨学科的融合不仅能够促进学生对复杂问题的深入理解，还能够为他们的个性化发展提供更加丰富的资源和更多更好的机会。通过培养跨界能力，创新精神为大学生提供了更加广阔的发展空间，助力他们发掘潜力，拓展个人发展路径。学生不再局限于某一领域的知识积累，而是能够在多学科的交叉点上实现自我价值的最大化。这一跨学科的知识融合，不仅推动学生全面发展，而且让他们在未来的职业和社会实践中能够发挥更大的创新能力与领导力。

（二）创新精神促进大学生创新能力、团队合作能力、领导力的培养

创新精神不仅有助于大学生个人创新能力的提升，还在团队合作和领导力的培养中发挥着中心作用。在当今复杂的社会环境中，许多问题的解决已不再依赖个人的单打独斗，而是需要团队成员之间的共同协作与智慧碰撞。创新精

神激励合作与共享，促进大学生在团队中相互学习、协作与共同成长，提升了他们在团队合作与领导力方面的综合素质。

第一，创新精神有助于大学生理解和重视团队合作的重要性。在现代社会，尤其是面对复杂问题时，工作和项目往往需要跨学科、多元化的团队合作，不同领域、背景的成员合作能够提供更为有效的解决方案。创新精神促使大学生在团队中主动交流、共同合作，提升了他们的团队合作能力。通过集思广益，创新思维帮助大学生从不同的视角审视问题，并提出更具创新性的解决方案。团队合作不仅为大学生提供了展示个人才华的平台，还增强了他们在沟通、协商和协调方面的能力。在团队协作中，大学生能够充分发挥自己的创造力，推动团队目标的达成，提升团队的整体效能。创新精神鼓励大学生在团队中提出新的创意，优化工作流程，并寻求更加高效的解决方案。创新意识不仅能增强大学生与他人合作时的主动性，还能增强他们的灵活性，使他们快速适应团队和项目变化，提升团队的凝聚力和创新力。因此，团队合作在培养大学生的创新精神方面起到了重要作用，创新思维则为其提供了持续改进和优化的动力。

第二，创新精神与领导力的培养密切相关。领导力主要指管理和指挥能力，具体体现为激发团队成员的潜力，并带领团队朝着共同的目标迈进。在现代社会中，领导者不仅要培养创新思维，识别市场需求或社会挑战，还要培养在不确定性和风险面前灵活调整战略与应对变革的能力。创新精神在领导力的培养中发挥着至关重要的作用。创新思维帮助大学生在作为领导者时提出前瞻性的战略和解决方案，并在面对复杂情境时迅速作出决策和调整，以确保团队有效应对挑战。

创新精神使得领导者更加开放和包容，能够吸引团队成员提出不同的意见和创意，并将创意转化为切实可行的行动方案。在团队管理中，创新精神促使领导者不仅关注任务的完成情况，还强调通过创新提升团队的工作效率，促进团队成员的个人成长。领导者通过创新思维，能够激励团队成员的创造力和责任感，营造一个鼓励尝试和容忍失败的环境，从而提升团队的创新能力和执行力。团队成员通过创建思维，更加愿意分享创意，提出新思路，促进团队整体水平的提升。

创新精神在领导力的培养中具有独特的优势。它促使领导者从战略层面引领团队，打造具有前瞻性和创新性的工作文化，并使团队成员能够在复杂的工作环境中找到灵活的解决方案。创新的领导方式使得团队不仅能够克服眼前的困难，还能够在不断变化的社会和行业环境中保持活力与竞争力。

除了在学术研究中的应用，创新精神的培养同样适用于社会实践、团队协作和领导力提升。在社会实践中，大学生能够将创新思维运用到实际问题的解决中，进行跨领域合作并寻找解决问题的新途径。在团队合作中，创新精神可以帮助大学生在相互合作中提升效率，推动团队朝着共同的目标不断前进。在领导力方面，创新精神使得大学生能够在未来的工作和社会实践中表现出卓越的领导能力，带领团队应对挑战并不断取得进展。

三、创新精神与大学生就业竞争力的提升

随着全球化和信息化的快速推进，大学生所面临的就业市场变得愈加多元化，并充满了激烈的竞争。传统的求职标准——学历和专业技能，已不再满足现代企业对人才的需求。创新精神作为一种关键素养，已经成为提升大学生就业竞争力的关键组成部分。具有创新精神的大学生不仅能够在日常工作中提供独特的视角，还能够在面对复杂问题时展现出解决问题的卓越能力。因此，创新精神在提升大学生就业竞争力方面起着至关重要的作用。

(一) 创新精神提升大学生解决问题的能力

创新精神能够有效促进大学生在职场中更好地解决复杂问题。在现代职场中，工作内容和工作方式常常面临快速变化与不可预见的挑战，这要求员工培养较强的解决问题的能力。创新精神鼓励大学生从不同的视角审视问题，打破常规思维模式，提出新颖的解决方案。在面对工作中的难题时，具有创新精神的大学生能够以灵活的思维方式提出创新方案。这不仅体现了他们独立解决问题的能力，还能够为企业带来突破性的成果。企业往往更青睐那些能够在复杂情境下找到创新解决方案的人才，因为这样的人才能够为企业开辟新的发展赛道，应对快速变化的市场需求。

(二) 创新精神增强大学生的适应能力与灵活应对市场变化的能力

当前的就业市场和社会环境充满不确定性，技术创新、全球经济波动和社会结构调整等因素，促使市场需求和行业模式迅速转型。创新精神可以提升大学生的适应能力，使其能够迅速理解并应对变化。具有创新精神的大学生更加

开放和灵活，能够从多角度思考问题并快速作出反应。无论是面对技术变革，还是行业重新布局，具有创新精神的大学生都能够敏锐地捕捉到变化中的机会，并迅速调整自己的工作方法和思路。因此，企业在招聘时，往往倾向于选择那些不仅培养了一定的专业技能，而且能够根据市场需求和技术变化进行自我调整的创新型人才。培养大学生的创新精神，可使他们增强适应职场快速变化的能力，避免因缺乏灵活性和创新性而被淘汰。

(三) 创新精神增强大学生的团队协作与跨学科合作能力

在现代职场中，许多工作任务需要跨部门、跨学科甚至跨行业的协作。创新精神不仅帮助大学生在个人工作中表现出色，还促进他们在团队中发挥作用，特别是在解决复杂问题时，团队成员的多元化背景和创新思维能够产生意想不到的协同效应。具备创新精神的大学生能够积极与不同领域的同事合作，融合各自的优势，碰撞出创新的火花。在团队合作中，他们不仅能够为团队提供独特的思路，还能够促使团队成员共同思考与进步。创新精神的培养使大学生能够更好地与他人合作，形成有效的协同效应，推动团队项目的顺利完成。

跨学科合作已成为解决社会复杂问题和推动产业创新的重要方式。具备创新精神的大学生能够从多个学科中汲取知识，并将其有机结合，提出具有实践意义的创新方案。这一跨界能力不仅在学术研究中至关重要，而且在职场中也不可或缺，因为许多行业的复杂问题需要多学科的合作来解决。

(四) 创新精神提高大学生的职场发展潜力

创新精神不仅能够提升大学生初期就业的竞争力，还能够在其职业生涯的长期发展中起到至关重要的推动作用。在职场中，创新的价值不仅体现在解决眼前的工作问题上，还涉及推动企业持续发展、引领行业趋势、进行技术革新等多个层面。大学生若培养了较强的创新精神，将能够在职业生涯中不断寻找新的突破点，积累宝贵经验，并逐步提升自身的职场地位。

创新精神帮助大学生培养了未来的领导潜力。在现代企业中，创新能力往往是员工获得晋升、承担更大责任的关键因素。随着经验的积累，大学生能够在职场中提出具有前瞻性的创新思路，领导团队推动企业或组织走向成功。因此，创新精神不仅能够为大学生在求职时提供明显的竞争优势，还能够为大学生在长期的职业生涯中提供广阔的发展空间，开拓更多的职业机会。

（五）创新精神为企业和社会发展作出贡献

创新精神在提升大学生就业竞争力的同时，为企业和社会的持续发展作出了巨大贡献。企业招聘具有创新精神的员工，能够在市场竞争中占据优势地位。这类员工不仅能够提高工作效率，还能够推动企业的技术创新，改善企业运作模式，帮助企业快速适应不断变化的市场需求。因此，创新精神已成为企业生存和发展的关键因素。随着全球化和信息化程度的不断提升，创新更是成为企业竞争力的核心组成部分。

从社会层面来看，大学生所培养的创新精神不仅有助于推动产业的升级与转型，还能促进社会的进步与变革。创新精神能够帮助社会解决实际问题，尤其是在应对环境变化、教育不平等、社会不公平等全球性挑战时可发挥主要作用。具有创新思维的大学生，未来将成为推动社会进步的基础力量。他们在各自领域中的创新实践，将为社会带来切实的变革，推动社会各方面的发展与进步。

四、创新精神对大学生社会责任感的激发

创新精神不仅对大学生的个人发展和职业生涯具有深远影响，还能显著激发他们的社会责任感。社会责任感是大学生全面素质教育的重要组成部分，它促使大学生认识到自己的行为不仅关乎个人利益，还关乎社会的进步与福祉。创新精神作为一种基本能力和思维方式，为大学生提供了推动社会变革的思想武器和实践工具，帮助他们在实现自我发展的同时，积极投身于解决社会问题、推动社会进步的实践。

（一）创新精神激发大学生服务社会、推动社会变革的责任感

创新精神不仅是个人发展或职业成功的驱动力，而且能促使大学生在追求个人价值的过程中，关注社会的需求与贡献。随着社会环境的不断变化，大学生的成长不再局限于专业知识和技能的积累，他们还应该培养积极主动参与社会发展的责任感。创新精神激励学生思考如何利用自己的知识和能力来解决社会问题，推动社会变革。

受到创新思维的影响，大学生往往会更加关注社会平等、环境保护、公共健康、教育改革等重大社会议题。创新精神激发他们利用创新思维和行动力，

通过参与公益项目、社会服务和志愿活动等途径，为社会的可持续发展贡献力量。无论是在技术创新领域，还是在社会服务和公益项目的设计与实施中，创新精神都为大学生提供了更加多元的行动路径，使他们能够将个人成就与社会责任相结合，推动社会的正向发展。

例如，在面对社会不平等问题时，创新思维能够引导大学生探索新的方法和途径，提供切实可行的解决方案。创新精神鼓励大学生打破传统思维框架，尝试更加独特和有效的社会实践模式，从而为改善社会民生提供实质性的支持。通过参加创新行动，大学生不仅能够实现自我价值，还能够在推动社会变革的过程中，成为社会责任感的倡导者和实践者。

(二)创新与社会问题的解决：利用创新思维应对社会挑战

在当今复杂的社会环境中，大学生要培养应对全球性和本地化挑战的创新能力。世界正面临环境污染、资源匮乏、社会不平等、公共健康危机等问题的多重挑战，亟须培养具有创新思维的青年一代，使他们加入解决问题的队伍。创新思维不仅是技术层面的突破，更是一种解决社会问题的思维方式，它能够帮助大学生提出切实可行的解决方案，从而推动社会进步。

创新精神鼓励大学生运用批判性思维，挑战现有的社会架构、传统观念和常规方法，从而提出更加具有前瞻性和可持续性的解决方案。例如，面对环境污染问题，创新思维能够引导大学生研发环保技术，探索资源再利用的方式，推动可持续发展的社会模式。在公共卫生领域，创新精神能够促使大学生关注健康问题，制定新的医疗方案或开展新的健康教育项目，提升社会整体健康水平。无论是环境问题还是教育不平等、社会暴力等问题，创新精神都能为大学生提供多元化的解决路径，帮助他们在应对社会挑战时，找到更有效、更长远的方案。

通过创新，大学生不仅能为社会的进步和福祉作出实质性贡献，还能引领社会发展方向。创新精神促使大学生在面对社会挑战时，从传统思维中跳出来，提出不同于常规的解决办法。创新不仅是对现有问题的应对，还意味着为未来的社会问题找到更加完善和持久的解决方案。因此，具有创新精神的大学生，在面对复杂社会问题时，往往能够保持积极心态，不断尝试新思路，寻找突破口。

（三）创新精神对社会责任感的长远作用

创新精神不仅促进大学生关注当前社会问题，还激发他们从更长远的视角审视社会责任。进入信息化和全球化时代，社会问题的复杂性日益增加，单一的行动和传统的思维方式往往难以应对挑战。创新精神促使大学生从全局出发，提出更加全面和系统地解决问题的方案。

大学生在培养创新精神的过程中，逐渐认识到社会责任不仅是短期的公益行动，更是一种长远的社会结构变革和文化创新。具有创新精神的大学生往往能够深入分析社会问题，揭示其深层次的原因，进而提出更具系统性、综合性的解决方案。创新精神成为他们推动社会进步、改善民生、提升社会福祉的重要动力。

随着创新精神的不断培养，大学生逐渐从单纯的"问题解决者"转变为"社会变革的推动者"。他们不再满足于局部的改善，而是追求更广泛的社会变革和深远影响。创新精神使大学生不仅在个人层面实现超越，还在社会层面产生深远影响。大学生的社会责任感不断地被激发，并且推动他们在参与社会服务和社会变革时，积极发挥作用，从而成为社会发展的积极推动者。

第三节　新时代大学生创新精神的现状分析

在 2020 年 9 月 11 日的科学家座谈会上，习近平总书记强调："人才是第一资源。国家科技创新力的根本源泉在于人。十年树木，百年树人。要把教育摆在更加重要的位置，全面提高教育质量，注重培养学生创新意识和创新能力。"在党的二十大报告中，习近平总书记再次指出："必须坚持科技是第一生产力、人才是第一资源、创新是第一动力，深入实施科教兴国战略、人才强国战略、创新驱动发展战略，开辟发展新领域新赛道，不断塑造发展新动能新优势。""人才是创新的第一资源"的基本论断深刻阐明了人才在国家创新体系中的重要地位，明确了创新是实现高水平科技自立自强和建设世界科技强国的核心要素所在。大学生作为未来社会的建设者与创新推动者，是国家创新体系中的核心角色。本节将对新时代大学生创新精神的现状进行深入分析，重点探讨大学生对创新精神的认知水平、创新精神在大学课程和校园文化中的融入情况、大学生参与创新活动的现状与面临的挑战，以及创新精神在学术研究、科技创新、艺术创作和社会服务中的具体体现。

一、新时代大学生创新精神的现状调查

(一) 调查背景与目的

本次调查旨在全面了解新时代大学生在创新精神方面的认知、实际应用和面临的挑战。本次调查通过对不同高校和专业的大学生进行调查，分析他们对创新精神的理解、在课堂与校园文化中的创新培养、参与创新活动的现状，以及在学术研究、科技创新、社会服务等领域的创新表现。

(二) 调查方法

本次调查采用问卷调查法，并结合深度访谈，全面分析大学生的创新精神。调查对象为来自不同院校和专业的 300 名大学生，涵盖信息技术、工程技术、生命科学、社会学、艺术与设计等多个学科。调查内容包括大学生对创新精神的认知、参与创新活动的实际情况、课程和校园文化中的创新培养等方面。

(三) 调查结果

1. 大学生对创新精神的认知水平

调查结果显示，大多数大学生对创新精神有一定的认知，但普遍将其理解为"新颖的技术发明"或"科技创新"。这表明大多数学生对创新的理解仍然局限于技术领域，尤其是在信息技术、工程技术和生物医药等学科中，创新活动表现得尤为突出，而对社会创新、艺术创意和教育创新等领域的关注相对较少。由此可见，创新精神的内涵尚未被大学生全面理解。70%的大学生认为创新精神主要体现在技术创新和发明创造中，仅有 30%的大学生已开始关注社会创新、文化创意等领域的创新。尽管部分学生逐渐认识到创新不再局限于技术领域，但总体来说，他们对创新内涵的理解仍然较浅较窄，亟须进一步拓展。

2. 创新精神在大学课程和校园文化中的融入情况

调查结果显示，许多高校已开始将创新精神纳入课程设置，并开展学术讲

座、专题讨论等提升学生的创新意识，但从整体上来看，创新课程内容仍较为传统，缺乏实际操作和创新思维的系统性培养。学生在课外活动中的创新实践也面临着一定的局限性，创新氛围虽然有所营造，但深度和持续性不足。约40%的学生表示，课程中有充足的创新实践环节；50%的学生认为，课程更多侧重于创业技巧的培养，而非创新思维的塑造；60%的学生认为，校园文化中的创新氛围较为淡薄，不能持续激发他们的创新潜力。尽管许多高校已设立创新课程并组织创新活动，但大部分课程仍侧重实际操作和创业技巧，较少涉及创新思维的培养与方法论的探讨。此外，由于教学形式较为单一，缺乏跨学科和跨领域的教学内容，学生的创新思维大多局限在单一学科内，难以形成全面、跨界的创新能力。

3. 创新精神在学术研究、科技创新、艺术创作和社会服务中的表现

大学生的创新精神不仅体现在技术创新和科研项目中，还广泛应用于社会服务和艺术创作等领域。在学术研究方面，许多大学生通过自主选题、跨学科研究等方式推动学科的进步；在科技创新领域，大学生积极参与科技竞赛和前沿技术研究；在艺术创作和社会服务中，大学生则通过创新思维和新颖的服务模式推动社会进步。不过，创新的成果还未充分转化为系统和广泛的社会效益。大多数大学生的创新活动还停留在局部和初级阶段，还没有形成成熟的项目或明显的社会作用力。特别是在创新精神的社会应用和文化创意领域，大学生的参与仍相对有限，尚需进一步强化。

二、新时代大学生创新精神取得的成就

新时代大学生的创新精神在近年来得到了显著的增强和广泛的关注，尤其是在高校的创新教育政策、课程改革和校园文化建设等方面取得了丰硕的成果。

(一)创新精神的广泛认知与接受

调查数据显示，绝大多数大学生对创新精神有着较为积极的认知，尤其是在科技创新和创业方面，大学生的创新意识和实践能力正逐步增强。部分大学生已经能够将创新理解为一种全方位的思维方式，而不是局限于技术发明或产品创新。在调查中，70%的大学生认为创新不再局限于技术领域，社会创新、

文化创意和教育创新等领域的创新同样重要。约60%的学生表示,他们已逐渐认识到创新是一种跨学科、跨领域的思维方式,能帮助他们解决现实问题,推动社会进步。例如,他们不仅关注科技领域的创新,还逐渐认识到社会服务、文化创意和日常生活中的创新优化的重要性。还有许多学生表示,在日常生活中,他们开始更注重通过创新的方式提高工作效率、优化学习方法或提高生活质量。一些学生表示自己在学习中尝试了"反向思维法"和"跨学科知识融合法",以促进问题的创新性解决。

在访谈中,小王(信息技术专业大学生)说道:"我最初理解的创新仅仅是关于产品或技术的发明,但随着学习的深入,我渐渐意识到创新能够体现在解决社会问题、提升效率等方面。在学校的'互联网+'课程中,我参与了一个社会创新项目,旨在帮助低收入群体更容易获得医疗信息。这让我深刻体会到,创新不仅是技术,更是一种全方位的解决问题的思维。"

(二)创新教育课程的设置与实践的推进

随着对创新精神的认知越来越全面,高校逐渐将创新思维纳入教学体系和课程设计,创新课程在各大高校中得到了广泛开展。根据调查数据,68%的学生表示,他们所在的高校开设了专门的创新思维课程或创业课程,旨在提升学生的创新能力与实践操作能力。许多高校还设立了创新实验室、创新工作坊和创客空间等平台,鼓励学生进行跨学科的项目合作,并提供了相应的创新资源和实践机会。例如,部分高校已建立产学研一体化的创新平台,将科研成果与社会实践紧密结合。创新平台为学生提供了从学术研究到创新实践的全方位支持,提升了学生将创新想法转化为实际应用的能力。58%的学生表示,他们曾参加创新大赛或创业项目,培养了实际操作能力和创新思维。在访谈中,小张(生物医药专业大学生)提出:"创新课程不仅注重创新思维的培养,还强调实践操作。在某些创新课程中,学生要将课堂上学到的理论知识转化为实际产品或服务,并进行市场化的评估。"小张认为这一实践使他们能够更好地理解创新的实际意义和挑战。

(三)科技创新领域的活跃参与

在科技创新领域,大学生展现了强大的创新潜力。调查数据显示,72%的大学生参加过创新创业大赛、科技竞赛或科技研发项目。其中,63%的学生参加过人工智能、"互联网+"、物联网等前沿技术的研究或实践。特别是在信息技术、工程技术和生物医药等学科，学生的创新表现尤为突出。大学生用创新思维和技术手段解决了一些技术难题，并在创新大赛中获得了不少成就。例如，部分学生创新设计，在智能硬件、人工智能、"互联网+"等领域的研究中获得了国家级奖项，一些科技成果已经投入实际应用。

在访谈中，多位学生分享了参与科研项目和技术创新竞赛的经历。他们不仅积累了丰富的创新经验，还学会了如何将创意转化为具体的技术解决方案。例如，某大学生团队用人工智能算法解决了一个传统生产过程中的优化问题，并成功申请了相关专利。

（四）社会服务和公益活动中的创新实践

创新精神不仅体现在技术和科研领域，在社会服务和公益活动中，大学生同样展现了创新思维的价值。近年来，越来越多的大学生通过创新思维为社会问题提供解决方案。调查结果显示，在疫情期间，许多大学生在互联网平台组织线上志愿活动，创新地开展了物资募捐、公益募款等活动。他们不仅在公益活动中发挥了积极作用，还通过社交媒体、在线平台等方式将活动推广到更广泛的群体，扩大了社会影响。还有部分大学生创新性地提出了"助学金+心理辅导"的双重支持模式，帮助贫困学生不仅获得学费资助，还获得心理上的支持和关怀。该模式得到了许多高校的支持，并逐步推广到其他区域。在社会服务方面，部分大学生还提出了创新性的社会问题解决方案。例如，一些学生建立社会企业，结合公益和商业模式，实现了社会效益与经济效益的双重提升。这说明，大学生不仅关注个人发展的创新，还积极参与社会的创新进程。

三、新时代大学生创新精神面临的主要问题

新时代大学生尽管在培育创新精神方面取得了初步成就，但仍然面临许多挑战与制约，影响着创新能力的全面发挥。调查发现，问题不仅体现在学生个人创新思维的局限性上，还与教育体系、社会环境、资源配置等方面的不足密切相关。

（一）创新思维的局限性

调查数据显示，约70%的大学生将创新精神局限于技术发明、产品开发等

传统领域，尤其是集中在信息技术、工程技术和生物医药等学科。学生在这几个领域的创新表现较为突出，而在社会创新、文化创意等更为广泛的领域，创新活动和思维表现相对较少。许多大学生没有认识到创新不仅涉及技术领域，还涉及社会服务、文化创意、商业模式等领域。在有局限性的思维方式影响下，学生的创新关注点单一，不能从更广泛的视角审视和解决社会问题，抑制了其创新能力的多维发展。

创新思维的局限性直接作用于大学生在面对复杂问题时的解决方式。在传统应试教育体制下，学生往往习惯于依赖标准化的答案，而忽视了突破常规的思维方式。当面对学术难题、社会挑战或科技创新时，学生往往容易陷入固定框架，缺乏跳出传统思维模式的勇气。思维定势不仅使得创新活动过于集中于某些传统学科领域，而且限制了跨学科和跨领域的创新尝试。也就是说，局限性的思维方式大大制约了大学生创新潜力的发挥，使得其在应对复杂问题时显得力不从心。

尽管目前许多高校已开始关注创新精神的培养，但从调查结果来看，创新教育的普及程度仍显不足，尤其是创新教育课程的内容大多侧重于市场化、实用性的知识传授，而对创新思维和创新方法的系统培养有所忽视。约60%的受访学生表示，现有创新课程主要集中在创业技巧和市场营销等实用性内容的教授上，而创新思维和方法论的培养则明显不足。这使得学生在参与实际创新活动时，往往只停留在表层操作，缺乏对创新过程的深入理解和掌握。因此，创新思维很难转化为解决实际问题的能力。

传统的教学模式仍占据主导地位，许多大学的课堂教学内容主要侧重于理论知识的传授，课堂互动性较差，批判性思维的培养较为薄弱。尽管部分高校开设了创新课程，但课程的形式多为讲座或讨论，缺乏有效的实践环节，学生在实际操作中难以真正运用创新思维。因此，学生尽管在课堂上学习了创新的基础理论知识，但往往不能将知识转化为切实解决实际问题的能力，这限制了他们在创新实践中的表现，进而影响了他们在复杂环境中的应变能力和创新执行力。

(二)创新资源与支持平台不足

调查结果显示，尽管一些高校设立了创新实验室、孵化器、创新工作坊等创新平台，但大学生可以利用的创新资源仍相对匮乏，尤其是资金、设备、导师等方面的支持不足，影响了学生创新项目的实际推进。数据显示，只有40%的大学生表示学校为他们提供了足够多的创新平台和实践机会。虽然部分高校虽然建立了创新孵化器和创业基金，但学生的创新项目依然面临实际操作中的多重困难。由于资源配置的不均衡，许多大学生在将创意转化为实际成果时，遭遇了资金短缺、技术支持不足、师资力量薄弱等瓶颈，进而影响了创新项目的推进与效果。除此之外，尽管国家和社会各界对大学生创新创业提供了创新创业资金、孵化器等支持，但创新生态体系仍存在诸多不足，不能为大学生创新创业提供足够的系统性支持。尽管部分地方政府和企业提供了一定的资金与孵化平台，但由于政策支持的持续性和资金引导的不足，许多大学生的创新项目只能停留在初级阶段，缺乏持续发展的保障。更为重要的是，大学生在面对市场和社会需求时，缺乏有效的资源对接平台，许多有潜力的创新项目难以进入实际应用阶段。资源配置不平衡和创新生态体系的不足，限制了大学生创新成果的转化和推广，也使得一些有前景的创新项目难以实现规模化或商业化应用。

（三）创新实践机会的缺乏与实践效果的不足

调查数据显示，约50%的大学生没有充分参与创新实践活动。当前，大多数高校的创新实践主要集中在创新竞赛、学术展览等方面，尽管能够为学生提供一定的创意展示平台，但普遍存在缺乏长期项目合作和深度实践经验积累的问题。大多数创新活动停留在初级阶段，学生在参与创新活动时，能获得的实践机会和时间较为有限，难以在深度和广度上有效提升创新能力。而且，形式上的创新实践往往无法为学生提供足够的实践锻炼，限制了他们创新思维的培养与实践能力的提升。除此之外，创新实践过程中还存在一系列问题，尤其是团队合作中的困难和项目管理经验的不足。许多大学生在参与创新活动时，缺乏系统性的创新方法和项目管理技巧，无法有效地将创意转化为实际成果。尽管一些学生在创新竞赛中表现突出，但大多数活动为短期性质，缺乏长期的项目实践经验和团队合作的深入积累。在团队合作中，学生往往面临角色分配不合理、沟通不畅等问题，这不仅影响了团队的协作效率，还限制了创意的有效实现。实践表明，创新活动的效果在很大程度上取决于团队成员之间的协调与合作能力，团队合作中的问题往往成为影响创新效果的瓶颈。

(四)社会环境的作用与短期功利主义的影响

当前,社会对创新精神的理解尚不全面,尤其是在现有的不良社会风气中,急功近利的心态严重制约了部分大学生对创新长期价值的认同。在面临创新实践时,许多大学生过于关注如何通过创新迅速获得成果,忽视了创新本身至关重要的时间积累与持续努力。在社会对短期效益和物质回报的过度追求下,大学生的创新活动容易被功利主义所驱动,缺乏对创新深层次意义和长期价值的深入理解。这一急功近利的心态促使许多大学生将创新视为快速获取经济回报或市场份额的手段,而非解决社会问题或推动社会进步的方式。

社会普遍对创新成果抱有较高的期待,尤其是在创业领域,许多人强调短期的经济回报,而忽视了创新所需的长期投入与风险管理,学生在创新过程中主要关注如何迅速获得资金支持或市场认可,却忽视了创新本身的社会意义、文化价值和长远作用。学生在创新活动中往往过度追求短期经济效益,而忽视了创新失败和风险管理的基础性问题。更为严重的是,这一过于功利的心态抑制了大学生在面对失败时的容忍度,使得他们不敢冒险,缺乏突破常规的勇气。在创新过程中,很多学生过于担心风险和失败,不能充分发挥其潜在的创新能力和解决复杂问题的能力。从更广泛的社会层面来看,短期功利主义的价值观影响了大学生的创新动机,使他们在面对创新挑战时缺乏长期规划和系统思考,无法从整体和深远的角度审视创新的价值。

四、问题成因分析

大学生创新精神不足并非单一因素导致,实际上是教育体制、社会环境和学生自身等多方面因素共同作用的结果。笔者通过对调查数据的分析,发现主要成因有五个。

(一)教育体制的局限性

我国的高等教育体制长期以来偏重学术知识的传授,尤其是在传统的理工科教育中,创新精神的培养没有得到足够的重视。虽然近年来一些高校已开始加强创新教育课程的设置,但教育体制中的创新教育体系仍显不完善。许多大学的创新教育仍然停留在表面,将重点放在技术和创业课程上,过于关注学生对既定知识的掌握,而忽视了对创新思维和跨学科知识整合能力的系统培养。

单一的课程设置和教学内容限制了大学生创新思维的全面拓展。更为严重的是，高等教育体制中学科间的壁垒较为明显，学科融合的程度不够，学科划分过细、专业设置固化。学科界限的分割限制了跨学科创新的机会与平台，也使得学生在创新实践中缺乏系统的跨领域整合能力。

（二）教学模式的单一性

传统教学模式过于注重知识的灌输与理论的传授，缺乏互动性与探索性，学生更多依赖教师讲解，缺少自主思考和创新实践的机会。创新精神的培养要求课堂教学具有更强的互动性、探究性与实践性，现有的教学模式却难以满足需求。大多数高校依然采取以教师为中心的教学模式，学生主要扮演知识接受者的角色，这使得创新思维的培养难以取得显著成效。创新教育应注重引导学生主动学习和探索、合作与反思，培养学生的创新意识。传统的教学模式很难有效培养学生的创造性思维和解决实际问题的能力，学生的创新能力难以得到实质性提升。

（三）创新资源与支持平台的不足

尽管一些高校为学生提供了创新资源和平台支持，但总体而言，大学生拥有的创新资源依然匮乏。许多高校虽然设立了创新孵化器、创业实验室等平台，但资源的实际可用性较低，且资金、师资和设备等方面的资源分配不均，导致许多学生的创新创意难以顺利转化为实际成果。创新项目缺乏足够的导师支持和实践机会，难以有效推进，进一步限制学生创新潜力的发挥。

社会对大学生创新的支持也相对薄弱，特别是在资金与市场对接方面。尽管一些地方政府和企业为大学生提供了创新创业资助与孵化器，但支持的广度和深度仍然不足，创新生态体系仍待完善。许多大学生的创新项目还没有形成可行的方案，就面临资金短缺、市场认可度低、资源支持不足等多重困难。许多创新项目在从构想到实施的过程中，周期较长且涉及的风险较大，社会与学校的资源支持不足，因而无法顺利实现商业化或社会化应用。

（四）消极价值观的干扰和影响

社会的价值导向对大学生创新精神的塑造具有重要影响。然而当前社会中某些功利化、速成化、唯结果论的倾向日益明显，对大学生的创新实践产生了干扰。物质回报与即时满足被过度强调，部分大学生在进行创新活动时，容易将注意力集中于如何快速取得可见成果，而忽视了创新本身所需的长期积累、持续努力与面对失败的勇气。尤其是在创业领域，受不良社会风气的影响，部分大学生倾向于追求短期经济效益，缺乏对创新的深入理解与坚持精神。

与此同时，社会对创新失败的容忍度仍然偏低。大学设在创新实践过程中，一旦遭遇挫折，就容易被简单底归因为能力不足，从而影响了大胆探索和提出突破性想法的意愿。同时，社会对成功的过度聚焦又反向压缩了大学生对失败经验和实践过程的理性认识。这种浮躁功利的氛围不利于形成宽容失败、鼓励探索的良好创新生态，也在一定程度上削弱了社会主义核心价值观中"敬业""诚信""奋斗"等精神的现实感召力。

（五）学生个体的思维模式与能力存在差异

尽管新时代大学生整体上具有较强的创新潜力，但由于个体的背景、思维模式、经验积累等差异，创新能力的表现存在较大差距。很多大学生在长期的应试教育体系下，形成了固定的思维模式，习惯于按照标准化答案解决问题，缺乏批判性思维和创新思维。当面对新问题或复杂问题时，许多大学生仍然依赖常规方法，缺少打破思维定势的勇气和能力。传统思维模式的限制使得学生在创新实践中难以提出独到的见解和解决方案。

由于个人的知识储备和经验积累的差异，大学生的创新潜力并未得到充分发挥。虽然部分大学生在创新活动中表现突出，但由于缺乏系统的创新训练和实践经验，许多学生在面对挑战时无法保持足够的耐心和毅力，导致创新项目往往停留在初步的构想或可行性验证阶段，没有进入实际应用。缺乏跨学科的综合性培养，也使得一些学生的创新视野和思维受限，无法从多角度、多学科的角度去拓宽思维。

第四节　创新精神的培育策略与实践路径

随着社会和科技的迅速发展，创新已成为推动国家发展和社会进步的核心动力。大学生作为国家未来的中坚力量，其创新精神的培育尤为关键。为了有效培育大学生的创新精神，国家必须通过教育策略的改进、社会支持系统的构建和多元化实践路径的推动来全方位施策。具体来说，高校教育策略的改进、校内创新平台的建设、社会支持系统的构建、学生创新精神的个性化发展等方面都要进行系统性、综合性的改革和创新。

一、高校教育策略的改进

高校是大学生创新精神培育的主阵地，教育策略的改进是创新精神培养的根本出发点。当前，高校教育存在一定的弊端，如过度依赖理论知识的传授，忽视了学生创新实践能力的培养。因此，高校要改进教育策略，提升大学生的创新精神。

（一）改革课堂教学模式，注重创新思维的培养

目前，大部分高校的课堂教学仍然以教师为主导，学生的主动性和创新性得不到充分发挥。传统的应试教育模式过于侧重知识的记忆和传授，而缺乏对学生创新思维和实践能力的培养。改革课堂教学模式，注重创新思维的培养，显得尤为迫切。因此，从理论角度来看，高校应优化课程设置，增加以问题为导向的课程，设置创新型课程和跨学科课程，鼓励学生自主思考、培养批判性思维，并从多学科角度探索问题，从而提升其综合解决问题的能力。优化后的课程设置不仅拓宽了学生的知识视野，还促进了学科之间的交叉融合，为创新思维的培养提供了基础。在优化课程的基础上，高校还应引入更多互动式教学方法，如小组讨论、案例分析和项目驱动等。这些方法能够激发学生的主动参与意识，使他们在实践中锻炼创新能力。互动式教学不仅增强了学生对知识的理解和应用能力，还培养了他们的团队协作精神和解决实际问题的能力。当然，高校还必须加强对学生创新思维的系统化培养。教师在传授知识的同时，应注重引导学生培养多角度、多层次的创新思维。教师应合理设计课程内容，妥善安排课堂活动，鼓励学生突破常规思维模式，积极提出新的见解和解决方案。教师应培养学生的质疑精神，使其敢于挑战传统观念，形成敢于创新的思维方式。

（二）鼓励跨学科的合作与交流，拓宽学生的思维

创新往往发生在学科交叉领域，因此，高校要鼓励学生开展跨学科的合作与交流，以此拓宽思维。具体来说，高校可以通过以下三种方式促进跨学科的合作。一是组织开展跨学科的学术研讨和合作项目。高校应建立学科之间的联

动机制，打破传统学科划分的限制，鼓励学生参与多学科联合的研究课题或项目。通过跨学科的合作，学生能够接触到不同领域的知识和研究方法，从而拓宽知识面，提升综合分析和解决问题的能力。跨学科的学术研讨和合作项目不仅有助于学生获取多元化的知识，还能培养他们在复杂情境中整合不同学科知识的能力。二是举办学科交叉的创新大赛和工作坊。高校可邀请来自不同专业的学生共同参与创新大赛和工作坊，促进不同学科背景的学生之间的思维碰撞和交流。跨学科的互动能够激发新的创意和解决方案，帮助学生在实践中锻炼创新思维和团队协作能力。同时，创新大赛和工作坊还能够为学生提供一个展示和交流的平台，进一步激发他们的创新热情和积极性。三是加强跨学科课程的建设。高校开设跨学科课程，打破学科之间的界限，为学生提供综合性的学习体验。跨学科课程不仅能够帮助学生掌握多学科的知识和技能，还能培养他们从不同角度分析和解决问题的能力。跨学科课程的设置有助于学生在学习过程中形成跨学科的思维方式，为未来的创新实践奠定基础。

（三）设立创新实践课程和项目，鼓励学生在实践中锻炼创新能力

创新精神的培养离不开实践的锻炼与提升。高校应结合自身实际，设立多样化的创新实践课程和项目，引导学生将理论知识与实际应用相结合，从而有效提升创新能力。

一方面，高校可开设以项目为驱动的课程，促使学生在真实问题情境中开展创新设计与寻找解决方案。例如，高校可设置创新型创业课程，鼓励学生参与创业计划的设计与实施，使其在实践中亲身体验创新的全过程。这一课程模式不仅有助于学生将理论知识转化为实际能力，还能激发他们的创新意识与创业精神。

另一方面，高校应积极支持学生参与校外创新项目或社会服务项目。在真实的社会环境中应用所学知识，学生可以充分发挥创新能力，解决实际问题。例如，高校可与企业合作开展产学研项目，或组织学生参与社区服务、公益创新等实践活动，使学生在实践中积累经验，提升解决复杂问题的能力。

除此之外，高校还可以建立创新实践基地和实验室，为学生提供开放的实践平台。实践平台能够为学生提供必要的资源和技术支持，鼓励他们自主开展创新实验和项目研究。同时，高校可以组织创新成果展示和交流活动，进一步激发学生的创新热情，营造良好的创新氛围。

二、校内创新平台的建设

创新精神的培育不仅仅依赖于课堂教育和理论知识的传授，更多的是在实践中得以体现和深化。高校作为培养人才的主阵地，必须为大学生提供充足的创新实践空间和资源，建立多元化的创新平台，为学生提供实验、实践和资金支持。创新平台不仅能为学生提供动手操作的机会，还能帮助他们将创意转化为实际成果，推动创新能力的全面提升。因此，建设高效的校内创新平台，是促进大学生创新精神发展的基本路径。

（一）创新实验室、创客空间和创新创业基地的建设

创新实验室和创客空间是高校创新平台的重要组成部分。创新实验室提供了硬件设备和实验环境，学生能够在其中进行各种技术研发、创新实验和创意实践。它们不仅是学生进行科研实验的场所，还是他们实践创意思维、动手操作的空间。创新实验室应涵盖不同领域的技术设施，支持学生在多个学科和领域内开展探索，促进创新的广度、深度和多样性。学生进行原型制作、产品设计和技术研发等工作，能够帮助他们在理论学习的基础上拓宽视野，强化实际操作能力。

创客空间作为一种更加开放和灵活的创新平台，提供了共享的工作空间、工具和设备。它鼓励学生以小组为单位进行创作，学生既能凭借高科技设备和开源工具进行项目开发，也能基于自己的想法进行跨领域创新。创客空间的多功能性，不仅帮助学生培养动手能力和解决实际问题的能力，还能提高他们的团队合作能力和跨学科交流能力。创客空间的设计理念通常以灵活性、协作性和创新性为主，学生在创客空间能够充分享受实验和创造的自由，突破传统学科的限制。

高校应加大对创新创业基地的建设力度，进一步整合校内外资源，支持学生将创新想法转化为可行的创业项目。创新创业基地不仅为学生提供技术支持和场地保障，还为他们提供创业指导和资金支持。通过为学生提供全方位的服务，高校能够帮助学生解决创新过程中面临的技术改进、市场需求分析、商业模式构建等问题，使他们在创业过程中更加专注于创新实践，提升创业项目的成功率。

(二)大学科技竞赛、创新挑战赛的组织与推动

大学科技竞赛和创新挑战赛是大学生展示创新成果的基本平台。高校应积极组织各类科技竞赛和创新挑战赛,用比赛激发学生的创新潜力,推动学生在实践中检验和发展创新能力。学生参与各类创新大赛,不仅能够提高自己的创新水平,还能在比赛中接触到前沿的技术和理念,增进与同行的互动和交流。比赛的过程本身便是创新的实践,学生通过参赛能够更好地理解创新思维的运作方式,提升解决实际问题的能力。

在创新竞赛中,学生不仅要通过团队合作来完成任务,还要面对各种挑战和不确定性,其领导力、组织能力、协调能力和解决问题的能力都能得到显著提升。更重要的是,竞赛的结果不仅是学生在个人层面获得成就的体现,还是整个团队创新能力的结晶。通过这些活动,学生会逐步积累创新实践的经验,并将经验应用到未来的科研或职业生涯中。

高校应组织科技竞赛和创新挑战赛,鼓励学生积极参与并从中汲取经验教训,培养持久的创新思维和实践能力。主办方需建立相应的激励机制,设立奖励措施,以吸引更多学生参与,推动创新活动的广泛开展。同时,高校应注重竞赛的深度与广度,引导学生不仅要关注竞赛结果,更要重视竞赛过程中的学习与成长。高校系统化的组织与推动,能够为学生提供一个全方位的创新实践平台,助力其创新精神的培养与发展。

(三)学生创新项目的资助与支持

为了进一步激发大学生的创新潜力,高校应建立完善的创新项目资助和支持体系,为有潜力的创新项目提供资金支持、设备支持和技术支持,帮助学生克服资金和资源方面的困难,使其专注于创新实践。高校可以通过设立创新基金、创业大赛奖学金、创业投资基金等,鼓励学生开展创新研究和创业项目。通过支持机制,学生不仅能够获得所需的资金,还能够获得技术指导和专家咨询等帮助,这对于那些刚开始进行创新项目的学生尤为重要。

资金支持是学生创新项目启动的一个基本保障。对于处于起步阶段的学生创新团队而言,缺乏资金是他们进行项目实践的一大障碍。设立创新基金和专项奖励,能够为学生提供初步的启动资金,使他们顺利开展小规模的试验和研究工作,从而为后续的大规模实施和成果转化奠定基础。同时,高校应根据学

生的创新项目特点，提供相应的技术支持和专业咨询服务，帮助学生更好地理解项目的技术要求和市场需求，提升项目的可行性和市场竞争力。

高校还应设立创新实践奖、创意展示奖等，鼓励学生积极提出新的创意，并将创意转化为实际产品或成果。高校的这些举措不仅能够鼓励学生发挥创新能力，而且有助于在校内营造一种创新的氛围，激发更多学生的创新兴趣和动力。对于那些表现优秀的项目，高校还应提供后续的融资支持或与企业合作的机会，帮助学生的创新成果实现商业转化，推动学生创新精神的真正展现和发展。

当然，高校在资助和支持学生创新项目的过程中，还应注重项目本身的质量和创新性，并建立科学的评审机制，以确保资助的项目具有较高的创新价值和实践意义。同时，高校应加强与企业、科研机构的合作，为学生的创新项目提供更多的实践机会和资源支持。

（四）校内创新平台的整合与优化

为了更好地发挥创新平台的作用，高校要对现有的创新资源进行整合与优化。高校应合理配置资源，将创新实验室、创客空间、创业基地等不同类型的平台进行有机整合，发挥各个平台之间的协同效应和互补作用。平台之间的资源共享与跨领域协作，能够让学生在不同的创新环境中获得更多的机会和支持，从而拓宽创新视野，提升实践能力。

高校应积极建设创新教育体系，将创新教育渗透到课程体系中，鼓励学生参与跨学科的创新实践项目。通过校内创新平台的优化和整合，高校能够提供更加多元化的创新实践机会，帮助学生在实际操作中不断增强创新思维与解决问题的能力。系统性的创新教育模式不仅能够提升学生的创新意识，还能够培养学生的独立思考能力和合作创新能力，从而推动学生全面提升创新能力。

三、社会支持系统的构建

大学生创新精神的培育并非仅仅依赖于高校的培养，还需要社会各方力量的积极参与。社会企业、公益组织、行业协会和政府部门在创新实践机会的提供、政策支持与激励措施等方面，都能发挥举足轻重的作用。构建多方联动的社会支持系统，能够为大学生创造更多的创新实践机会，推动创新成果的转化，并进一步激发他们的创新精神和社会责任感。因此，搭建一个全方位的社会支持系统，已成为推动大学生创新精神发展的重要因素。

(一)社会企业、公益组织和行业协会为大学生提供创新实践机会

社会企业、公益组织和行业协会在推动社会创新方面积累了丰富的经验，它们不仅关注社会问题的解决，还致力于依靠创新手段推动社会进步。尤其是在为大学生提供创新实践机会方面，社会力量能够发挥至关重要的作用。

社会企业通常将社会责任和商业目的结合起来，推动社会的可持续发展。社会企业能够为大学生提供广泛的社会服务项目参与机会，让大学生在真实的社会环境中锤炼创新能力。大学生参与社会企业的项目，不仅能将课堂上学到的理论知识应用到实际工作中，还能了解社会的真正需求，提升创新能力。例如，学生能够参与设计和实施环保项目、教育普及项目或社区发展计划等，真正以创新的方式解决社会问题。

公益组织则主要关注社会弱势群体的需求和社会福利的提升，其项目的创新性往往直接关系社会问题的解决。公益组织为大学生提供的创新项目不是学术性的理论探讨，而是切实可行的社会实践，可以帮助学生了解如何通过创新解决现实中的社会问题。公益组织通常在不同领域(如环境保护、教育援助、公共健康等)有丰富的经验，能够为学生提供实践平台，让他们在从事社会创新的同时，提高责任感和使命感。

行业协会作为行业内的交流平台，通常具有丰富的资源和技术积累。行业协会能够为大学生提供行业前沿技术的培训和经验分享，帮助学生了解最新的创新趋势和技术应用。行业协会通过组织行业活动、技术交流会和创新挑战赛等，促进学术界和行业之间的沟通与合作。大学生能够借此机会，参与更具挑战性的创新项目，与行业专家互动，获取宝贵的创新经验，进而提升自身的创新思维和实践能力。

(二)政府通过政策支持、创新创业基金、奖学金等激励措施，促进大学生创新精神的培育

政府在推动大学生创新精神的培育方面，扮演着至关重要的角色。政府能够通过政策支持、资金资助等激励措施，积极引导大学生参与创新实践，并为他们提供更加优越的创新环境。

第一，政府应当制定和出台政策，支持大学生的创新实践。例如，政府应当设立创新创业基金、奖学金或进行科技项目资助等，激励大学生开展创新项目。政府的资助和奖励不仅能够为学生提供实际的资金支持，还能够鼓励学生在创新道路上走得更远。在资助和奖励机制下，大学生能够获得创新研究的资金支持，从而避免因资金问题而导致的创新限制。

第二，政府应当提供税收优惠、资金补贴等，降低大学生创新创业的门槛，进一步鼓励大学生走向创新的前沿。税收优惠和资金补贴能够有效减轻大学生创业初期的经济压力，使他们更加专注于项目的研发和市场推广。政府还应当通过创办创新型企业、创业孵化器和创新基地等打造创新生态圈，为大学生提供实际的创业平台，帮助他们将创新思维转化为现实成果。

第三，在政策支持的同时，政府应当促进创新成果的转化。政府应当出台相关法律法规，鼓励大学生将创新成果转化为实际的产品和服务。例如，政府应当为大学生的创新项目提供技术转化支持，帮助他们将科研成果通过市场化手段进行推广，推动创新项目的产业化。

(三)企业与高校合作，促进产学研结合，提升大学生创新精神的实际应用能力

企业与高校的合作，作为促进大学生创新精神实际应用的关键途径，能够有效将理论与实践相结合，为大学生提供更为丰富的创新实践机会。企业与高校的合作不仅能为大学生提供实际的项目实践平台，还能为他们提供前沿的技术支持和实践经验，进一步提升大学生的创新能力和实际应用能力。

企业与高校合作，能够为大学生提供创新项目的实践平台。大学生能够参与企业实际的技术研发和创新工作，提升自身解决实际问题的能力。例如，在高科技企业中，大学生能够参与人工智能、机器学习、电子工程等领域的技术研发，与企业工程师互动，提升自身的技术创新能力。

高校则能够依靠产学研结合，推动科研成果的转化，将大学生的创新成果应用到实际生产中。高校与企业合作，不仅能够为企业提供创新的技术支持，还能够推动学术研究向产业化方向发展。高校推动产学研结合，能够为大学生提供更多的创新实践机会，同时帮助大学生了解科技成果的市场需求和商业化模式，为大学生提供更多的创新应用平台。

企业能够为大学生提供专业导师、实习机会和项目支持，帮助大学生将理论知识转化为实践能力。企业还能够为大学生提供项目指导和资源支持，帮助

大学生更好地理解创新的实际操作流程，提升他们的创新思维和实际应用能力。产学研结合的方式，不仅有助于大学生创新能力的提升，还能够为企业和社会创造更多的创新价值。

四、学生创新精神的个性化发展

在当今时代，创新不仅是科技发展的推动力，更是社会进步的基本因素。学生作为未来社会创新的主力，其创新精神的培养尤为关键。为了使学生的创新能力得到充分发展，高校和社会需要为其提供个性化的发展空间与机会，鼓励其根据自己的兴趣和优势选择创新方向，从而成为适应未来社会需求的创新型人才。

(一)提供自主学习和探索的空间，鼓励学生根据自身兴趣选择创新方向

每个学生都有不同的兴趣和发展潜力，提供自主学习和探索的空间对于激发学生的创新精神至关重要。高校应为学生提供丰富的资源和平台，鼓励他们根据个人兴趣、专业特点和社会需求选择自己的创新方向。个性化的学习和发展模式能够帮助学生在自主探索中找到最适合自己的创新领域，并在其中深入钻研，取得创新突破。

高校应开设更多跨学科课程、创新实验室、创客空间等，让学生有机会接触不同领域的知识，参与不同的实践，拓展他们的创新视野。例如，部分高校已经设立了开放性创新课程，允许学生根据自己的兴趣和能力选择项目，并自主组织团队开展创新实验。学生不仅能够在更为宽松和自由的环境中进行自我探索，还能够锻炼解决实际问题的能力，培养独立思考能力和创新精神。

高校还应鼓励学生开展个性化的学术研究和创新项目，提供一定的资源支持，如资金、设备、导师等，以帮助学生在自主学习过程中克服困难，实现创新成果的转化。如此，学生不仅能够在创新实践中得到锻炼，还能够以项目的推进形成自己独特的创新思维。

(二)通过国际交流、暑期实践等方式帮助学生开阔视野，提升全球创新思维

随着全球化进程的加快，国际交流和跨文化合作为学生提供了更加广阔的创新平台。通过国际交流、暑期实践等方式，学生能够接触不同国家和地区的创新思维与技术，了解全球创新趋势和前沿科技，从而激发他们的创新潜力。

高校应积极推动学生参与国际交流项目，为学生提供赴海外高校、企业、研究机构等的交流机会。学生参与国际学术会议、合作项目、科技竞赛等，能够与来自世界各地的创新人才进行交流和合作，开阔视野，提升跨文化理解能力。国际交流不仅能够帮助学生掌握最新的国际创新成果，还能够让他们在全球化的背景下，思考如何将本国的创新优势与国际趋势相结合，解决全球性问题。

暑期实践也是一种有效的创新能力培养方式。高校应鼓励学生参加国内外的暑期实践活动，尤其是与创新创业相关的实践项目。在暑期实践过程中，学生能够将学到的理论知识应用到实际问题中，增强创新思维和实践能力。暑期实践还能够帮助学生拓宽职业发展的道路，了解不同国家和地区的社会需求与创新方向，增强他们在全球化竞争中的适应能力。

（三）强化学生的团队合作与领导力训练，培养集体创新能力

创新往往不是单打独斗的结果，而是团队合作的结晶。现代社会对创新型人才的要求，不仅是具有卓越的个人创新能力，还是能够在团队中发挥领导作用，协调团队成员的工作，共同推动创新项目的实施。因此，强化学生的团队合作与领导力训练是培养创新精神的关键步骤。

高校应通过团队合作型项目、创新挑战赛等方式，激励学生在团队中合作创新。学生在面对复杂的实际问题时，要与团队成员密切合作，互相补充知识和技能，形成合力。团队协作能够使学生增强解决问题的能力，培养跨学科沟通与协调的能力，提高领导力和决策能力。

另外，大学生在团队中能够承担不同的角色，充分发挥各自的特长和优势。例如，有些学生擅长理论分析，有些学生擅长技术操作，团队进行合理分工，能够有效地将每个人的创新思维汇聚在一起，推动项目的顺利进行。在集体创新的环境下，大学生不仅能够锻炼自己的合作与沟通能力，还能够提升自己对创新项目整体规划与实施的认知，培养团队协作能力与领导力。

（四）优化社会文化氛围，激发创新精神

创新不仅是知识和技能的积累，更是思想的突破与文化的产物。社会文化氛围对于学生创新精神的培养有着深远的影响。要想激发学生的创新精神，全社会必须营造一个鼓励创新、尊重创意的文化氛围。社会各界应减少对传统观

念和保守思想的依赖，鼓励多元化思维和创新性探索。传统文化中固守和僵化的思维方式往往会束缚学生的创新行为。因此，社会各界应该鼓励多样化的创新表现，依靠教育、文化传递和媒体等多方力量，共同推动创新文化的建设。当然，社会还应通过宣传、激励机制等手段，推动创新精神的培育。例如，媒体报道创新人物和创新项目，宣传创新成功的案例，能够激励更多的学生投身创新事业。社会文化活动，如科技节、创意展览、创新论坛等，也是激发学生创新精神的重要平台。学生在文化活动中能够了解前沿的科技成果，感受创新的力量，激发投身创新实践的热情。

（五）通过媒体、公共文化活动等方式传播创新精神，营造全社会的创新风气

媒体和公共文化活动在传播创新精神方面具有独特的优势。通过媒体，创新思想和创新成果能够迅速传播到社会的各个角落，激发广泛的创新热潮。高校应与媒体合作，利用多种形式和渠道，广泛传播创新精神，鼓励学生主动参与创新实践。

公共文化活动如创新大赛、创业论坛、科技讲座等，也能够成为创新精神传播的基础载体。公共文化活动不仅能为学生提供展示创新成果的机会，还能为学生提供前沿的科技资讯、行业动态和创新资源，帮助学生拓宽视野，激发创新灵感。

（六）鼓励更多企业、社会组织和个人支持大学生的创新实践

社会各界，尤其是企业和社会组织的支持，对于大学生创新实践至关重要。企业应积极为大学生提供创新项目的资金支持和技术资源，推动大学生创新成果的转化。社会组织也应为学生提供创新项目的指导与资源共享，帮助学生与社会对接。个人的支持和鼓励则能够为学生的创新精神提供情感上的动力，推动他们在创新路上不断前行。

社会应建立更加完善的创新生态系统，激励更多企业、社会组织和个人参与对大学生创新实践的支持。这种多方协作和支持，将极大地提升大学生创新精神的社会化发展，推动社会整体创新氛围的提升。

第五章
合作精神的强化

合作精神不仅是一种个体或团队在任务执行中的协作方式，更是一种蕴含深刻社会价值观的理念，反映了相互理解、尊重与共同发展的基本诉求。在当前全球化浪潮和社会高度复杂化的背景下，合作精神不仅能够有效推动集体目标的达成，还在跨领域、跨文化和跨国界的资源整合与创新合作中发挥了重要的作用。随着全球化与信息化的深入推进，合作精神越发成为驱动社会进步的基础动力，对应时代需求并产生了深远的影响。

第一节　合作精神的核心要素与时代需求

在全球化与信息技术迅猛发展的社会背景下，合作精神已成为社会运行和人类进步的不可或缺的因素。特别是在知识经济与创新驱动日益凸显的当代，合作精神不仅是个体成功的基础条件，更是国家竞争力提升和社会繁荣发展的关键内容。对于大学生群体而言，培养合作精神不仅有助于个体综合能力的全面发展，而且对社会集体的进步、技术创新的突破和社会责任的实践具有深远影响。因此，全面剖析合作精神的核心要素及其对时代需求的契合性，已成为高等教育和社会研究的重要课题。

一、合作精神的定义与核心要素

(一) 合作精神的定义

合作精神是指个体在共同目标的驱动下，通过资源共享、协同努力和相互支持，以实现集体目标的心态和行为方式。合作精神贯穿于团队协作、跨学科合作和社会公益等多领域的实践中，既体现为外在的协作行为，又内含深刻的人文关怀与社会责任价值取向。合作精神要求个体摆脱狭隘的个人利益视角，优先关注集体利益，并通过共同努力实现自我价值与团队目标的协同提升。它不仅反映了现代社会对高效协作的需求，而且展现了合作在推动社会进步中的核心作用。

(二) 合作精神的核心要素

合作精神的核心要素主要包含以下四个方面。

1. 信任与互信

信任是合作的基础与前提条件，是确保合作关系得以顺利发展的关键要素。在合作中，信任表现为对他人能力的认可、对他人行为的信赖和对共同目标的高度认同。信任的建立并非一朝一夕，而是通过长期互动与实践逐步累积的成果。为了维持信任，合作各方需秉持诚信原则，尊重彼此的承诺，并保障信息的透明与共享。缺乏信任的合作将难以为继，更无法实现既定目标，因此信任是所有合作关系的基本要素之一。

2. 沟通与协调

沟通是合作的桥梁。有效的沟通不仅能够保障信息的高效传递，还能够帮助合作各方达成共识，避免误解与冲突的发生。在团队合作中，沟通能够确保每个成员都明确自己的角色定位和任务分工，知道他人的工作进展，从而共同推动工作进度。良好的沟通通常表现为及时、清晰、透明的信息交流。沟通能力也是合作精神的中心体现，尤其是在多元化的团队中，沟通能力的高低会直接影响团队的协作效果。

协调是合作的润滑剂。团队成员的工作往往需要有效的协调，以确保各方的分工和协作无缝衔接。协调能力包括任务的合理分配、资源的高效配置、冲突的有效化解等。尤其是在跨学科合作和国际化合作中，协调能力尤为重要。

3. 共同目标与协同作战

合作精神的核心要素之一是共同目标。合作的根本目的是达成某个共同的目标。在团队合作中，明确的共同目标能够使所有成员保持一致的行动方向，减少方向上的偏差。共同目标不仅是任务的完成，还代表着团队成员在认知、文化、价值等方面的统一。在合作过程中，各成员通过自己的努力和贡献，推动共同目标的实现。

协同作战是合作的高级形式。协同作战要求各方既分别完成自己的任务，又关注整体的合作效果，善于在合作中相互配合，弥补对方的不足，共同解决问题。团队成员既要善于发挥自己的优势，也要帮助他人克服困难，确保团队整体的高效运行。

4. 包容与尊重

合作精神还包括包容与尊重。在多元化的团队中，成员常有不同的文化背景、学科领域或价值体系，这一差异不仅是挑战，更是创新的源泉。包容要求成员培养开放的心态，接纳并尊重他人的观点与做法，摒弃狭隘的个人主义倾向。在包容性实践下，团队能够有效减少内部矛盾，提升协作效率，最终实现多样性与创新性的良性互动。

（三）合作精神的外在表现

1. 团队协作：共同目标驱动下的集体行动

团队协作是合作精神的基本外在表现。它以成员间的相互信任为基础，通过明确分工和资源共享，实现既定目标。研究表明，团队成员在协作过程中所建立的信任关系，不仅能提高工作效率，还能增强团队凝聚力。有效的团队协作要求成员充分发挥各自的专业特长，同时积极支持他人完成任务，在促进成员个人能力提升的同时，为团队整体效能的最优发挥提供保障。

2. 资源共享：知识与经验的高效利用

资源共享是合作精神的重要体现，旨在优化资源配置，避免冗余劳动。共享的资源形式多种多样，包括知识、技能、经验和时间等，特别是在知识型团队和跨学科合作中，资源共享的价值尤为显著。资源共享的前提是信息的透明和开放，团队成员在协作中形成互信，并建立起有效的沟通机制，以实现信息的快速传递和知识的高效利用。资源共享能够降低重复劳动的风险，为创新活动创造更多可能性，从而为团队的长远发展奠定基础。

3. 集体决策：科学与协商的结合

集体决策是合作精神的重要实践形式，体现在团队在协商与讨论的情况下，达成一致性意见并推动行动的过程。相比于单一决策模式，集体决策能够结合不同成员的专业知识与多样化视角，从而提高决策的科学性和合理性。集体决策的有效性依赖于团队内部的信息共享、开放的交流环境和对不同观点的包容态度。因此，团队需避免在决策过程中出现"群体思维"现象，即成员过度趋同以致忽略潜在风险或创新可能。

4. 共担责任：集体成就的伦理基石

共担责任是合作精神的重要体现。它要求团队成员共同承担任务结果，无论成功或失败，全体成员均需参与总结与反思。责任意识不仅能够增强团队成员的归属感与参与感，还能够有效避免团队成员之间的责任推卸或内部分歧。高效的团队通常在责任分担上表现出高度的一致性，每个成员都清楚自身在团队中的角色与职责。共担责任还能够激发成员的主人翁意识，推动团队向更高效、更富凝聚力的方向发展。

二、合作精神与时代需求

(一) 全球化背景下的合作需求

全球化的快速推进使国家间和地区间的合作成为推动社会进步的基本动力。合作精神的内涵超越了国内层面的协作，延展至国际合作的更广领域。全球化促进了经济的深度融合、文化的相互碰撞和技术的快速传播，合作精神因此成为跨国企业、国际组织和全球科研项目等不可或缺的理念与实践。

在全球化的语境下，个体和国家之间的竞争已不再是传统的零和博弈，而是更多地体现为通过国际协作实现共赢。例如，大规模的国际科研合作、跨国企业的联合技术创新、全球性挑战(如气候变化、能源危机和贫困问题)的应对等，都以不同国家和文化之间的协作为基础。因此，合作精神不仅是推动全球化发展的中心动力，还在促进全球社会的共同进步方面发挥了基本作用。未来，全球化进程的深入发展将进一步提升合作精神的战略地位，为构建可持续发展的国际社会提供理论与实践支持。

(二)科技创新中的合作需求

科技创新的复杂性和跨学科特性使得合作精神成为推动技术突破的重要因素。在现代科技发展过程中，科学发现和技术进步往往依赖于跨学科、多领域的深度融合。尤其是在人工智能、基因编辑、量子计算等前沿领域，重大问题的解决需要不同学科背景的专家协作共创。协作模式不仅加速了技术创新，还推动了学术研究范式的变革。

科研合作的内涵已不再局限于知识分享和数据互通，还包括方法论探讨、资源共享和跨国实验设备的联合使用。例如，大科学装置(如欧洲核子研究中心的大型强子对撞机)和国际空间站的建设，都体现了科研合作在复杂技术开发过程中的重要性。科学研究的合作精神还体现在对学术成果的批判性审视与共同总结上，集体智慧的凝聚推动了科技发展的边界不断扩展。

(三)社会责任与集体主义的合作需求

在全球化背景下，社会责任与集体主义精神的作用日益凸显。随着全球性问题的日益复杂化，单个个体或国家难以应对挑战，而合作成为解决这些问题的必由之路。以环境问题、气候变化和全球公共卫生危机为例，国际社会必须密切协作，协调政策、共享资源，共同寻求可持续发展的解决方案。

社会责任不仅是国家和企业的责任，个人，特别是大学生，也应承担起应有的责任。在高等教育中，培养大学生的合作精神和集体责任意识，不仅有助于提升其综合素质，还能促进其社会适应能力和公民责任感的形成。合作让大学生能够认识到个人发展与集体利益之间的密切关系，进而在实践中践行社会责任，为社会的整体进步贡献力量。

(四)教育与人才培养中的合作需求

随着信息技术的发展和社会需求的多样化，教育系统亟须进行调整，以适应培养具有合作精神的创新型人才的要求。在当代社会，个人主义的单打独斗模式已无法满足复杂社会环境的需求，各行业的成功往往依赖于团队协作和跨领域合作。因此，教育改革要将合作精神的培养作为主要目标之一。

高校作为人才培养的主阵地，应通过课程设计、教学方法创新和课外实践活动等多种途径，推动学生合作能力的培养。例如，小组合作学习、团队科研项目和校外社会实践活动，能够为学生提供真实的合作场景，使其在实践中提升团队协作能力、问题解决能力和沟通能力。实践活动不仅能够增强学生的合作意识，还能够为其未来的职业发展提供必要的支持。更为重要的是，这一以合作精神为导向的教育模式有助于塑造学生的全面发展，使其成为适应社会需求的复合型人才。

三、合作精神与时代变革的融合

合作精神与时代需求的契合，形成于全球化、信息化、数字化和社会结构深刻变化的背景之下。社会变革与科技进步的加速发展，不仅呼唤着更强烈的合作意识，还对合作能力提出了更高要求。合作精神作为推动社会发展的重要动力，与时代需求的契合性尤为显著，体现在社会变革、科技创新与社会创新等多方面。

(一)社会变革的催化剂

合作精神作为社会变革和科技进步的重要推动力量，是各领域发展的重要支柱。回顾历史，从工业革命到信息技术革命，从全球化进程到社会的多元化与数字化，合作精神贯穿于每一次重大变革之中，彰显出不可替代的价值。

1.社会结构的变迁

随着经济、科技与文化等领域的深刻变革，现代社会的工作模式、生产方式已发生巨大变化。传统封闭的生产模式逐步让位于全球协作和信息共享的高效模式，合作精神成为个人融入社会、实现自我价值的基础，同时也是社会体系高效运作的重点要素。

信息时代的到来凸显了合作精神的关键性。知识与资源的全球共享使跨国公司和科研团队能够克服文化差异与地域限制，实现高效协作。例如，互联网和大数据技术的应用，不仅促进了知识传播，还为跨学科与跨行业的创新项目提供了合作平台。全球化社会的高度互联特性要求个人和群体在更广阔的国际舞台上，通过合作推动社会变革。

2. 科技创新的追求

科技进步离不开合作精神的深度参与，现代科技发展尤其依赖于跨学科、跨领域的深度协作。面对人工智能、量子计算和生命科学等复杂领域的科学问题，单一学科或领域的研究往往难以取得重大突破，而多学科合作的融合效应则展现出强大潜力。例如，基因编辑技术的进展体现了生物学家、化学家和数据科学家等多领域专家的协同努力。合作精神不仅表现为技术互补，还表现为信任的建立与共同目标的追求。合作精神促进了科技的跨界融合，加速了科学成果的转化与实际应用，从而推动社会进步。

3. 社会创新的驱动

社会创新作为当代社会变革的重要组成部分，其成功通常依赖于多方力量的合作。现代社会所面临的环境污染、能源危机、公共卫生风险等复杂问题，超越了个体或单一组织的能力范围。解决这些问题需要政府、企业、非政府组织和普通民众的共同努力。

以应对气候变化为例，各国政府、国际组织和企业通过合作，共享资源、协调政策与技术，共同应对全球气候挑战。这一合作模式既体现了合作精神在推动社会创新中的中心作用，也反映了其在全球化时代的不可或缺性。合作精神不仅是各方利益协调的重要动力，更是解决社会性难题的重点要素。

（二）全球化与跨国合作的推动

在全球化时代，国家间、地区间以及跨国公司间的合作已成为推动经济发展、社会进步和科技创新的主要方式。随着全球经济一体化进程的持续加快，经济、科技与文化的跨国联系日益紧密。合作精神作为全球化发展的核心要素之一，不仅推动了各领域协作模式的不断深化，还显著促进了全球治理能力的提升。

1. 跨国经济合作

全球经济的日益融合使得国家之间的合作成为不可或缺的动力来源。国际贸易、国际投资、跨国公司运营和全球供应链体系的形成，都依赖于合作精神。国际经济合作不仅能通过多边互利的合作机制促进资源的最优配置，还能实现全球福利的提升。

合作精神在跨国经济合作中表现为不同国家和地区间的相互依赖与合作共

赢。随着全球经济格局的深刻变化，单一国家或地区难以独自应对全球化带来的挑战，跨国合作模式应运而生。例如，在全球主要经济体之间的贸易与投资合作中，各国进行政策协调、技术交流和文化理解，构建起互惠互利的合作关系。与此同时，全球经济的复杂性也要求参与方在商业交易之外，展现更高水平的合作精神，确保全球经济体系的稳定与高效运转。

2. 国际科技合作

科技创新作为全球竞争的重要领域，其发展已高度依赖于跨国科技合作的广度与深度。从国际科研项目到跨国科技企业的协同发展，科技领域的合作越发凸显全球资源共享与技术协作的重要性。国际科技合作不仅推动了基础科学研究的突破，还在实际应用层面实现了技术的快速转化与推广。

许多里程碑式的科技成就，如人类基因组计划和国际空间站的建设，都是全球科研人员合作的成果。项目跨越国界，汇集了来自多个国家和领域的顶尖智慧，充分展现了合作精神的强大力量。近年来，国际气候变化研究、疫苗研发与全球公共卫生项目的跨国合作，也在全球科技治理中发挥了重要作用。通过国家间资源与技术的整合，合作精神不仅加速了科技创新，还为应对全球性挑战提供了可持续解决方案。

3. 国际文化交流与合作

全球化不仅带来了经济与科技领域的合作，还显著推动了文化的交流与融合。合作精神作为文化互动的基本支撑力量，促进了多元文化的共同繁荣与包容性发展。文化合作不仅深化了不同国家之间的理解与信任，还为全球文明的进步提供了持续动力。

例如，国际艺术节、跨国电影制作和全球文化项目等合作形式，充分体现了合作精神在文化领域的应用，促进文化特色的交流与借鉴，推动了各国在文化认同基础上的共同发展。在全球化的框架下，文化合作不仅是各国文化软实力的体现，更是推动国际和平与稳定的重要途径。

(三)合作精神促进社会责任感的提升

随着社会的全面发展和全球治理理念的不断深化，承担社会责任已成为国家、企业与个人的重点义务。合作精神在社会责任的履行中扮演了不可或缺的角色，推动了多方协作，共同应对复杂的社会问题。无论是在企业责任的践行中，还是在公共政策的执行中，合作精神都为社会责任的落实提供了强有力的支持。

1. 企业社会责任与合作

现代企业在经济体系中占据主要地位，逐步成为社会责任的主要承担者。合作精神在企业履行社会责任的过程中扮演着核心角色，其核心体现在企业与政府、社会组织和科研机构的协同合作上。建立高效的协作网络，有助于各方共同促进社会福祉的提升。

企业与环保机构在可持续发展领域展开深度合作。企业依靠技术创新和资源整合，能够在降低碳排放、促进绿色经济发展的同时，实现经济效益与社会效益的平衡。以空中客车(天津)可持续航空燃料项目为例，空中客车公司与中国航空油料集团合作，共同引领航空业脱碳。双方在民用航空领域联合研发并推广应用可持续航空燃料，将废弃食用油变废为宝，打通了燃料技术、生产、适航认证、可持续认证和使用的全链条环节，构建了可持续航空燃料产业链供应链，助力实现碳达峰碳中和目标。空中客车公司与中国航空油料集团的合作既减少了航空业的碳排放，还提升了空客在可持续发展领域的品牌声誉，推动了空客价值观向社会责任方向转型，推动了企业管理理念从单纯追求利润最大化的传统模式转向兼顾环境保护、社会公平等多重目标的转型。新模式符合可持续发展趋势，为企业在全球化竞争中占据道德高地奠定了基础。企业与多方协作，能够高效应对社会问题，并为实现更广泛的公共利益作出贡献。

2. 社会责任与公共政策的合作

社会责任的履行并非单一主体的任务，而是政府、社会组织与个体多方协作的结果。合作精神为公共政策的制定与实施提供了关键支持。政府制定科学的政策框架，促进社会各界力量的合作，而社会组织则在监督与倡导中扮演关键角色。以应对全球气候变化为例，各国通过国际协议与合作平台，共同推动政策的制定与落实，为可持续发展提供了制度保障。

合作精神的强化，使社会责任的履行更具系统性与高效性。在全球性问题日益复杂的背景下，政府与社会各界的通力合作，成为解决公共问题的必由之路。通过多方协作，公共政策的实施效果得以显著提升，为社会的整体进步提供了坚实基础。

第二节　合作精神在大学生精神素养中的独特作用

合作精神作为大学生精神素养的基础组成部分，对学生的思想道德素质、文化修养和社会责任感等多个层面的提升具有深远影响。在现代社会的复杂背景下，合作精神的培养不仅促进了个体能力的提升，更重要的是强化了集体主义意识、团队协作能力和社会责任感，为大学生的全面发展奠定了坚实的基础。

一、促进思想认同与集体主义精神的培养

合作精神在大学生集体主义价值观的塑造中发挥了关键作用。集体主义提倡以集体利益为优先，鼓励个体为实现共同目标而协同努力。大学生能够在实践中理解集体主义的重要价值，并进一步深化团队意识与社会责任感的培养。

(一) 合作精神与思想认同的关系

合作精神与集体主义之间的紧密联系对个体社会行为模式具有显著作用。在合作情境中，学生通过设定共同目标并与团队成员协作，逐步认识到集体力量的重要性和个人贡献对集体成功的决定性作用。合作精神的培养使学生能够从更宽广的视角思考问题，认识到团队协调和资源共享对任务完成的核心意义。思想认同的形成不仅强化了学生对集体价值的认同，还为其未来的社会融入和职业成功奠定了基础。

(二) 合作精神在集体目标实现中的作用

合作精神帮助学生克服个人主义倾向，在集体目标的驱动下实现高效分工与协作。团队任务的完成要求所有成员在明确职责的基础上共同努力，从而实现整体目标。例如，小组研究项目需要学生在具体任务分配的基础上，协同进行数据收集、分析和总结。合作让学生逐渐认识到个人的努力是与团队的整体目标紧密结合的，强化学生的集体意识，促使学生更深刻地理解集体目标的实现过程。

（三）集体主义精神的实践与深化

在团队合作的长期训练下，学生逐渐将集体主义的价值观融入自身的思维与行为模式。在团队合作中，成员之间的相互依赖会促使学生在思想上接受集体主义精神，并在实践中不断巩固。例如，在竞赛或志愿服务活动中，学生与团队成员共同完成任务，充分感受到集体力量的优势。集体主义精神的实践经验进一步加强了学生对团队协作的重视，为其未来在复杂的社会环境中与他人协同合作打下了坚实基础。

二、提升团队协作能力与沟通能力

合作精神对大学生团队协作能力和沟通能力的提升具有深远影响。经过明确分工、协调任务和解决冲突，学生逐渐掌握了高效协作与有效沟通的技能，这些能力在学术与职业场景中都具有重要应用价值。

（一）明确分工与协作效率的提升

团队协作的有效性取决于清晰的角色分配与分工。在合作过程中，每位成员的任务分配是否合理直接作用团队的整体效率。研究表明，团队协作效率的提高通常与明确的任务分工和目标设定相关。大学生参与小组项目或跨学科团队活动，能够在实践中学会合理分配资源，并在完成任务的过程中提高协作意识。

在具体实践中，团队中的每一位成员都需要承担明确的职责，以确保团队目标能够顺利达成。例如，学生在科研项目中协作完成数据收集、数据分析与报告撰写，不仅提升了他们的任务管理能力，而且培养了他们在团队中自我定位与协调分工的能力。学生通过对任务进程的动态调整，逐步掌握了处理复杂项目的策略，使团队整体效能最大化。

（二）沟通技巧的培养与多元环境的适应

团队合作的成功在很大程度上依赖于成员间的有效沟通。沟通作为信息传递与共享的桥梁，不仅是任务协作的基础，还是化解团队内部分歧的基本手段。研究指出，团队成员之间的清晰沟通能够显著提高协作效率，同时减少潜在冲突的发生概率。（Robbins & Judge, 2019）在合作中，学生要通过清晰的语言表达、倾听与反馈来实现有效的信息交换。

跨文化与跨学科的团队环境对沟通能力提出了更高要求。在多元化团队中，不同背景的成员可能在语言表达方式、文化认知与行为习惯上存在显著差异，团队成员在沟通时需要注重文化敏感性与包容性。例如，在国际学生联合项目中，不同文化背景的学生通过开放的对话与积极的互动，逐步克服了语言和文化差异，学生的跨文化沟通能力得到了显著提升，他们在全球化环境中的适应能力也逐步加强。

(三) 冲突管理能力的强化

团队合作中不可避免地会出现分歧与冲突，如果不能妥善解决问题和冲突，团队的凝聚力与目标实现的进度将受到很大影响。合作精神在冲突管理中发挥了重要作用，使学生能够在面对挑战时保持理性，并通过有效的方法实现问题的解决。

实际上，冲突的产生通常与任务分工、资源分配或观点差异相关。团队中开放且包容的氛围有助于降低冲突对合作效率的负面影响。在团队实践中，学生逐渐学会理性分析与协商化解冲突。在讨论决策过程中，团队成员尊重彼此的意见，找到平衡点并达成一致，这不仅确保了任务的顺利完成，而且提高了团队的合作效率。学生通过多次的团队合作训练，逐渐掌握了处理冲突的基本策略，包括主动倾听、提出替代方案和关注共同目标。大学生在未来的学术研究和职业发展中能够更有效地管理团队关系，增强整体协调能力。值得注意的是，冲突管理能力的培养在促进团队目标的实现的基础上，对学生的个人成长也会产生积极作用，学生能够更加全面地理解团队协作的复杂性，并在实践中不断完善自身的沟通与管理能力，从容应对未来的复杂工作环境。

(四) 跨领域协作与创新能力的提升

合作精神推动了大学生在跨学科与跨领域合作中的表现，让大学生在多元化团队中实现知识整合与创新。通过团队成员间的思维碰撞与资源共享，学生逐渐发展了以解决复杂问题为导向的协作能力。

跨学科合作通常需要团队成员培养开放的心态与高度的协同能力。例如，在一个结合技术与人文学科的项目中，工程学学生与社会学学生需要紧密合作，设计既符合技术规范又满足社会需求的解决方案。协作模式不仅提升了学生的实践能力，还帮助他们认识到多学科视角的重要作用。

跨领域团队还为学生提供了创新实践的平台。每位成员的独特背景和知识体系为团队带来了不同的视角与方法，多样性成为创新的重要驱动力。比如，在商业计划竞赛中，市场营销、金融与工程领域的学生组队合作，他们进行头脑风暴，提出了兼具技术可行性与市场潜力的创新方案。

（五）协作中的自我效能感提升

合作精神促进了学生对自身能力的认知与肯定，当学生看到自己的努力转化为团队的成功时，他们会对自己的能力产生更深刻的认识和更强烈的肯定。积极的反馈循环不仅增强了学生的自信心，还促使他们在未来的任务中更加主动地承担责任，进一步提升自我效能感。

自我效能感是由心理学家阿尔伯特·班杜拉在20世纪70年代提出的一个概念，指的是个体对自己能否成功完成某项任务或达成某个目标的信念和信心。研究表明，个体的高自我效能感能够促使其更积极地参与团队合作。当个体相信自己能够成功完成任务时，他们更愿意承担责任、提出建议并参与讨论，从而为团队目标贡献更多努力。拥有高自我效能感的成员在面对团队冲突时，更可能采取积极的解决策略，而不是回避问题。

三、增强社会责任感与共同体意识

合作精神的培养对增强大学生的社会责任感和共同体意识具有深远的影响。团队合作为学生提供了认识个人行为对集体和社会重要性的契机。学生逐步从关注个人利益转向认同集体目标，进而深化社会责任感，强化对共同体的深刻认同。

（一）社会责任感的提升

社会责任感体现了个体对自身行为可能对他人、集体乃至社会产生作用的认知与自觉。合作精神强调团队协作的基础性，使学生深刻理解个人责任与集体利益之间的内在联系。参与社会公益和集体活动能够显著提高大学生的责任意识，在实践中，学生通过团队合作逐渐认识到，仅凭个人能力难以应对复杂的社会问题，而集体协作则能够显著提升解决问题的效率与效果。

合作精神强化了学生的社会责任感。在团队任务中，学生需要承担明确的职责，同时协调资源，以实现共同目标。他们的责任意识得到了锻炼，这使得他们能够更好地理解集体与社会需求之间的关联，为他们在未来的社会参与中履行责任提供了精神与能力的双重支撑。

(二)从个体利益到集体目标的转变

合作精神引导学生将视角从个人利益的局限性扩展至集体目标的全面性。在团队合作中，成员被要求关注整体目标的达成，而非局限于个体的短期需求。学生反复参与协作活动，逐步认识到集体的力量远超个体的孤立努力。

团队合作的实践进一步强化了学生对集体目标的认同。团队协作能够有效提高个体的全局意识和整体思维能力，学生在团队中完成分工明确的任务，逐渐认识到个人行为对集体成果的深远影响。他们在面对复杂任务时，能够更主动地将自身努力与集体目标相结合，在实现自我价值的同时推动集体效益的最大化。

(三)共同体意识的深化

共同体意识是个体对集体归属感和责任感的体现，合作精神在共同体意识培养过程中具有不可或缺的作用。团队合作使学生在实践中深入理解个人与集体的相互关系，培养出强烈的共同体意识。

在实践项目中，学生与团队成员共同完成复杂任务，逐步休会到集体力量的重要性。团队成员之间的密切协作不仅帮助学生认识到个人对集体的价值，还促进了他们对共同体理念的认同。例如，在跨学科的团队项目中，学生需要整合不同领域的知识和技能，以应对实际挑战。这一经验强化了他们的共同体意识，同时也培养了他们对团队的高度责任感。

(四)社会适应能力的增强

通过合作精神的培养，大学生的社会适应能力得到了显著提升。团队合作要求学生在不断变化的任务环境中调整自身行为，以适应集体需求。社会适应能力的提高能够有效增强个体在复杂社会环境中的表现力和灵活性。

合作精神促使学生在面对意见分歧时保持理性，通过调整沟通方式与团队成员达成共识。同时，学生在协作中学会在不同文化背景与多样化团队中建立高效的沟通桥梁。动态的适应能力为他们在社会中高效工作与融入复杂组织体系提供了必要的支持。

四、促进自我认知与个性发展

合作精神不仅在团队协作能力和社会责任感的培养过程中具有重要意义，还为大学生的自我认知与个性发展提供了广阔空间。学生在团队互动与角色实践中，能够更加全面地认识自我，并在合作中不断完善个性特质。

(一) 自我认知的深化

团队合作中的角色分配为学生提供了明确的自我定位和实践机会。通过承担不同任务，学生能够识别自身的优势与不足，并在实践中不断完善自我。角色实践对于提升个体的自我效能感具有显著作用，当学生在团队中完成本职任务并对集体产生积极作用时，其自我效能感与信心会得到显著增强。这不仅强化了学生对自身能力的认知，还为学生的未来发展提供了重要支持。

合作精神有助力强化学生的角色意识，使其更全面地认识自身在集体中的定位与贡献。同时，团队合作的实践过程也帮助学生认识到自我发展与集体利益之间的密切联系，这一认知进一步提升了学生对自身价值的深刻理解。

(二) 个性发展的促进

合作精神为大学生的个性发展提供了多样化的实践场景。在团队合作中，不同背景与性格的成员需要在协调分歧与融入集体中找到平衡点，这为学生的个性成长创造了丰富的条件。例如，性格内向的学生通过参与团队活动，逐渐提高了人际交往能力，而性格外向的学生则在团队活动中认识到了倾听与合作的重要性。

合作精神还为学生提供了探索多样化兴趣与能力的机会。在跨领域的团队项目中，学生能够接触到不同的学术与实践领域，这一多样性有助于激发其创造力与潜力。在与团队成员的深入互动中，学生能够不断调整与发展自己的兴趣方向，并在实践中塑造更加完善的个性特质。

(三) 角色定位与协作能力的结合

在合作中，学生需要明确角色定位，找到自身在团队中的位置。合作精神强调个体与集体的相互依存关系，这促使学生在完成自我目标的同时关注团队目标的实现。经验的积累不仅提升了学生的团队适应力，还为其未来在职业环境中的角色转换与发展提供了指导。例如，在多元化的工作场景中，学生能够快速适应团队需求，并协调个人能力与集体资源，实现组织目标。

五、激发创新思维与提高问题解决能力

合作精神在培养大学生创新思维和提升问题解决能力方面发挥了基础作用。团队合作为学生提供了丰富的思维碰撞与资源整合的场景，使他们能够依靠集体智慧探究复杂问题的本质，并提出高效的解决方案。合作精神强调多样性和包容性的价值，鼓励团队成员以协作实现知识共享与创新能力的提升。

（一）多元视角与思维碰撞的优势

团队合作的价值在于整合多元化背景与知识储备，为创新思维的激发提供了独特的条件。不同领域、文化和经验的团队成员在协作中能够带来各自独特的见解，为创新提供了突破的可能性，团队的多样性能够显著增强创意性解决方案的质量和实际适用程度。

在团队实践中，成员围绕具体问题展开的深入讨论为创新思维的产生创造了空间。思维的碰撞促使学生从更宽广的视角审视问题的复杂性，促使学生的认知广度与深度不断拓宽。以学术研究团队为例，不同学科背景的成员共同讨论，能够从不同角度剖析问题的主要方面，并提出兼具理论意义和实践价值的解决方案。

多样化团队的一个显著优势在于其能够从多元角度分析问题背后的因果关系，并通过跨学科的整合探索全新的解决路径。合作精神强调团队内部的平等与互信，为多样化视角的表达与共享提供了保障，团队成员能够更自由地分享见解，并在集体智慧的基础上持续优化创新策略。

（二）协同创造与解决复杂问题的能力

复杂问题的解决需要团队成员在明确目标的基础上，以协同创造共同完成从问题识别到解决方案实施的全过程。协同创造不仅是一种组织形式，更是一种以知识共享与角色分工实现价值最大化的合作模式。协同创造能够显著提升团队在复杂任务中的应变能力与创造力。

团队合作的实践为学生提供了一个将个人能力与集体智慧结合的实验场

所。通过角色的分配与任务的整合，学生逐渐掌握了如何将个人的专业技能融入团队的整体目标中。合作精神激励团队成员以开放的态度吸收彼此的见解，从而在知识共享的基础上实现创新性成果的产出。

例如，在模拟创业项目中，学生团队需要在从市场调研到商业计划制定的多个阶段开展合作。团队成员的分工需要专业知识的深度，同时也需要跨部门协调的广度。在合作精神的指导下，团队成员协调解决各个环节中的潜在矛盾，最终实现了资源的高效整合与问题的创新解决。

（三）包容与接纳在创新过程中的意义

创新思维的产生需要一个包容且开放的团队环境，而合作精神则为团队环境的构建提供了重要支持。团队合作要求成员克服对异质性观点的排斥，在接纳彼此见解的基础上进行深度讨论与整合。包容性是团队有效合作的基础，也是激发创新潜力的重要因素。

团队创新能力的提升通常伴随着内部信任感的增强。信任感能够降低成员表达创造性想法时的顾虑，激励个体更自由地分享独特见解。合作精神强化了团队内部的信任与包容，创造了一种安全的表达环境，大学生能够更无拘无束地探索新领域或尝试新方法。

包容性的团队氛围对学生的创造性思维发展具有基础意义。学生在不同视角的碰撞中能够发现更具前瞻性的解决方案。以学术论坛为例，参与者在多样化的讨论中不仅能够展示个人观点，还能够在吸收他人见解的基础上优化自己的创新构想。

（四）创新思维的培养与系统性提升

创新思维的培养需要长期的积累与系统化的实践，而团队合作为创新思维提供了理想的平台。合作精神鼓励学生尝试不同策略，推动其在问题解决的多个阶段中不断优化思维模式。学生在实际任务中逐步掌握了从问题识别到成果优化的完整路径，为创新能力的提升奠定了坚实基础。

创新过程通常分为三个主要阶段：问题识别、方案设计与结果评估。团队合作为学生在每个阶段的深入实践提供了保障。在问题识别阶段，团队成员通过信息共享与背景分析识别问题的核心要素；在方案设计阶段，团队成员通过头脑风暴和模型建构提出解决方案；在结果评估阶段，团队成员通过反馈与反思不断完善既定方案。合作精神的核心在于角色协作与知识共享,为学生提供一套完整的创新路径,使其能够在不同情境中灵活应用。

(五) 问题解决能力的层次性发展

合作精神推动团队内部资源的整合与优化,使学生在解决问题的过程中实现了能力的层次性发展。复杂问题的解决往往需要成员在多种策略中进行选择,并对资源的合理配置进行全面评估。团队合作的过程使学生学会在不同情境下灵活调整解决方案,从而显著提升了其认知灵活性与决策能力。

在实际实践中,团队成员需要从多维度分析问题的重点内容和作用因素,并基于具体情境提出针对性的解决方案。合作精神强调团队内部的协同效应,使学生能够更准确地识别问题的核心要素,同时提升其整合资源与优化路径的能力。

第三节　新时代大学生合作精神的培养现状

合作精神作为新时代人才培养的重要因素,不仅关系到大学生在团队协作中的表现,还直接作用于其社会适应能力和未来职业发展的潜力。随着社会对综合型人才需求的提升,高校逐步认识到,仅仅依靠传统知识传授难以满足社会对人才的需求,合作精神的培养已成为提高学生综合素质的主要抓手。全面分析大学生合作精神的现状和相关作用因素,对于优化合作精神的培养机制、提升教育成效具有重要意义。

一、大学生合作精神培养的调查概况

随着社会的不断发展和教育理念的革新,高校愈加重视在教育过程中融入合作精神的培养。合作精神作为高等教育的重点目标之一,被广泛视为提升学生综合素质和培养学生社会责任感的基本因素。许多高校通过课程改革和教学实践,将合作精神的培养融入教育体系,以期在传授知识的同时提升学生的团队协作能力和社会适应能力。尽管高校在培养学生合作精神方面取得了一定进展,但实际情况表明,合作精神培养仍存在多方面的不足。为深入了解大学生合作精神的培养现状及其存在的主要问题,本次调查从多角度分析了大学生在合作能力、合作态度和实际合作表现等方面的具体情况。本次调查旨在揭示合

作精神培养的核心要素，并为高校改进相关教育策略提供科学依据和实践参考。

（一）调查背景

伴随现代社会对于综合性人才需求的不断提升，大学生合作精神的培养已逐渐成为高校人才培养目标的主要组成部分。本次调查旨在深入分析大学生合作精神的现状，包括合作能力、合作态度和合作实践的具体表现情况。本次调查通过多维度的数据分析，期望为高校进一步优化教育策略、完善合作机制提供科学依据。

为确保调查结果的科学性与广泛性，本次调查覆盖全国范围内的多所高校，采用线上问卷与线下访谈相结合的方式，共收集有效问卷250份。调查对象包括本科生和研究生，涉及理工、文史、医学、艺术等多个学科，样本的多样性与代表性得到较好保证。

（二）调查概况

1.样本信息

性别构成：在调查对象中，性别比例基本均衡。其中，男性占53%，女性占47%。

年级分布：调查对象涵盖从大一至研究生的不同年级。其中，大一占25%，大二占30%，大三占25%，大四占15%，研究生占5%。

专业领域：调查涉及的学科领域分布广泛。其中，工科占35%，文科占30%，理科占20%，医学占10%，艺术类占5%。

学校类型：调查对象所在的院校涵盖了不同类型的高校。其中，一流大学和研究型高校占40%，普通本科院校占50%，高职院校占10%。

2.调查方法

数据收集方式：调查数据主要通过线上问卷填写与线下问卷收集相结合的方式获取，线上问卷的分发依托主流调查平台，线下问卷数据来源于高校组织的相关活动。

数据分析工具：整理后的调查数据用专业统计分析软件进行分类和分析，以此确保调查结果的科学性和客观性。统计分析过程注重数据的准确性与逻辑性,力求全面揭示大学生合作精神培养现状的本质特征。

二、大学生合作精神培养取得的成就

随着社会和教育理念的革新,大学生合作精神的培养在我国高校取得了显著成效。合作精神作为新时代大学生综合素质的重要体现,既是社会对青年人才的基础要求,也是大学生未来适应社会和提升竞争力的重要能力。调查数据显示,超过80%的学生表示合作精神的培养对个人发展具有重要意义。高校通过课堂教学优化、校园文化活动的推进和信息技术的支持,为学生团队协作能力、沟通能力和社会责任感的全面提升提供了多样化的实践平台。

(一)高校教育模式的逐步优化

随着教育理念的持续更新,高校日益重视将合作精神的培养融入课程体系与教学方法。调查数据显示,68%的学生认为课堂教学是促进合作精神形成的主要途径。与传统以知识传授为主的教学模式不同,现代教育更强调互动式和合作式教学,注重提升学生的团队协作能力与实践能力。课程内容与教学方法的不断创新已成为合作精神培养的主要保障。

1.多元化课程设计

高校在课程设计中广泛采用团队项目与小组合作的教学形式,鼓励学生在实践中发展合作能力。调查结果显示,78%的学生参与过团队项目,尤其是在工程学、商学和管理学等学科领域,学生通过共同设计、实验和解决问题等方式增强了协作意识。例如,工程学课程中,学生需要共同完成复杂的项目设计与数据分析。通过知识分享与任务分工,团队成员在协作过程中能够更加系统地解决问题。

高校也在逐步推广跨学科合作课程,约45%的学生参与过跨学科合作项目。依靠整合不同学科资源,团队成员能够在项目实施过程中激发创新潜能。一名管理学专业学生在参与跨学科项目时指出,与工程专业同学的合作显著提升了其系统性思维能力,同时也拓宽了学术视野。这类课程不仅促进了学科间的知识交流,还培养了学生从多维度分析和解决问题的能力。

2.教学方法的创新

高校广泛引入以学生为主体的教学理念,倡导批判性思维与协作能力的全面培养。数据显示，60%的学生认为团队合作和课堂讨论是激发学习兴趣的主要方式。互动式教学能够让学生在团队中发挥个人优势，同时弥补自身不足，从而实现团队整体效能的最大化。比如，在课堂上，小组讨论能够帮助学生在分享观点的同时锻炼沟通能力，而团队项目则提供了真实的合作实践机会。

(二)校园文化活动的广泛开展

在课堂教学之外，丰富多样的校园文化活动为学生提供了锻炼合作精神的基础平台。调查数据显示，82%的学生积极参与过校园文化活动。其中，62%的学生明确表示活动显著提升了其团队协作能力。校园活动的多样性和实践性为学生提供了宝贵的学习与合作机会。

集体活动是校园文化活动中最常见且最具成效的形式。学生通过参与策划、组织和执行团队任务，逐渐掌握了沟通协调、分工合作和目标实现的多方面技能。跨学科和跨年级的团队活动尤其受到关注，此类活动不仅让学生结识来自不同专业背景的成员，还为学生提供了实践多元合作模式的机会。

许多高校还积极组织以主题为导向的团体活动，如环境保护项目、文化艺术节等公益服务活动，帮助学生在实际情境中理解合作的意义，同时锻炼了其在复杂任务中的协调能力。

(三)社会实践与合作平台的积极建设

社会实践活动与校外实习在大学生合作精神的培养过程中发挥了重要作用。高校认识到，社会实践活动将理论与实践相结合，不仅有助于学生提升实践能力，还能为合作精神的养成提供重要契机。调查数据显示，54%的学生参与过校外实践活动或企业实习，这些经历显著提高了他们的团队协作能力。

在校外实践和企业实习过程中，学生需要融入真实的社会环境，与团队成员共同完成任务。这些活动通常涉及跨部门合作、多角色协调和复杂问题的解决。实践过程为学生提供了与多元团队成员协同工作的机会，同时培养了他们的资源协调能力和任务分配能力。尤其是在企业实习项目中，团队合作能力被视为应对多任务需求的基本保障。在调查中，60%的学生曾与跨部门团队成员共同参与项目工作，这使得学生的协作意识和组织能力得到了提升。

高校还积极推动学生参与社会服务项目和志愿活动，鼓励学生将个人能力融入团队目标。在社会服务领域，许多活动要求参与者与不同领域的专家、教师和同伴进行密切合作，这使得学生解决复杂问题的能力大大提升，对合作价值的理解也不断加深。学生参与社会实践项目，能够接触到多样化的工作模式，从而在多领域中提升协作能力和社会责任意识。

(四)信息技术与线上合作平台的创新应用

信息技术的迅速发展为大学生合作精神的培养提供了主要的技术支持。线上协作平台的广泛应用使学生能够突破地域和时间的限制，凭借数字化工具开展跨校、跨国乃至跨文化的合作交流。调查数据显示，58%的学生曾参与线上合作项目。多数学生认为远程协作有效提高了团队的整体效率。

高校积极引入学习管理系统、在线协作工具和虚拟实验室等技术手段，为学生提供多样化的合作场景，支持学生通过在线论坛进行学术讨论，通过云协作平台完成团队任务，或利用远程实验室完成技术模拟。信息技术不仅为学生提供了灵活的沟通方式，还在时间管理、线上协作和项目协调等方面起到了显著的作用。

在线教育的普及进一步推动了远程合作平台的应用。在特定情境下，如大规模线上教学环境中，虚拟协作成为培养学生合作精神的重要途径。学生利用远程平台参与团队项目，不仅熟练掌握了数字化工具的使用，还增强了其在多样化合作环境中的适应能力。远程合作模式为学生提供了全球化的视角，使他们能够在跨文化背景下理解和践行团队合作的价值。

通过对线上平台的创新应用，高校为合作精神的培养拓展了更广阔的维度，使得学生能够在虚拟与现实相结合的环境中全面提升协作能力，这为未来教育的进一步创新提供了参考。

三、大学生在合作精神方面存在的不足

尽管大学生合作精神的培养在许多方面取得了显著的成效，高校也通过创新教学模式、丰富校园文化活动和建设社会实践平台等方式为学生提供了培养合作能力的多重机会，但在实际操作过程中，合作精神的培养依然存在一定的不足。随着社会竞争的加剧、科技发展带来的新挑战层出不穷和全球化进程的推进，大学生的合作精神面临着越来越多的复杂考验，个人和集体的成长与进步，以及团队合作效果都受到显著影响。具体来说，大学生在合作精神方面的不足主要体现在四个方面。

（一）个体主义倾向仍然明显

尽管教育体系强调合作精神的重要性，但个体主义倾向仍然在部分学生中占据主导地位。调查数据显示，约37%的学生在团队合作中更注重个人成绩和表现，而非团队目标的实现。个体主义倾向不仅削弱了团队内部的协作效能，还反映出学生在处理个人利益与集体利益关系时的短视问题。

学生在团队任务中表现出的个体主义主要包括过度关注个人贡献与责任分担不均这两个方面。过度强调个人贡献会导致学生倾向于独立完成任务，而非依赖团队力量实现目标。调查数据显示，约35%的学生更倾向于以个人能力为主导完成团队任务。学生独立完成任务不仅削弱了团队的整体协作效率，还容易导致团队目标的偏离。此外，责任分担的不均衡也进一步凸显了个体主义对团队协作的阻碍作用。一些学生选择以减少个人投入为前提，将更多任务推给其他成员，从而导致团队内部的不和谐和信任缺失。

更为重要的是，个体主义倾向弱化了团队成员间的信任关系，导致团队合作变得松散无序。团队的整体目标往往因个别成员的自我中心行为而难以实现，合作精神难以在实践中真正发挥作用。尽管教育体系在理论层面倡导合作精神，但个体主义在学生群体中的根深蒂固，使得合作精神的实践效果受到显著制约。

（二）合作能力和沟通技巧不足

高校通过课堂教学、社团活动等多种渠道培养学生的合作能力，但部分学生在实际合作中仍然表现出较低的合作水平和沟通效率。调查数据显示，35%的学生认为自己在团队合作中存在沟通障碍，较低的合作水平不仅降低了团队的工作效率，还导致任务分配与执行环节中的矛盾和冲突。

学生在合作中所表现出的沟通技巧不足主要体现在三个方面。第一，意见表达能力的不足使得团队讨论缺乏必要的多样性。调查数据显示，38%的学生在团队中难以清晰地表达个人观点，这限制了团队决策的全面性和科学性。第二，在实际应用中，学生在面对意见分歧时缺乏解决冲突的能力，团队在任务推进中无法高效达成一致。解决冲突能力的不足不仅延误了任务完成的进度，还使团队成员间的关系变得紧张。第三，学生在跨文化或跨学科团队中的沟通能力短板尤为突出。在多样化团队中，由于背景、文化和学科的差异，成员之间的信息不对称问题更加明显，而学生未能掌握足够的沟通策略以应对这些复杂性挑战，导致团队目标的实现难度显著增加。

沟通能力的欠缺使得部分学生在团队中仅扮演被动角色，缺乏主动性和参与感，不仅影响团队的整体协作效能，还在一定程度上削弱了合作精神的培养成效。因此，提升学生的沟通能力与合作意识，尤其是在多元文化和多学科背景下的适应能力，是高校在合作精神培养过程中的重点任务。

(三)缺乏跨学科合作的意识

学科交叉与融合已经成为现代社会发展的基本趋势，而跨学科合作精神作为应对复杂问题的重要能力，正日益成为高校人才培养的核心目标之一。许多学生在专业学习与课外活动中积累了一定的团队合作经验，但是跨学科合作的意识与能力在大学生群体中仍然非常欠缺。调查数据显示，56%的学生从未参与过跨学科合作项目，多数团队合作的内容仍然局限于单一专业领域，这使得学生缺乏从多学科视角解决问题的能力。

学生在跨学科合作中所表现出的局限性主要体现在以下三个方面：一是团队成员在跨学科合作中往往难以迅速理解并适应其他学科领域的思维模式与方法论，不同学科之间在概念框架与研究方法上的差异，使团队成员在合作中面临显著的认知障碍。二是跨学科合作的复杂性通常要求团队成员培养较强的整合能力与系统性思维，而许多学生尚未具备这一能力，这就限制了团队在面对多维度问题时的解决效率，影响了学生在复杂情境中的适应力。三是由于对其他学科的了解相对有限，学生在跨学科团队中常常出现沟通不畅或知识冲突，这不仅增加了团队协作的难度，还可能导致合作目标的偏离。

(四)缺乏长远的合作目标和协作机制

大学生合作精神的进一步提升在很大程度上受到合作目标规划与协作机制构建不足的制约。团队合作的成效不仅依赖于个人能力的发挥，还取决于团队目标的明确性与协作机制的科学性。但在现有的教育实践中，许多团队在合作中因为没有确立清晰的方向与目标，导致合作效率与成果质量受到影响。调查数据显示，52%的学生认为团队合作中缺乏明确的目标与计划，合作过程常常陷入低效状态。

缺乏长远目标的团队合作往往表现为过于关注短期任务，而忽视了对发展方向的整体规划。团队成员的注意力更多集中于完成眼前的具体任务，而非团队的长远愿景。短视行为不仅导致合作关系的浅层化，还使得团队缺乏足够的凝聚力与内在驱动力。长远目标缺失，导致学生难以在合作中获得对集体成果的认同感，团队成员的合作态度和动力因此处于不稳定状态。

协作机制的不完善也是影响合作成效的主要因素。团队成员在合作中往往缺乏明确的权责分工，任务分配的模糊性进一步加剧了合作过程中的不协调问题。学生在面对复杂任务时，由于管理经验的欠缺，难以在任务分配与进度控制中实现有效协调，最终影响了团队的整体表现。

合作目标与协作机制的不足还可能导致团队精神的缺失。在没有共同愿景的情况下，团队成员的行为容易变得各自为政，缺乏对集体利益的关注。合作模式的松散性直接影响了团队的效能，学生难以在合作中获得积极的成长体验。

四、存在不足的原因分析

大学生在合作精神方面的不足被归因于多重因素的交织作用。尽管随着教育改革的深化，合作精神逐步获得教育领域的关注，但教育模式与课程设计的短板、个人主义观念的影响、家庭与社会教育的局限性、实践活动的匮乏，以及文化与价值观的制约等多重障碍，依然使得大学生的合作能力与合作精神的培养面临显著挑战。

（一）教育模式和课程设计的局限性

当前，大多数高校的教育模式和课程设置仍然偏重学术知识的传授，忽视了学生在实际合作中所需的软技能和团队合作能力的培养。调查数据显示，62%的学生认为当前课程体系中的合作教育内容不足，课程设计缺乏针对性和系统性。尽管随着教育的逐步发展，越来越多的高校开始引入合作精神的培养课程，但大部分课程仍然侧重于个人能力的提升，缺乏专门的、系统化的合作教育模块。

1. 传统教育模式的限制

在传统的教育模式中，课堂教学多以讲授式为主，部分学生在课堂上更多的是接收信息，而不是通过互动、讨论、合作来解决问题。讲授式为主的教学方式虽然能有效传授专业知识，但很少为学生提供团队合作的机会。例如，45%的学生表示很少参与课堂上的小组讨论或团队项目，学生缺乏在实际合作中锻炼和提升的机会。因此，虽然学生可能在学术知识和专业技能方面获得了丰富的积累，但他们在团队中如何与他人协作、如何处理团队内部的冲突、如何协调不同意见等方面的能力却得不到有效提升。

2. 课程评价体系的单一性

当前，课程的评价方式多以个人成绩为主要依据，缺乏对团队协作能力进行全面评估的机制。过于关注个体表现的评价体系削弱了团队合作的基础性，学生对合作学习的意义和价值难以形成深刻认知。调查数据显示，51%的学生认为团队合作项目的评价在课程总成绩中权重较低，这进一步导致学生对团队学习的参与积极性不足。

3. 跨学科合作课程的稀缺性

尽管学科交叉已成为教育改革的关键方向，但跨学科合作课程在许多高校的实践中尚处于初级阶段。调查数据显示，57%的学生未参与过跨学科合作课程，课程资源的不足限制了学生跨界协作能力的培养。

(二) 竞争压力和个人主义观念的影响

伴随着社会竞争的日益加剧，大学生越发注重个人成就与发展。个人主义观念不仅对价值观塑造产生深远影响，还在很大程度上削弱了学生参与团队合作的积极性。调查数据显示，48%的学生在团队合作中更倾向于突出个人表现，而非关注团队目标的实现，这一现象在高年级学生和竞争较为激烈的专业领域尤为显著。

1. 竞争驱动的个体化倾向

面对职业发展和学术竞争的压力，学生常常优先考虑个人成就，将团队利益置于次要地位。在竞争强度较高的学科领域中，优先考虑个人成就的现象尤为明显，53%的学生倾向于独立完成任务，而减少与团队成员的协作。减少与团队成员的协作不仅制约了团队效能的发挥，还抑制了学生在合作中的学习和成长。

2. 对团队贡献的认知不足

在个人主义观念的驱动下，部分学生更注重个人能力的展示，而对团队目标实现的贡献意愿较低。42%的学生认为在团队合作中，部分成员贡献有限但共享成果，这进一步削弱了他们的合作意愿。

3. 缺乏清晰的共同愿景

受个人主义影响，团队成员之间难以形成统一的目标和愿景，团队凝聚力和协作力显著不足。39%的学生表示自己在团队项目中缺乏明确的目标认知，这降低了团队合作的效率与成果质量。

(三) 社会文化和家庭教育的局限性

社会文化和家庭教育对大学生合作精神的认知与态度具有深远影响。调查数据显示，41%的学生认为家庭教育对合作精神的重视程度不足，许多家庭更倾向于强调个人成绩的重要性，而忽视了对团队协作能力的培养。过于注重独立性和个体发展的教育模式使得学生难以充分认识合作与集体责任的价值，形成了以个体为中心的思维模式，缺乏团队协作意识。

1. 家庭教育的单向性

家庭教育通常优先关注个体成就和竞争力，将个人发展置于关键位置，而忽略了团队意识和合作能力的培育。据统计，44%的学生反映家庭教育更多地注重个人能力的提升，而对团队意识的引导明显不足。而学生在进入高校后，仍以个人表现为中心，缺乏融入集体合作的主动性。在学术活动和社团实践过程中，以个人表现为中心的倾向限制了学生实现团队目标的能力，并削弱了合作教育的潜力。

2. 社会文化的功利性

社会文化中普遍存在的功利主义倾向进一步强化了学生对个人利益的关注，弱化了合作精神的内在价值。功利性导向使得学生在参与实践活动时，更多关注短期利益和个人发展目标，而忽略了团队协作的长期价值。在功利性导向的环境下，学生更倾向于选择对个体发展有显著帮助的活动形式，而对提升团队协作能力的实践参与度较低。

(四) 高校实践活动的局限性

高校在培养大学生合作精神方面开展了多种形式的实践活动，但这些实践活动在设计与实施过程中依然存在一定的局限性，学生团队协作能力培养的多样化需求难以有效满足。活动设计的单一性、目标机制的模糊性和跨学科合作机会的稀缺性，均显著制约了合作教育的实际成效。

1. 活动形式的单一性

部分高校的实践活动局限于专业领域内的单学科实践，缺乏跨学科与跨文化合作的设计。调查数据显示，33%的学生认为校园活动未能充分拓展多样化的协作能力，难以为学生提供锻炼多维度团队合作能力的平台。形式单一的活动内容在实际效果上难以满足学生日益多元化的学习与实践需求。

2. 目标与机制的模糊性

实践活动缺乏明确的目标设定与系统化的评估体系，导致学生在参与过程中对自身在团队中的角色与职责认知不清，直接影响了团队合作的效能与学生协作能力的提升。据调查，34%的学生反映实践活动的任务分配不均、角色职责不明晰等问题较为普遍，这显著削弱了团队的整体协作效能。

3. 跨学科合作机会的稀缺性

尽管跨学科合作已逐渐成为教育发展的重要趋势，但高校在跨学科合作实践活动的资源配置与平台建设方面较为欠缺。49%的学生表达了参与跨学科实践活动的强烈意愿，以期提升自身的跨界协作能力，但现有的教育资源与实践条件不能充分满足需求，这在一定程度上限制了学生跨界协作能力的全面发展。

(五) 文化与价值观的影响

文化与价值观对大学生合作精神的形成具有潜移默化的影响。在现代社会，竞争导向与个体主义观念深刻渗透于社会文化之中，对合作精神的培育形成了一定的阻碍。崇尚个人英雄主义的文化背景强化了个体成就的基础性，而合作精神被逐渐边缘化，甚至被部分学生视为依赖性或缺乏独立性的表现。

1. 竞争文化的渗透性

竞争导向的社会文化使学生更加关注个人表现，对团队目标的核心要素缺乏足够的重视。长期存在的价值观驱动导致学生在团队中难以产生归属感和责任感，影响了团队协作的效率与成果。

2. 个人主义观念的固化

在个体主义价值观的影响下，学生更倾向于将合作作为提升个人成就的手段，而不是为实现团队目标积极付出努力。一部分学生甚至将合作视为形式化的过程，缺乏对合作价值的深刻认同。大学生的认知偏差直接阻碍了团队合作的顺利推进，也削弱了他们在团队中的积极性。

第四节 强化新时代大学生合作精神的实践路径

合作精神不仅是大学生个人素养的关键组成部分，更是推动社会进步与国家发展的中心要素。随着全球化进程的不断加深与社会结构的日益复杂，合作精神已成为各个领域成功的基本保障。特别是在高等教育领域，大学生的合作能力已被广泛视为未来人才必须具备的基本素质。因此，如何有效强化大学生的合作精神，成为高校教育亟待解决的核心课题。

一、教育模式改革：从"传授知识"向"协同合作"转变

教育模式的创新是强化大学生合作精神的基础环节。在全球化和数字化发展的新环境下，传统的教学模式侧重于知识的单向传递，往往忽视了学生主体性与团队协作能力的培养，难以满足新时代对人才综合能力的要求。为应对日益复杂的社会问题与跨学科挑战，现代教育必须摆脱传统模式的局限，引导学生在互动和协作过程中发展合作能力与创新思维，推动教育模式从单一的知识传授转向多向互动与协同合作。

（一）推动"协同学习"理念的普及

1. 协同学习模式的定义与实施

"协同学习"是一种基于团队合作的学习方法，它通过组织学生在小组中合作解决问题、共同探索知识的方式，注重学生在互动中共同发展的过程。协同学习不仅关注学生对知识的掌握程度，更注重学生在团队中的角色定位、分工合作、沟通与协作能力的培养。学生只有与团队成员相互支持、相互学习，才能最终达到共同的学习目标。协同学习强调学生的主动参与和合作，以集体智慧来解决复杂的问题，促进学生之间的知识共享和共同进步。

协同学习模式与传统的教学方法不同。传统的教育注重个体的学习和成绩评定，教师通常是知识的唯一传递者，学生处于被动接受的状态。而协同学习

则激发学生的主动性，促使他们在合作的过程中更加积极地参与知识的建构。在协同学习过程中，学生不仅能够提升学术能力，还能够以解决实际问题的方式来增强团队协作的能力。由于协同学习具有较强的互动性和实践性，学生能够在实践中学习，更好地理解抽象理论，增强应用知识的能力。

为了落实协同学习理念，高校应在课程中广泛引入小组合作任务，包括项目式学习与团队作业等多样化形式。通过多元化的学习方式，学生不仅能够参与团队合作，还能够从中学会如何与他人协调、沟通、分工、合作，从而提升自己的团队协作能力。合作式学习既能够增强学生的学科知识储备，也能够培养学生的综合素养，促进其在团队中扮演积极而有效的角色。

2.将协同学习纳入课程设置

实现协同学习需要高校在课程设计中作出系统化调整。传统课程通常将学生个体表现作为评价重点，而忽视了学生协作能力的培养。在新时代教育环境下，课程体系应更加注重学生在团队中的表现，多元化教学设计为学生提供了合作机会。例如，小组讨论、团队项目和课题研究等教学形式能够帮助学生在协作中提升综合能力。教学任务的设计应结合学科特点，聚焦跨学科与综合性课题，使学生能够通过团队合作集思广益，培养沟通协调能力和问题解决能力。

同时，高校应充分利用现代信息技术，通过数字化平台和在线协作工具提升学生的团队协作能力。例如，学生能够通过在线讨论、资源共享和实时反馈等方式，在灵活的学习环境中完成高效的团队任务。线上线下相结合的模式既突破了传统教学的时空限制，也能够帮助学生适应数字化社会对协作能力的要求，从而在更为灵活的合作模式中发展个人能力。

(二)创新评价体系：注重合作过程与成果

1.评价体系的多元化

传统教学评价体系在设计上往往聚焦于学生的学术成绩，特别是期末考试的表现和知识掌握情况。但是，传统单一的评价导向忽略了团队协作能力和合作精神的基础作用。在现代社会，个人的知识与技能不再是衡量成功的唯一标准，如何在团队中有效合作、充分发挥作用已成为人才培养的核心要素。因此，高校亟须改革教育评价体系，将评价重点从单一的学术成绩转向对合作过程与成果的综合评估。

评价体系的多元化应该是综合评价，涵盖学生在团队合作中的具体表现，包括其在协作中的贡献、沟通与协调能力、领导力和解决问题的能力。综合评价能够更全面地反映学生在团队环境中的综合素质。教师通过采取小组项目、团队活动等教学形式，观察和记录学生在团队合作中的行为表现，对其参与度、角色定位和集体意识进行全方位评估。综合评价不仅有助于学生明确自身在合作中的优劣势，还能为其提升团队意识和合作精神提供精准指导。

评价体系通过引入动态的反馈机制，实现过程性评估的目标。在定期反馈中，教师能够及时发现学生在团队合作中的问题，并提供具体的改进建议；学生能够根据反馈信息调整自己的团队策略，从而在实践中不断优化合作能力。注重过程与成果相结合的评价方式，能够使学生的协作能力得到持续提升，同时增强其对团队目标和集体责任的理解与认同。

2. 同伴互评机制的实施

在创新评价体系中，同伴互评是一种有效的补充手段，能够显著促进学生合作精神的培养。传统教学评价通常以教师的视角为主，忽视了学生之间的相互评估，而同伴互评引导学生站在他人视角审视自己在团队中的表现，能够帮助学生更清晰地认知自己在协作中的优劣势，并通过互相反馈实现能力的进一步提升。

同伴互评有助于学生在合作中培养批判性思维和自我反思能力。学生在对团队成员的评价与反馈过程中不仅能够了解彼此的贡献，还能够学会如何提出建设性意见，增强沟通技巧和协商能力。具体而言，在小组项目中，同伴互评能够让团队成员共同发现问题并探讨解决方案。同伴互评不仅提升了学生的责任感和团队意识，还帮助他们从他人的经验中汲取更多关于合作的知识与技巧。

为了确保同伴互评的科学性与公平性，高校和教师需要在评价标准的制定过程中提供明确指导。设计详细的评估指标和反馈模板，能够帮助学生掌握评估的具体方向，从而实现评价的精准性与有效性。例如，评估标准应当包括团队成员的参与度、问题解决能力、沟通与协调的表现等具体方面。在公平公正的环境中实施同伴互评，不仅能够使学生的合作精神得到持续锤炼，还能够为其综合素质的全面提升提供支持。

二、课程设计优化：培养合作意识与技能的双重途径

课程设计在大学生合作精神的培养过程中发挥着基础作用。科学合理的课程设计不仅要关注理论知识的传授，还要注重实践教学的融入，帮助学生在学习过程中培养合作意识并掌握团队协作技能。随着社会对团队协作能力的要求不断提高，高校课程设计需要不断优化，系统整合理论与实践资源，全面促进学生在团队协作能力和合作意识方面的综合发展。课程设计优化既能提升学生的学科素养，也能强化其在多元化团队环境中的合作能力，助力其全面成长。

(一)开设与合作精神相关的课程

1.专门的合作精神课程

针对合作精神的专项课程是培养大学生合作意识和协作技能的有效路径。课程内容能够从理论和实践这两个层面展开，帮助学生全面理解合作精神的本质及其在多领域的具体应用。理论教学能够系统梳理团队合作的基本原则，包括团队建设的重要因素、团队成员的角色分工、目标设定与协同执行、团队沟通技巧，以及冲突管理与解决策略等方面，为学生奠定坚实的理论基础。

同时，课程还需纳入跨文化合作的相关内容。随着全球化进程的持续推进，跨义化合作已成为现代社会中不可或缺的一项基本技能。课程设计能够分析多元文化背景下的合作案例，帮助学生增强文化敏感性与全球化视野，从而使学生在多文化团队中更高效地进行跨文化协作。多元文化课程模块的设置不仅能够满足学生在未来国际化工作环境中的需求，还能够进一步深化其对团队多样性的理解与尊重。

实践环节则通过模拟场景活动、团队建设练习和案例分析等方式，使学生在实践中深化对合作精神的理解。实践活动设计应涵盖团队角色扮演、情境问题解决、团队目标实现等多种形式，帮助学生在真实的团队互动中锻炼合作技巧。在实践环节中，学生不仅能体验合作过程中的挑战与机遇，还能通过反思提升自身的团队协作能力。

2.跨学科课程与项目设计

跨学科课程和项目设计为培养学生合作精神提供了关键平台。现代社会中的许多问题复杂多样，需要跨领域的知识和技能共同解决。跨学科课程引导学

生打破学科边界，结合不同领域的理论与实践，促进学生在多元背景下的团队协作能力发展。

跨学科课程的设计应当联合不同学科的教师，共同规划课程内容和实践任务。课程内容应注重整合不同学科的方法论和知识体系，要求学生在跨学科小组合作中运用个人的专业特长，同时协调其他学科成员的贡献，最终提出综合性问题的解决方案。跨学科课程学习模式能够有效推动学生从单一学科思维向综合性、创新性思维转变。

在跨学科项目中，学生需要与不同背景的团队成员协作，共同探讨复杂问题并寻求可行的解决方案。在跨学科学习中，学生能够锻炼跨领域的沟通能力与团队协作技巧，同时学习如何在多元化团队中实现资源整合与目标协调。跨学科项目不仅有助于提升学生的团队合作能力，还能在学术思维、创新实践和综合素质等方面为其提供系统性的发展机会。

（二）课程内容与实践项目相结合

1. 理论与实践相结合

课程设计的优化不仅应体现在教学内容和教学方法的创新上，更应注重理论学习与实践活动的深度融合。合作精神的培养具有显著的实践性特征，仅依赖理论教学难以全面实现目标。课程设计将学生置于真实或模拟的合作情境中，能够有效提升其对合作理念的认知深度和实践能力。理论与实践的结合不仅有助于巩固学生的理论基础，更能帮助其在复杂环境中锻炼团队合作的技巧。

在课程设计中，教师可融入多样化的实践模块，通过小组任务、跨学科合作项目或社会服务活动等形式，为学生提供参与真实团队合作的机会，引导学生将课堂所学知识应用于实际问题的解决过程中，从而深化其对理论的理解。例如，小组任务能够使学生参加角色分工、任务协调和共同决策等活动，提升其合作能力。在实践过程中，学生需面对各种不确定因素，与团队成员展开合作，共同克服困难。基于实践的学习模式，能够使学生在真实情境中理解合作的重要性，并在解决问题的过程中培养自身的团队协作意识。

为了进一步强化学生对合作精神的理解，课程内容可设计模拟场景或实践活动，如团队建设训练、跨文化交流案例分析等，使学生在模拟环境中体验团队合作的复杂性与必要性。在模拟场景或实践活动中，学生不仅能够增强合作意识，还能够逐步培养出在不同场景下有效协作的综合素养。

2. 小组作业与团队项目的引入

小组作业和团队项目作为教学实践的重要组成部分，对强化大学生合作精神具有显著的作用。在课程中引入小组作业和团队项目，不仅能够使学生学习学科知识，还能够让学生在实际合作中锻炼团队协作的技能，从而逐步培养合作意识。

在小组作业中，学生需要与团队成员共同完成既定任务，成员之间需要密切协作，包括角色分配、任务协调和进度管理等。在合作实践中，学生能够认识到团队协作在解决问题过程中的关键作用，并提升自身的沟通技巧与协调能力。除此以外，小组作业还能够促使学生认识到个体能力的局限性，从而使学生逐步学会依靠团队资源与成员支持来实现目标。

团队项目的设计通常更加复杂，应当为学生提供更为多样化的合作体验。团队项目的任务设置应当涵盖多阶段内容，包括问题分析、方案制定、任务执行和结果评估等环节。学生在完成项目的过程中，需明确自身角色和职责，统筹安排任务进度，并积极参与团队决策。团队项目不仅能够帮助学生体验团队合作的多维价值，还能够使其在团队中锻炼领导能力、执行能力和协作能力。

高校应当将小组作业和团队项目作为课程的核心要素，为学生提供丰富的实践机会，帮助其积累真实的合作经验。在小组作业和团队项目中，学生不仅能掌握团队协作的基本技能，还能逐步培养出适应多元化工作环境的综合素质，为在未来职业生涯中参与复杂的团队合作奠定坚实基础。

三、实践活动创新：搭建合作平台，提升学生实际操作能力

实践活动是培养大学生合作精神和实际操作能力的重要载体，学生在团队合作的真实历练中能够增强合作意识和应变能力，进一步提升综合素质。创新实践活动形式，构建多样化的合作平台，不仅能够帮助学生在不同情境中锤炼团队协作能力，还能够提升其在复杂环境中的问题解决能力。高校应设计和组织形式多样的实践活动，为学生提供发展合作技能和操作能力的广阔舞台。

（一）校内跨专业实践活动

1.跨专业合作项目设计

跨专业实践活动是推动大学生打破学科界限、提升合作精神的基本方式。在传统学科教育中，学生通常受限于单一专业的知识体系，无法充分接触跨领域的思维方式。而跨专业合作项目能够为学生创造多学科协同的平台，帮助其拓宽知识面、激发创新思维，并在多元化的团队环境中锤炼综合能力。

高校应当组织跨学科科研项目、社会调研和文化交流等活动，推动不同专业背景的学生组建团队，共同完成复杂任务。跨专业合作模式能够让学生充分发挥学科特长，同时借助集体智慧实现互补协作，最终提高实际操作能力。比如，一个涉及社会学、心理学、传播学和统计学的综合项目，能够让不同专业的学生共同参与调研设计、数据分析、行为研究和成果传播等环节，促使团队成员在实践中实现知识整合与创新。跨学科合作既能强化学生的协作能力，也能通过项目实践培养其多学科思维方式。

2.促进跨专业思维碰撞与合作

跨专业合作的重要价值在于多学科背景下的思维碰撞与协同创新。不同学科的思维方式和问题解决路径各有特点，在跨专业合作过程中，学生能够通过交流和协作，提出新的解决方案并激发创造力。跨专业合作不仅有助于深化学生对问题的理解，还能为其未来的职业发展提供宝贵经验。

例如，跨学科的创新创业项目能够将创意设计、技术开发和管理规划有机结合。设计专业学生负责创意构思，技术专业学生负责技术实现，管理专业学生负责项目组织和资源整合。学生通过协作完成复杂任务，能够深入理解团队中各角色的责任与贡献，进而培养学生在多学科背景下的协调与沟通能力。

（二）社会实践与志愿服务项目

1.深入社会的合作性实践

社会实践与志愿服务项目为大学生提供了深入社会、了解现实的机会，同时也是锻炼其合作精神的重要途径。学生通过参与团队形式的社会实践，能够在应对复杂社会问题的过程中提升自身的沟通协调能力和团队合作意识。

社会实践项目可涵盖多样化的服务活动，如公益事业、社区建设和农村发展等。在实践过程中,学生需要与团队成员分工合作,共同面对具体挑战。深入社会的合作形式不仅能增强学生的责任感和团队意识,还能解决实际问题,帮助其积累实践经验。例如,在社区服务项目中,学生团队需要制定服务计划、协调资源并执行任务。社会实践经历能够锻炼学生的团队协作能力,并深化其对社会责任的认知。

2. 开展跨地区、跨文化的合作项目

在全球化背景下,跨地区与跨文化的合作已成为培养学生全球化视野和跨文化沟通能力的重要举措。高校应当组织学生参与国际合作项目或联合其他地区高校开展跨文化社会服务,为学生提供接触多元文化的机会。

跨文化合作项目能够帮助学生体验不同的文化环境,锻炼其适应能力和沟通技巧。在跨文化合作背景下,学生不仅需要克服语言和文化的差异,还需要在多样化的团队中寻找共识,协调彼此的任务与目标。跨文化合作模式能够显著提升学生的跨文化合作能力,培养他们对全球化团队的适应能力和协作能力。在跨地区、跨文化的合作项目中,学生不仅能学会在团队中高效合作,还能深化对文化多样性的理解,增强对全球责任的认同感。

(三)搭建创新创业平台

1. 创业平台与创新挑战

创新创业是高校培养学生团队合作能力和综合素质的重要领域。高校应当搭建创新创业平台,鼓励学生以团队形式参与创新项目与创业比赛,为他们提供展示个人潜力与团队协作能力的机会。创业平台不仅能帮助学生在实践过程中提高团队协作能力,还能通过解决实际问题来促进其创新意识与执行能力的同步提升。

在创新创业实践过程中,学生需要与团队成员紧密协作。从项目构思到商业计划的设计,从产品研发到市场推广的每个环节,都需要团队通力合作。学生需明确分工并承担相应责任,同时学会在多方利益之间寻求共识,在面对项目实施中的困难时积极协调、克服障碍。例如,创业比赛为学生提供了系统性锻炼的平台,在创意构想、商业计划书撰写、产品原型设计、市场调研、资源整合等全流程的实践训练中,学生能够全面体验团队合作的复杂性与必要性。创新创业实践不仅要求团队成员有效沟通与协调,还要求他们在不同角色中体现出较强的协作精神与应变能力。

借助创新创业平台，学生能够在实践过程中提升多方面的重要技能，包括团队协作能力、项目管理能力和跨部门沟通能力。在参与创业项目的过程中，学生不断调整优化团队内部的分工与流程，逐渐形成对复杂问题的高效解决能力。多方面技能的培养不仅在学术环境中有助于团队任务的完成，还为学生将来进入职场或承担更高层次的职业责任奠定了坚实基础。

2. 团队合作与创业支持

高校应当构建创业孵化基地和创新实验室等资源平台，为学生团队提供广泛的支持和实践机会。资源平台能够为学生的创新创业项目提供必要的技术、资金和设备支持，并且能够搭建高质量的合作空间，帮助学生在真实环境中锤炼团队协作能力。

创业孵化基地和创新实验室应当作为学生进行产品研发、技术创新、商业模式设计等实践的基础场所。在创业孵化基地和创新实验室平台上，学生能够自由组建团队，结合各自的专业背景和能力优势，共同策划并执行项目。团队合作的全过程能够帮助学生在实践中积累宝贵经验，如学习如何有效分配资源、协调团队关系和克服项目实施过程中的困难。同时，高校还能够借助这些平台邀请企业界专家、创业导师或校友创业者，为学生提供专业指导和资源支持。专业指导不仅能够帮助学生规避创业过程中的常见误区，还能够为其项目的推进与完善提供战略性建议。

学生通过创新创业平台，能够获得深入的企业管理、市场运作和团队运营的经验，而团队合作则增强了其在实际工作环境中的适应能力。特别是在面对多元化问题时，团队成员需要通过整合资源、优化流程来实现项目的成功实施，这极大地提升了学生的综合素质。学生在实践过程中形成的领导力、执行力和协调能力将成为他们未来职业发展的重要优势，为他们应对职场挑战奠定了坚实的基础。

高校通过推动创新创业平台的建设与完善，能够在实践教育中实现多重目标，即提升学生的创新能力、培养其团队合作精神，并通过真实项目的操作经验，为社会输送更加符合时代需求的综合型人才。

四、文化建设：营造合作氛围，塑造合作价值观

文化建设在大学生合作精神培养过程中具有基础性和推动性作用。高校作

为知识传播与人格塑造的重要场所，应精心设计和实施文化建设方案，营造积极向上的合作氛围，引导学生树立以合作为关键要素的价值观。文化作为无形的精神力量，对学生的行为和思想具有深远的影响，是塑造团队精神与集体意识的基础工具。在校园文化建设过程中，学生能够逐步认识到合作的重要性，内化团队精神，并在实践中提升行动力。

（一）加强校园文化建设，促进合作氛围的形成

1. 举办合作精神相关活动

文化活动是塑造合作氛围的有效载体。在校园中举办各种关于合作精神的文化活动，不仅能够让学生在参与的过程中增强团队协作能力，还能够使合作精神以活动的形式深入人心，激发学生的合作热情。高校应当设计一系列以合作为主题的活动，让学生在实际的互动和合作中体会合作精神的内涵。

（1）团队建设竞赛

团队建设竞赛是一种能够有效锻炼学生合作能力的校园活动。竞赛要将学生置于团队合作解决问题的情境中，团队成员应当紧密配合，在有限的资源和时间内制定策略、分工合作，最终实现任务目标。团队建设竞赛不仅能培养学生的沟通技巧和协作能力，还能使学生学会如何在团队中发挥个人优势，同时理解团队目标优先于个人目标的基础性。

（2）协作型运动会

协作型运动会是将合作精神与身体活动相结合的另一有效形式。不同于传统的个人比赛，协作型运动会鼓励团队合作，要求学生在比赛过程中紧密配合、相互支持。协作型运动会不仅能锻炼学生的体力，还能培养他们的团队协作精神，使他们能更深刻地理解团队精神，形成"团队第一"的意识。

（3）志愿服务活动

志愿服务活动是高校文化建设中的一种常见形式，旨在依靠集体的合作力量，服务社会、回馈社会。大学生参与的志愿服务项目通常涉及不同地区、不同类型的服务内容，如扶贫济困、支教助学等，这都是团队协作的展示。志愿服务活动让学生能够意识到团队合作不仅是一个理论概念，这是实际行动的必要条件。在志愿服务的过程中，团队成员会根据各自的特长分工合作，协调各种资源，共同克服困难，最终实现共同的目标。

2. 树立榜样，发挥榜样效应

"榜样的力量是无穷的。"榜样作为学校文化建设的重要一环，能够通过示范效应，激励学生形成正确的合作观念。高校应当树立合作精神的榜样，展示学生合作精神的成功典范，从而激励更多学生在日常生活和学业中践行合作精神。

在树立榜样方面，高校应当邀请那些具有优秀团队合作经验的校友或社会精英，以演讲、座谈、公开课等形式，与学生进行面对面的互动。优秀团队的亲身经历和实践分享，能够让学生真实地感受到合作精神在各行各业中的基础作用。校友们应当结合自己的大学生活与工作经历，讲述自己在团队合作中如何克服困难、解决矛盾、取得成功，从而引导学生理解合作不仅是个人优势的叠加，还是集体力量的汇聚，更是成功的基石。

高校还应当通过设置奖项、表彰优秀团队等方式，表扬在集体合作中表现出色的团队和个人。高校应当宣传和树立典型事例，逐渐形成榜样效应，使学生在潜移默化中受到启发，学习并践行团队合作精神。

(二)倡导合作与共赢的校园价值观

1. 推广合作共赢的理念

校园的价值观念直接作用于学生的行为与思维方式。高校应当把合作与共赢的理念贯穿于日常教学、校园管理等各个方面，强调集体利益高于个人利益，鼓励学生在实践过程中积极参与合作。高校要开展各类宣传活动，使学生深刻理解合作共赢的理念，并在实际生活中加以应用。

合作与共赢并不是一个理想化的口号，它应当成为每个学生的行为准则。在教学过程中，教师应当引导学生树立合作共赢的观念。在分组讨论、团队合作项目等形式的学习中，教师不仅要关注每个学生的个人表现，还要重视学生在团队合作中的表现。在课堂上，教师应当采用案例分析等方法，帮助学生理解在实际工作中如何通过合作解决问题，如何在团队中协调不同的个体利益，最终达成共赢的局面。高校还应当组织讲座、论坛等活动，邀请业内专家、成功企业家等分享合作共赢的实践经验。在一系列具体案例的启发下，学生能够真正理解如何在实践中实现合作共赢，从而提升他们的团队协作能力和领导能力。

2.加强团队精神的培养与宣传

团队精神是合作精神的重要组成部分，团队精神的培养离不开广泛的宣传与教育。高校应当以校园广播、海报、文化墙等形式，广泛宣传团队合作精神的重要性，倡导集体主义价值观。在校园环境中，每个学生都应该感受到集体主义的熏陶，感受到团队合作带来的力量。

学校应当定期举办关于团队合作的主题活动，如团队合作大讲堂、团队合作案例展示等，以活动宣传团队精神，增强学生对集体主义和团队协作的认同感。在活动中，学生能够观看优秀团队的案例，听取团队合作的成功经验，激发自己参与团队合作的兴趣。同时，学校还应当利用文化墙、横幅、电子屏等展示团队合作的主要理念，并选取生动的案例说明合作精神的具体表现。例如，清华大学环境学院郝吉明院士的"四世同堂"导学团队，通过讲述团队精神和学术传承，激励学生在科研和学习中发扬团队协作精神，不仅培养了学生的团队协作能力，还推动了校园文化的建设，使团队精神成为校园文化的核心组成部分，成为学生成长过程中不可或缺的一部分。

(三) 文化建设的长效机制

高校要想实现文化建设的长效目标，光靠短期活动和一次性宣传是远远不够的。文化建设需要一个持续的、长期的战略性规划，特别是大学生合作精神的培养，需要一系列长期有效的机制和举措，将合作精神内化为学生的价值观，逐步渗透到校园的日常管理和教学活动中。建立文化建设的长效机制，不仅能确保合作精神的持续弘扬，还能在学生的学习和生活中形成自我激励与自我塑造的良性循环。

1.将合作精神纳入课程体系

合作精神的培养不应局限于课外活动，它应当成为高校教育体系的一部分，嵌入到学生的学术成长和综合素质培养中。高校应当创新课程体系，将合作精神作为关键素质进行教学，让学生在课堂上系统性地理解合作的重要性，锻炼学生在团队中的沟通、协调、解决冲突的能力。

要想将合作精神纳入课程体系，高校应当开设与合作精神紧密相关的课程，如"团队合作与沟通技巧""集体主义与合作精神"等，专门针对团队合作中的主要能力进行培训。课程不仅要介绍合作精神的理论，还要组织案例教学、小组讨论、模拟活动等，帮助学生理解并体验如何在实际环境中发挥作用。在小组讨论中，学生将有机会处理团队合作中的分歧，提出建设性意见，培养解决问题的能力。例如，南开大学开设的"团队协作能力的养成与提升"课程，是由南开大学就业指导中心副主任王建鹏主讲，该课程旨在增强大学生的团队协作意识，培养和提升大学生的团队协作能力。课程从"团队"和"协作"的定义出发，详细讲解团队协作的基本要素，包括团队目标、成员分工、角色定位等。四川大学开设的"战略性思维：竞争、合作与全局意识"课程，是一门跨学科的通识课程，涵盖文、史、哲、经、管、法、理、工等多个学科。课程通过案例分析和小组讨论，培养学生在团队合作中的竞争意识、合作精神和全局观念，提升学生在复杂情境下的决策能力。在实际应用中，高校要鼓励跨学科的课程设计，将合作精神与各专业领域的实际问题结合起来。例如，清华大学于2017年成立了三个跨学科交叉科研机构，涉及多学科领域，要求学生以团队合作形式完成复杂的科研任务，培养学生的合作精神和创新能力。电子科技大学从2018年开始建设跨学科课程群，包含跨学科课程、课程群和开放式跨学科交叉创新实践项目等。合作精神纳入课程体系后，合作精神不再是单纯的理论知识，而是成为学生实际工作能力的一部分。

2. 创新校园活动形式，增强学生的参与感

为充分发挥校园活动在文化建设中的作用，高校需在定期举办活动的基础上，持续创新活动形式，从而显著提升学生的参与感与互动性。创新的活动形式能够为学生提供多元化的校园环境，使其在体验合作乐趣的同时，直面合作挑战，进而深刻领悟团队合作的基本价值。

高校应定期组织有针对性的团队合作活动，如协作型运动会、跨学科项目合作大赛和社会实践团队项目等。近年来，众多高校举办了跨学科项目合作大赛。例如，上海大学于2025年启动了跨学科联合大作业项目，基于"五跨"原则（跨课程、跨专业、跨学科、跨学院、跨学校），由不同学科和专业的教师组成指导团队，指导学生分工协作，共同完成科研项目、企业课题或产品研发。其目的是通过真实问题的跨学科项目设计，培养学生的自主学习能力、实践创新能力和团队合作能力。西交利物浦大学主办的高校跨学科社会创新课程联盟年度学生项目成果展暨大赛，吸引了来自23所合作院校的学生参与。学生在参与活动的过程中，不仅锤炼了个人能力，更学会了在团队中相互支持与

协作。

与此同时，高校可结合数字化技术，探索线上线下相融合的合作活动模式。例如，北京大学将数智化作为学校发展战略之一，优化智慧教学环境，加强在线课程体系建设，所有教室均支持录播、直播授课，实现线上线下融合教学，构建了体系化的数字化资源库。此外，北京大学的"全球课堂"项目，能够与海外院校的学生开展云端互动学习。借助数字化手段，活动能够突破时间和空间的限制，吸引更多学生参与，同时培养学生在现代化、信息化背景下开展团队协作的能力。

为提升活动的吸引力与参与度，高校可设立奖学金、荣誉证书等激励措施，表彰优秀团队，激发学生通过团队合作展现自身能力与潜力的积极性。激励机制的引入将促使学生更加主动地参与活动，并逐步将团队合作的理念内化为自身的行为习惯。除此以外，高校也应积极与社会各界建立合作关系，邀请行业专家或企业代表来校指导，或通过校外实习合作项目，让学生在实际工作环境中亲身体验团队合作的真实价值与意义。校内外合作的开展，为学生提供将课堂所学与实践相结合的机会，进一步强化其集体主义意识，深化合作精神的内涵，让学生在实际的合作实践中深刻感受到团队合作的力量，从而形成合作共赢的校园文化。

第六章
斗争精神的涵育

党的二十大报告明确将"坚持发扬斗争精神"作为全面建设社会主义现代化国家必须牢牢把握的重大原则。大学生作为实现中国式现代化的重要力量，必须具备斗争精神，以应对复杂的社会环境并实现自我发展。尤其是在当前风险增加、挑战不断的社会环境下，培养斗争精神已成为高校教育的紧迫任务。与此同时，"饭圈文化"在大学生群体中迅速扩展，围绕偶像和明星形成的饭圈文化为大学生提供了丰富的娱乐与社交体验，也对大学生的精神成长产生了复杂影响。因此，如何在"饭圈文化"背景下有效引导大学生培养和弘扬斗争精神，成为高校思想政治教育亟待完善的重要课题。高校应充分挖掘"饭圈文化"中的积极因素，同时强化思想政治引领，帮助大学生树立正确的价值观，提升他们应对社会挑战的斗争意识和能力。这不仅是践行立德树人根本任务的必然要求，还是应对新时代复杂环境的现实需要。

第一节　"饭圈文化"对大学生斗争精神涵育的多维影响

马克思曾说，"只有精神才是人的真正本质"①。教育引导大学生弘扬斗争精神是我们党当下青年工作的核心内容。"饭圈文化"作为文化系统的一个子集，与大学生斗争精神教育引导这一文化实践活动紧密相连，并对其产生直接

---

① 中共中央马克思恩格斯列宁斯大林著作编译局.马克思恩格斯文集：第一卷[M].北京：人民出版社，2009：204.

且双重的影响。

一、共生与脱嵌：主流文化价值导向的协同与偏离

习近平总书记指出："中国特色社会主义是改革开放新时期开创的，也是党和人民长期实践取得的根本成就，是当代中国发展进步的根本方向。"[①]中国特色社会主义文化作为我国文化发展的主导方向，不仅深刻反映国家精神和主流意识形态，更是维系社会发展与稳定的精神支柱。而大学生斗争精神教育引导与我国主流文化的发展之间具有价值耦合性和方向一致性。

"饭圈文化"作为一种伴随新媒体发展而崛起的亚文化形态，因其独特的社交属性和偶像崇拜特质，在某种程度上与主流文化具有共生潜力，但同时也潜藏着与主流文化脱嵌的风险。这种共生与脱嵌的交织，不仅模糊了大学生对主流文化的认知边界，还在潜移默化中影响了他们对斗争精神的深刻理解与坚定信仰。一方面，"饭圈文化"与主流文化之间存在着一定的"共生"关系，展现出积极的社会正向功能。"共生"体现在两者通过合作实现文化平衡和双赢局面。"饭圈文化"为增强自身的社会合法性，常通过借用主流思想形成符号嵌入，实现与国家倡导的"斗争精神"教育引导目标的对接。例如，"饭圈"对"阿中哥哥"等国家形象的符号再造，将国家形象偶像化、符号化，以"饭圈"特有的表达形式，使青年人在偶像崇拜中潜移默化地接触和认同主流文化的价值导向。同时，主流文化也通过文化征用方式积极介入"饭圈"，实现国家在场，消解"饭圈文化"的对抗性情绪。例如，官方媒体通过转发公益活动或励志影片等方式，利用明星效应引导"饭圈"价值观向主流文化靠拢，激励偶像和粉丝群体明确政治立场。另一方面，"饭圈文化"的娱乐化、情绪宣泄和非理性特征使得其在价值导向上容易偏离主流文化，存在"脱嵌"风险。由于"饭圈文化"参与门槛低、监管力度弱，其成员在情感表达和个性展示中易走向极端。例如，"饭圈"打投机制导致部分大学生过度消费，将个人理想建立在金钱、名利之上，背离了斗争精神教育中倡导的国家责任和集体担当。此外，"饭圈文化"衍生的内容、产品和传播多秉持"娱乐至死"的态度，使部分大学生沉迷于偶像的外在形象、猎奇于资本包装后的明星家事、盲目追随"饭圈"领袖的言论，逐渐失去对

---

① 中共中央党史和文献研究院.习近平新时代中国特色社会主义思想学习论丛：第一辑[M].北京：中央文献出版社，2020：58.

现实责任的深层认知。这种情绪化和非理性行为使"饭圈文化"逐渐偏离主流文化的核心价值，甚至与斗争精神教育的价值导向背道而驰，影响了大学生对斗争精神的深层认同。

在中国特色社会主义文化发展的进程中，求同存异、包容多样是文化自信的重要体现，但这并不意味着对不利于社会和谐发展的因素姑息放纵。面对复杂的文化与意识形态安全形势，习近平总书记多次强调要敢于"亮剑"、敢于斗争，坚决抵制各种错误思想蔓延。因此，在应对"饭圈文化"的多重影响时，国家应构建以主流文化为主导、多元文化开放参与的文化互动机制，在尊重差异的基础上明确主流文化的主导地位，通过"亮剑"斗争营造和谐环境，唤醒大学生对斗争精神教育引导方向的自觉皈依。

二、弥合与分割：社会关系结构的黏合与隔阂

马克思指出："人应该在实践中证明自己思维的真理性。"[①]实践不仅是客观物质世界存续和发展的前提，还是人类精神特质形成与检验的源泉，更是大学生斗争精神教育引导不可或缺的核心路径。从理论上讲，人类一切实践活动均植根于特定的社会关系背景。教育实践的价值指向与目的诉求，在于变革与改善人的生存状态，同时构建并调和社会关系。大学生斗争精神的教育引导，正是基于社会关系发展的需求而产生，并在社会关系的扩展中不断丰富和成熟。当前，不确定性明显增加的社会关系越发要求高校充分发挥斗争精神教育引导功能，以扩大精神共识、凝聚共同理想。

"饭圈文化"通过偶像崇拜构建起粉丝与偶像之间的密切联系，增强了粉丝群体内部的互动和彼此之间的情感依赖，提升了他们的社会参与感。但"饭圈文化"的封闭性和排他性也可能导致社会关系的割裂，阻碍青年人对社会关系的理解和适应。在"饭圈文化"影响下，青年人的社交关系结构呈现出黏合与割裂并存的特性，给斗争精神教育引导的实践带来不确定性。一方面，"饭圈文化"赋予大学生在社会关系中的黏合力量，使其社会参与意识逐渐增强，并在斗争精神教育引导的实践中产生正面效应。从主体层面看，"饭圈文化"通过粉丝与偶像的互动构建了高度团结的群体关系，形成了特殊的社会连接机制，在

---

① 中共中央马克思恩格斯列宁斯大林著作编译局.马克思恩格斯文集：第一卷[M].北京：人民出版社，2009：504.

一定程度上弥合了大学生群体的孤独感与疏离感，使他们在集体活动中形成了高度的合作意识与情感依赖，体验到集体的力量与支持，从而增加了实践主体的确定性。从介体层面看，"一个群体的观念、价值、信仰蕴含于各种符号和工艺品中"①。"饭圈"独特的语言、消费和文化符号不仅是大学生进行关系识别与身份认同的"秘密代码"，还成为他们在虚拟空间中表达自身价值观念、获得集体荣誉感的符号游戏，为实践介体的确定性提供了新的表达方式。从环体层面看，"饭圈"使得大学生的择友从"选择题"变为"填空题"，由此形成基于"志同道合"的自由群聚，从个体解放的角度来看，这无疑体现了社会关系的良性运作，为实践环体的确定性提供了契机。另一方面，"饭圈文化"的封闭性和排他性带来了社会关系割裂的风险，影响了青年人对广泛社会关系的理解和适应。"饭圈文化"中的"站队"现象导致了对立"阵营"的出现，粉丝们因偶像而产生排他性支持乃至对抗和冲突行为，使其在封闭的饭圈中形成狭隘的价值认同，甚至发展出极端的思维模式，加剧了粉丝对不同观点和群体的排斥心理，削弱了他们在更广泛的社会关系中进行有效互动和合作的能力。对大学生而言，这种排他性倾向在一定程度上阻碍了他们对社会集体的全面认同，不利于他们在社会中实现融入和适应。

一言以蔽之，"以互联网技术为基础的网络圈群已成为自媒体语境下一种新兴社会交往方式和社会组织形式"②，"饭圈文化"对大学生的社会关系结构产生深刻影响。相较于课堂学习中稳定、清晰的关系结构与校园管理，"饭圈"大学生的社会关系在流动中呈现出短暂、混沌状态，使学习、工作与生活的边界模糊且相互渗透，对斗争精神教育引导的实践带来不确定性。因此，教育引导主体应积极应对社会关系的变化，深入大学生的工作与生活，构建并提升大学生的精神品质，以适应新的社会发展需求。

三、回归与偏离：日常生活场景的再现与异化

大学生斗争精神教育引导的内化是一个深刻而复杂的过程，涉及大学生真心接纳符合社会发展要求的斗争认知、情感、目标，并将其融入自身精神价值

---

① 戴维·英格利斯.文化与日常生活[M].张秋月，周雷亚，译.北京：中央编译出版社，2010：12.

② 杨美新，郭燕萍.网络圈群中的主流意识形态认同：价值、藩篱与实现路径[J].湖南科技大学学报（社会科学版），2021，24（6）：155.

体系的问题。这一过程不仅是斗争精神影响、支配和引导大学生思想、情感与行为的历程，还是大学生对斗争精神价值认同的逐步建立与沉淀的过程，其成效直接决定了大学生斗争精神教育引导的有效性和持久性。然而，正如马克思所言，"人类思想中的意识形态成分总是与思考者的现存生活环境紧密相连"①，日常生活是大学生获取生活经验和精神滋养的主要途径，是斗争精神教育赖以展开的重要场景，对斗争精神教育引导的内化过程具有不可忽视的影响。

作为一种深刻渗透到大学生日常生活中的亚文化，"饭圈文化"以文化内生发展和资本外在催化的双重逻辑，全息全时濡染大学生的日常生活，既为斗争精神教育引导的内化提供了积极的资源，也带来了异化效应。一方面，回归日常生活的"饭圈文化"为大学生斗争精神教育引导的内化提供了有力支撑。大学生的追星行为实则是一种风格与个性的表达，"是青年人成熟过程中的一个主要阶段——一种对认同的追求"②。这种追求与斗争精神教育引导中倡导的平等、反抗规训的理念不谋而合。大学生基于粉丝情结的消费选择也不是纯粹的个人行为，更与价值观相涉，能够激发相应的精神判识和价值选择，从而助力对斗争精神教育引导的内化。此外，"饭圈"内部也具有相似的情感态度和应援行为。其态度与行为的统一性或由线上延展至线下，无论是在线上还是在线下，都为斗争精神教育引导的日常实践提供了独特优势，并在反复实践中强化了大学生对斗争精神的自我吸收与认同。例如，电视剧《狂飙》中的应援口号"天生我材必有用，大器晚成张颂文"反复刺激着大学生的感官，激发其对斗争精神的认同与激情，进而产生了为理想奋斗终身的动力。另一方面，偏离日常生活的"饭圈文化"会消解大学生对斗争精神教育引导的内化和有效性。"饭圈文化"中充斥着大量远离现实的"迷信"话术，不仅用"天选之子"去潦草概括虚拟与现实的成败归因，还用"欧皇"这种"祥瑞之兆"哄抬社会情绪，导致一些大学生长时间沉浸在这种虚拟构建的偶像生活，失去在实际生活中践行斗争精神的动力。恰如勒庞指出，"人数赋予个体力量，个体也会立刻屈从于这种诱

---

① 卡尔·曼海姆.意识形态与乌托邦：全新译本［M］.姚仁权，译.北京：中国社会科学出版社，2009：76.

② 胡疆锋.伯明翰学派青年亚文化理论研究［M］.北京：中国社会科学出版社，2012：73.

惑"①。"饭圈"的群体力量越强，群体极化就越成为可能。"饭圈"中客观存在的部分征候式行为，如挖掘偶像私生活、对娱乐报道捕风捉影、制造矛盾引流等，逐渐成为一种不容置疑的舆论框架，甚至引发网络"民粹主义"：粉丝以"斗争"为武器审查"对家"，一旦怀疑对家或其所代言的产品存在侵犯我国主权的行为，便发动极端行为进行抵制。在此过程中，斗争思维被媒介化，部分大学生将斗争精神价值狭隘化和短视化，他们沦为"数字劳工"，为偶像时刻"在线"，时刻"准备着"，时刻"战斗"，严重扰乱了我国主流意识形态安全与社会治理的正常秩序。

大学生斗争精神来源于他们对日常生活个体精神的品质凝练与价值再塑，它反映了大学生的群体血性与进步动力，理应在日常生活中实现价值最大化。脱离日常生活场景去宣扬斗争精神教育引导的内化效果无异于空中楼阁，只会让斗争精神的丰富意蕴封存于历史文献和文物之中，难以落实到现实生活的具体场景中。"回归"与"偏离"作为"饭圈文化"融入日常生活的一体两面，既可以帮助我们锚定"饭圈文化"给大学生斗争精神教育引导带来的全新发展空间，也警示我们"饭圈文化"的某些异化倾向正在逐步消解大学生斗争精神教育引导的效果。

第二节 大学生斗争精神涵育的现实审视

大学生斗争精神教育引导是教育工作者有计划、有组织地将斗争精神的相关内容传授给大学生的过程。然而，"饭圈文化"的兴起给这一过程带来了诸多不确定性和挑战，其吸引力和影响力在某些方面甚至超越了传统的斗争精神教育引导。面对这一现象，教育工作者有必要从"饭圈文化"影响的角度出发，对当前大学生斗争精神教育引导的现状进行深刻反思。

一、主体省思："权威"与"亲和"的割裂，师生关系日渐疏离

亲和力是"饭圈文化"的核心特质之一。在"饭圈文化"中，偶像通过社交媒体平台与粉丝进行频繁且直接的互动，粉丝的情感需求能够迅速得到回应和

---

① 古斯塔夫·勒庞.乌合之众：大众心理研究[M].冯克利，译.北京：中央编译出版社，2005：23.

满足。这种亲和特质突破了时间与空间的限制，不仅建立起粉丝与偶像之间的紧密情感联结，还增强了粉丝群体内部的凝聚力，形成了一种稳定而持久的情感纽带。在当代大学生的文化生活中，"饭圈文化"凭借其独特的亲和性，赢得了广泛的群众基础和深远的影响力，成为塑造大学生价值观和行为模式的重要文化力量。

相较而言，斗争精神教育引导侧重于权威性，其权威性植根于固有的政治属性、稳定的政治体系和深厚的文化积淀等多方面。在教育实践中，教育工作者作为主导力量，负责传授斗争精神的核心价值观和理念，并引导学生树立正确的世界观和人生观。然而，随着信息来源的多样化，大学生不再单纯依赖教育工作者的知识传递，传统斗争精神教育引导的权威性因此受到挑战。同时，社交媒体和互联网的普及加剧了信息的分散传播，使得学生更容易接触到多样化的思潮和观点，进一步削弱了斗争精神教育的权威性。教育工作者在传递"权威"内容和塑造"权威"形象的过程中，与学生试图摆脱传统"权威"束缚的心理诉求产生了矛盾。与此同时，教育工作者对学生情感关怀的缺失，以及与学生建立有效情感联结和信任关系的能力不足，使得师生之间的情感距离不断扩大。

当代大学生成长于开放、多元、复杂的社会环境中，他们不再只是知识的被动接收者，而是更加追求独立个性和自由。过于凸显权威性的斗争精神教育，在无形中构建了心理屏障，阻碍了教育目标的实现。因此，教育工作者需在权威性与亲和性之间找到平衡，重新审视自身的角色定位，调整教育理念，通过增强情感联结来拉近师生距离，从而提升斗争精神教育的实际成效。

二、内容检视："严肃"与"娱乐"的脱节，教育内容抽象乏味

"饭圈文化"凭借其鲜明的娱乐特质，深受大学生群体的喜爱。康德曾指出，粉丝之爱是一种"病理学的爱"，它受生理情绪和感性冲动控制，无关意志和理性，也无关责任与义务。① "饭圈文化"通过其独特的语言体系、符号标识和行为规则，营造了一个极具娱乐性的社群环境，使大学生能够在"点赞"、评论和分享等过程中获得情感满足。"饭圈"中的情感共享与宣泄机制，为大学生提供了一种应对压力和孤独的方式，成为他们在快节奏生活中寻求精神慰藉的

---

① 曹刚."饭圈文化"的道德批判[J].中国文艺评论，2021（10）：14.

重要途径。"饭圈文化"的娱乐特性由此成为影响大学生价值观与行为模式的关键因素。

与之相比，斗争精神教育内容以严肃性为核心特征。作为思想政治教育的重要组成部分，大学生斗争精神教育引导承担着"培养一代又一代拥护中国共产党领导和我国社会主义制度、立志为中国特色社会主义事业奋斗终身的有用人才"[1]的重要使命，其内容极具严肃性。在教育实践中，斗争精神教育工作者需精准把握斗争精神的核心精髓，同时紧密结合时代背景与现实需求，将斗争精神与现实世界紧密相连，并融入大学生学习与生活的方方面面。然而，当前斗争精神的教育内容往往侧重于抽象的概念、原理和理论阐述，缺乏鲜活案例与具体实践的支撑，抽象且枯燥的教育内容难以被学生直观理解或内化认同。尤其是在数字化时代，社会关系的亲近性与物理空间的邻近性越发脱节，[2]作为数字原住民的青年大学生，在面对严肃、抽象且略显枯燥的斗争精神教育内容时，更容易产生逃避心理。换言之，当前斗争精神教育引导内容所体现的严肃性特征与大学生群体普遍追求生动性和趣味性的心理需求之间存在着显著差异与脱节。

人是充满丰富情感的现实存在。"饭圈文化"的娱乐性正好满足了马斯洛需求层次中的"情感和归属需求"，大学生在饭圈中沉迷于自我愉悦、情感共享甚至是情绪宣泄。相比之下，斗争精神教育引导作为一种逻辑严谨、内容完备的意识形态教育，在传递理性思维、政治导向和社会价值时，缺乏足够的感性体验和实践操作。因此，如何在斗争精神教育引导的内容设计中融入生动案例和具体实践，将理论教育与实际实践紧密结合，同时在娱乐与严肃之间找到恰当的平衡点，成为每一位思想政治教育工作者必须面对的重要课题。

三、话语审查："宏大"与"微小"的失衡，表达方式缺乏张力

微小叙事是"饭圈文化"话语体系的鲜明特色。它通过聚焦于个体与偶像间的日常细节和个人情感的细腻描绘，构建了粉丝与偶像、粉丝与粉丝之间的紧密联系。微小叙事不仅关注偶像的公众形象，更深入挖掘其生活中的点滴，

---

① 习近平.习近平谈治国理政：第三卷[M].北京：外文出版社，2020：328-329.
② 哈特穆特·罗萨.新异化的诞生：社会加速批判理论大纲[M].郑作彧，译.上海：上海人民出版社，2018：118.

粉丝们通过分享、评论、互动"小故事"，表达对偶像的认同和支持。"饭圈文化"贴近个体、细腻入微的表达方式，不仅满足了大学生对亲密关系与情感寄托的需求，而且为他们提供了自我实现与社会认同的投射平台，使得"饭圈文化"在大学生群体中展现出独特的吸引力和影响力。

相对而言，斗争精神教育引导主要以宏大叙事为主，通过展现历史性事件、英雄人物事迹和社会变革历程，传递国家观念、集体主义精神和社会价值观。斗争精神的魅力就在于其融入历史大视角、政治大语境的震撼性的宏大叙事与权威叙事，并由此展示出持久的力量和崇高的情感。正如马克思所言："理论只要说服人，就能掌握群众；而理论只要彻底，就能说服人。"①斗争精神教育引导从宏大的历史和抽象的真理开始，构建了完整的理论框架与意识形态体系，赋予了教育引导话语更加宽广的思想视野和更为完整的体系范式。然而，宏大叙事因其抽象性与距离感，在实际教育实践中往往难以与当代大学生产生深刻的情感共鸣。大学生更倾向于关注和理解与个人经历密切相关的小叙事，且"不相信任何单一的理论框架、大叙事或终极性基础"②。

事实上，宏大叙事与微小叙事各有所长，相辅相成。宏大叙事关注整体、长远和普遍性的问题，为斗争精神教育引导提供了整体框架与理论支撑；而微小叙事则更注重个体、当下和具体性问题，为宏大叙事注入了鲜活生命力和丰富内涵。因此，如何在斗争精神教育引导中精耕细作话语方式，平衡宏大叙事与微小叙事，并在两者之间保持必要的张力，成为提升教育效果的关键所在。

四、方法审视："单向"与"交互"的比照，教育方法线性单一

"饭圈文化"借助社交媒体平台，构建了一个开放、实时的交互空间，粉丝通过主动发声、评论、转发等形式参与内容生产与传播，展现出极强的主动性与创造性。他们从中"盗猎"出感兴趣的文本，将其从原语境中提取、解构和再创作，并根据自身需求对其进行混合和拼贴。粉丝个性化的阐释在网友的讨论中被重新塑造和巩固，创作者与受众之间频繁互动，共同营造出"盗猎者狂欢"

---

① 中共中央马克思恩格斯列宁斯大林著作编译局.马克思恩格斯选集：第一卷[M].第3版.北京：人民出版社，2012：9-10.
② 特里·伊格尔顿.历史中的政治、哲学、爱欲[M].马海良，译.北京：中国社会科学出版社，1999：109.

的氛围。"饭圈文化"成功搭建了一个可见、可互动的情境化空间，极大地激发了粉丝的参与热情，尤其是在大学生群体中获得了广泛关注。信息的双向流动突破了传统的单向传播模式，赋予大学生更多的选择权与话语权。

相比之下，传统的斗争精神教育方法主要依赖于单向灌输，通过课堂讲授、理论学习等形式向学生传递斗争精神的核心理念。列宁曾指出："工人本来也不可能有社会民主主义的意识。这种意识只能从外面灌输进去。"①灌输作为思想政治教育的重要方法，在确保斗争精神教育内容清晰、系统地传递方面具有不可替代的作用。然而，随着社会发展和技术进步，这种线性、单向的模式逐渐暴露出局限性，特别是在忽视学生主动性与互动需求方面。在实际教育实践中，灌输理论常被简单化为僵化、教条的传递形式，甚至陷入单向线性的"泛灌输"困境。成长于信息时代的大学生个性鲜明，信息获取渠道丰富，他们不仅渴望得到他人的认可和关注，更希望通过深度互动来满足自身的参与需求和情感需求。在这一背景下，传统的单向灌输模式因缺乏互动性与灵活性，逐渐被大学生排斥。

在"饭圈文化"中，生产者、媒介与消费者的互动，打破了传统单向度的传播结构，将"金字塔式"的传播模式转变为"众声喧哗"的多向交互形态。大学生不再是被动的"读者"或"观众"，而是积极参与内容的生产与传播，拥有更大的选择权与话语权。这表明，相较于单向线性的"泛灌输"，大学生更愿意探索并实践独属于自己的成长方法论与人生算法。因此，传统斗争精神教育的方法亟须在理念和实践上进行创新与调整，以更好地适应当代大学生的学习需求与互动习惯。

第三节　大学生斗争精神涵育的优化路径

习近平总书记指出，要"全力战胜前进道路上各种困难和挑战，依靠顽强斗争打开事业发展新天地"②。鉴于当前"饭圈文化"对大学生斗争精神教育引

---

① 中共中央马克思恩格斯列宁斯大林著作编译局.列宁选集：第一卷[M].第3版.北京：人民出版社，1995：317.

② 习近平.高举中国特色社会主义伟大旗帜 为全面建设社会主义现代化国家而团结奋斗：在中国共产党第二十次全国代表大会上的报告[M].北京：人民出版社，2022：27.

导的潜在影响，教育工作者应秉持问题导向与育人导向相统一的原则，结合大学生成长规律与时代特征，引导他们形成正确的斗争认知，激发斗争热情，坚定斗争意志，提升斗争能力，帮助大学生在脚踏实地的斗争实践中不断磨砺自我，积累经验，增长才干。

一、凝聚主体力量，在"权威"与"亲和"的共融中塑造斗争认知

科学的斗争认知是大学生斗争精神教育引导的基础。在资本和平台合力推动的"饭圈文化"浪潮中，明星和偶像的日常动态频繁占据"热搜"与"头条"。当海量偶像信息涌向大学生群体时，政治色彩浓厚的"斗争精神"往往难以有效渗透至他们的认知层面。斗争精神教育引导所蕴含的"权威"特质与学生对"亲和"的需求之间存在着天然的张力，而要跨越这道鸿沟，教育者必须重新审视自己的角色，既要维持斗争精神教育引导的政治性权威，又要注重情感上的共鸣与认同，在"权威"与"亲和"的共融中塑造学生的斗争认知。

第一，强化"权威性"，树立教育引导权威。恩格斯指出：权威是"把别人的意志强加于我们；另一方面，权威又是以服从为前提的"[1]，并强调"问题是靠权威来解决的"[2]。教育活动是一种权威性活动，大学生斗争精神教育引导离不开稳定且令人信服的斗争精神教育权威。斗争精神教育的权威性是其政治性的直接体现，强调对社会行为规范的遵循和对主流价值观的认同。政治力量直接决定着大学生斗争精神教育引导的核心内容和运行方式，以及信息传递和资源配置。在当前的教育体系中，斗争精神教育引导往往依赖于教育者的知识积累和权威地位，教育者作为"知识传递者"和"价值塑造者"，为教育引导提供了制度性的保障和执行力。因此，强化"权威性"，首先要明确教育引导的核心目标与任务。斗争精神教育的目的是培养能担当民族复兴重任的时代新人。教育者必须坚守"政治性"的底线，维护教育内容的权威性，主动从"饭圈"和社交媒体制造的"媒介奇观"中抽离，面对真实世界，"把自己的小我融入祖国的大

[1] 中共中央马克思恩格斯列宁斯大林著作编译局.马克思恩格斯文集：第三卷[M].北京：人民出版社，2009：335.
[2] 中共中央马克思恩格斯列宁斯大林著作编译局.马克思恩格斯文集：第三卷[M].北京：人民出版社，2009：336.

我、人民的大我之中"①，使学生在接受教育时，明确其政治任务和社会使命。其次，强化"权威性"需要通过制度化和规范化的机制来支撑。在大学生斗争精神教育引导过程中，目标、内容等均应有明确的政治定位，以此确保教学内容不偏离政治立场，深入学生内心。同时，教育者的权威性还应体现在思想交流和引导等方面。教育者需凭借权威的知识背景、规范化的教学方式和严谨的学术态度，理性引导大学生认清"饭圈文化"的本质，认识到斗争是取得辉煌成就的关键，也是开创未来的必由之路，明确斗争的必要性、对象与目标，形成正确的斗争认知。

第二，提升"亲和力"，主动向生活领域拓展。尽管强化斗争精神教育的"权威性"至关重要，但当代大学生群体的情感需求和文化认同已经发生了深刻变化。在"饭圈文化"对大学生产生深远影响的背景下，传统教育引导方式中的"权威性"往往无法满足学生对情感认同、互动交流和自我表达的需求。因此，教育者必须在强化"权威性"的同时，提升教育的"亲和力"，关注学生的情感需求与互动交流，主动融入生活领域。教育的亲和力首先来源于教育者与学生之间的情感认同。教育者必须注重与学生的情感沟通，理解学生的思想动态和情感需求，通过建立情感认同，消除学生对权威的排斥心理，使其在情感上认同教育目标，从而增强教育的亲和力。情感认同并非一蹴而就，而是通过长时间的互动积累形成的。教育者要积极倾听学生的心声，尊重学生的个性差异，关心学生的成长与困惑，给予学生更多的情感支持和心理关怀，从而增强学生对教育者的信任和依赖，使其更愿意接受教育者的引导。其次，主动向生活领域拓展也是提升教育亲和力的关键因素。在"饭圈"文化中，粉丝们通过分享美食美景、学习工作等生活领域的具象化事物进行互动交流，增进彼此的亲近感，其传播的价值观也更容易被成员接受和内化。马克思曾指出："人们为了能够'创造历史'，必须能够生活。但是为了生活，首先就需要吃喝住穿以及其他一些东西。"②大学生斗争精神教育引导同样需植根于生活实践的沃土，通过理论抽象提炼斗争精神的精髓，同时更要回归生活，满足学生成长的实际需求，解决生活中的具体问题，以此激发学生的亲近感与认同感。虽然斗争精神蕴含政

---

① 习近平.在纪念五四运动 100 周年大会上的讲话[M].北京：人民出版社，2019：7.
② 中共中央马克思恩格斯列宁斯大林著作编译局.马克思恩格斯选集：第一卷[M].第 3 版.北京：人民出版社，2012：158.

治性、思想性与抽象性，但其理论命题的展开必须依托现实生活。斗争精神教育引导的内容只有回应学生的期待，贴近生活实际，才能让大学生产生亲近感和悦纳感，并认同斗争精神教育引导所承担的价值意义。理念层面的内容只有在生活世界得到验证，才可能得到认同和内化。大学生斗争精神教育引导的特性既决定了其与生活世界的紧密连接，也决定了其向生活世界主动拓展的必然性。

二、深耕内容建设，在"理性"与"感性"的交融中点燃斗争豪情

斗争豪情作为斗争精神的情感维度，在大学生群体中的成长经历中，是一个由直观感性认知向抽象理性理解深化，并最终转化为实践行动的动态过程。这一过程的驱动力，根植于斗争精神教育引导内容的真理光辉与情感魅力之中。正如习近平总书记在党的新闻舆论工作座谈会上的讲话中指出，"内容永远是根本……必须坚持内容为王，以内容优势赢得发展优势"①。在"饭圈文化"盛行的当下，其内容往往侧重于满足大学生对感官享受与个性彰显的渴求，感性元素显著超越理性元素，因而能轻易捕获大学生的注意力。在此背景下，教育工作者就必须高度重视内容建设，致力于打造一种既富含理性深度又兼具感性温度，既有"理论底气"又接"生活地气"，既具备强大感召力与吸引力，又能让人"摸得着、感受得到"的崇高内容，以内容优势赢得大学生的关注，点燃大学生的斗争豪情。

第一，坚持必然遵循，把握内容的理性建构。斗争精神教育引导的核心在于其内容，斗争精神教育引导力的发挥从根本上依赖于内容的科学性及其对现实生活的合理解读。面对"饭圈文化"带来的多元思潮挑战，斗争精神教育引导内容必须遵循其形成的理论逻辑、历史逻辑与现实逻辑，始终围绕实现立德树人根本任务，推动内容的理性建构。从理论逻辑来看，马克思主义斗争理论和党的斗争理论构成了斗争精神教育引导内容的理论基石，政治性、科学性和价值性是其质的规定。从历史逻辑来看，"党的历史是最生动、最有说服力的教科书"②。斗争精神教育引导既要坚持历史思维，强化历史叙事的整体性与时代性，又要运用系统观念，实现历史与现实的对话，时代性与历史性的统一，

---

① 中共中央党史和文献研究院.习近平关于网络强国论述摘编[M].北京：中央文献出版社，2021：69.
② 习近平.在党史学习教育动员大会上的讲话[M].北京：人民出版社，2021：2.

社会性与个体性的和谐。从现实逻辑来看，斗争精神教育引导的内容建构还要回应时代新挑战，满足社会发展实践与人民利益需求，服务于新时代的伟大斗争，实现内容的全面革新。此外，理论深度、思想高度与发展特性，要求其构建过程中既要注重建设性，也要兼顾批判性，给予内容必要的现实性检视，使其摆脱一般意义上的政治说教，并实现对各种非主流、娱乐化等内容的超越。

　　第二，把握应然法则，促进内容的感性呈现。"理论的思想性和意义性需要通过一定的形式唤起圈群成员的关注。"①斗争精神教育引导的学术语言与文本表述需植根于生活语言与实践语境之中，保持学术与实践之间的动态平衡。情绪、情感的偏好是影响知觉选择的重要因素，"饭圈"中符合大学生偏好与特性的内容占据重要地位，大学生的情感需求和情感体验在饭圈中得到了意想不到的满足。因此，斗争精神教育引导内容要想"出圈"、有效，获得大学生的悦纳，就必须与大学生的情感世界深度融合，激发其斗争豪情，鼓励其投身斗争实践。具体而言，一是内容要契合大学生的心理预期。斗争精神教育引导要针对不同个性、专业与成长背景的大学生，采取"求同存异"策略，通过真实案例、感人故事与情感引导，使内容达到或超越大学生的期待值，吸引其关注与接纳。二是内容需满足大学生的内在需求，精准把握其个性特征、思想动态与心理状态，实现教育内容的"精准滴灌"。唯有情理交融、情真意切，方能触动人心。三是内容要实现情感化呈现。斗争精神教育引导要利用影像而非文字、声乐而非说教的语言符号，推动内容的隐喻化表达，"让马克思讲中国话，让大专家讲家常话"②，用鲜活的故事打动大学生，实现内容的视听化、生动化和具象化呈现，激发大学生的多重感官体验，缩小"严肃"与"娱乐"之间的差距，使大学生在"乐听""乐见"的愉悦情绪中完成对斗争精神教育引导内容的情感升华。

三、重塑话语体系，在"引领"与"对话"的并行中铸牢斗争意志

　　铸就大学生无坚不摧的决心与顽强不屈的斗争意志，关键在于构建有效的

---

①　杨美新，郭燕萍.网络圈群中的主流意识形态认同：价值、藩篱与实现路径[J].湖南科技大学学报（社会科学版），2021，24（6）：158.

②　中共中央文献研究室.习近平关于社会主义文化建设论述摘编[M].北京：中央文献出版社，2017：100.

对话桥梁。福柯曾深刻指出："我们生活的这个世界完全是被话语所标示，与话语相交织。"①话语作为斗争精神教育引导的关键媒介，是教育者与受教育者心灵相通的桥梁。相对于传统的大学生斗争精神教育引导话语模式，"饭圈文化"中卡通化、戏谑化的表达方式以其轻松幽默的风格，深受大学生青睐。在"饭圈"内部，大学生分享偶像生活琐事，抒发"守护"之情，叙述个人经历。与大学生斗争精神教育引导所传递的宏大主题相比，"饭圈"的话语方式更加契合大学生的心理需求，易于引发情感共鸣与关注。因此，重塑话语体系，坚定大学生斗争意志，提升其志气、骨气与底气，成为斗争精神教育引导亟待完善的重要课题。

第一，坚持正确导向，强化话语的价值引领。法国思想家米歇尔·福柯提出"话语即权力"，"话语意味着一个社会团体依据某些成规将其意义传播于社会之中，以此确立其社会地位，并为其他社会团体所认识的过程"②。大学生斗争精神教育引导的核心任务之一，就是为习近平新时代中国特色社会主义思想建设铸魂育人。"饭圈"追名逐利的运行逻辑是其扩张的原生动力，对大学生斗争精神教育引导的影响复杂多面，而斗争精神教育引导承担着铸魂育人的重任，其"宏大叙事"中所蕴含的价值体系，正是时代精神的镜像。因此，教育工作者应坚守马克思主义的指导地位，以习近平新时代中国特色社会主义思想为引领，以"大价值"为旨归，强化斗争精神教育引导的价值理性，削弱大学生的工具理性倾向，将马克思主义斗争精神的价值内涵贯穿于"建圈""破圈"的全过程，使斗争精神教育引导深入人心。

第二，融入个体生活，提升话语的对话能力。列宁认为："最高限度的马克思主义＝最高限度的通俗化。"③要想跨越宏大彼岸理想同微观此岸生活之间的沟壑，斗争精神教育引导话语需深深扎根于大学生的"生活世界"，以通俗、具象的话语方式，实现"从作为'思想体系'的意识形态到作为被体验的、惯常的社会实践的意识形态的关键性转变"④，实现教育引导话语与日常话语、内部话

① 刘北成.福柯思想肖像[M].上海：上海人民出版社，2001：189.
② 王治河.福柯[M].长沙：湖南教育出版社，1999：139.
③ 列宁全集：第三十六卷[M].北京：人民出版社，1959：467.
④ 斯拉沃热·齐泽克，泰奥德·阿多尔诺，等.图绘意识形态[M].方杰，译.南京：南京大学出版社，2002：258.

语和外部话语的有效对接，注重个性化、小众化、草根化的话语表达，契合人们的现实需求，将"大道理"转换成接地气的"小故事"，增强话语的和谐性、聚合性与共识性，提升话语的交流能力。具体来说，一是要推动厚重风格向轻快特点的转变，运用简单易懂的个性化语言来表达斗争精神教育引导话语的核心价值诉求，使大学生听得懂、听得进。二是要推动政治显性表达向生活隐性关切的转变，将斗争精神教育引导话语融入大学生的心理结构与日常情境，构建斗争精神与大学生日常生活实践之间的共享意义空间，使之成为大学生日用而不觉的生活话语。三是要推动说事话语向情感表达的转变，教育工作者应以平等之心，将积极情感融入与大学生的对话之中，实现情感与话语的有机融合，激发大学生的内在情感力量，使其自觉领略斗争精神教育引导话语的魅力，实现双方的有效沟通与思想共鸣。

四、创新教育方法，在"传统"与"现代"的结合中锤炼斗争本领

"斗争本领是指人们遵循一定规律发挥主观能动性解决矛盾的能力和水平。"[1]新时代的伟大斗争，面对的是前所未有的重大挑战、风险、阻力与矛盾，其复杂性和艰巨性对新时代大学生的斗争勇气与本领能力提出了更高要求。斗争精神教育引导工作需深度融合传统智慧与现代科技手段，"紧跟时代步伐，顺应实践发展，突出问题导向"[2]，以创新为驱动，引领大学生锤炼斗争本领，在斗争中学习斗争，在斗争中成长壮大。

第一，深挖传统教育精髓，于传承中求新变。传统的斗争精神教育引导方法，内涵丰富、底蕴深厚，其内在价值不容小觑。在新时代背景下，秉持守正创新的原则，对传统方法进行创造性转化与创新性发展，是提升斗争精神教育引导实效性的重要着眼点。具体而言，对于历史悠久且成效显著的传统方法，应予以保留并优化；对于以往受重视但后来逐渐边缘化的传统方法，教育工作者需重新审视其当代价值；而对于那些在新时代背景下展现出巨大潜力的传统方法，教育工作者则应深入探索其应用路径。值得注意的是，在继承与扬弃的过程中，教育工作者应注重对传统方法的优化组合与协同创新。例如：教育工作者应将教育与自我教育、理论与实践、灌输与疏导、治标与治本等有机结合，

---

① 郝永平，黄相怀.伟大斗争与新时代共产党人的使命担当[M].北京：人民出版社，2019：229.

② 中国共产党第二十届中央委员会第三次全体会议文件汇编[M].北京：人民出版社，2024：21.

形成优势互补，构建全方位、多层次的斗争精神教育引导体系；将斗争精神教育引导渗透到大学生的日常学习、生活中，进行渗透式组合，实现多方合作、齐抓共管。同时，教育工作者可借鉴"饭圈"文化中的积极元素，如设立"网络监督员"，激发大学生的主动性和责任感，监督网络言行，利用"饭圈"活动平台，引导大学生对危害主流意识形态的网络行为进行"反黑"行动，以此增强斗争精神教育的实践性与针对性。

第二，善用现代科技手段，激活创新动能。现代教育技术作为先进教育理念与科学技术深度融合的产物，为斗争精神教育引导提供了新的契机。大数据、云计算等现代科技手段，可以敏锐地捕捉大学生的虚实转换与态度趋向，推动斗争精神教育引导由实体空间向虚拟空间的拓展，再经由虚拟空间回归实体空间，实现主流价值观的广泛传播与深度渗透。为此，教育工作者应充分利用现代科技优势，深入挖掘大学生的思想共识点、情感共鸣点、利益交汇点和矛盾化解的关键点，以精准化的信息推送与个性化的交流互动，寻求与大学生的最大共识。同时，教育工作者应主动占领网络教育高地，将网络育人的优势与教育引导的功能紧密结合，实现斗争精神培育与个体全面发展的深度融合、课堂教育与日常教育的协同推进、显性教育与隐性教育的相互促进。

第七章
精神素养培育的体系构建

大学生的精神素养不仅关系个人的成长与发展，更是社会进步和文化传承的坚实支柱。构建系统化的精神素养培育体系，是推动大学生全面发展、服务国家战略需求的主要任务。有效的培育体系应涵盖整体框架设计、明确目标与实施原则，并整合多元路径和协同机制，实现梦想精神、奋斗精神、创新精神、合作精神与斗争精神的有机融合，推动大学生综合素质的全面提升。

第一节　精神素养培育的整体框架

精神素养的培育应遵循系统性原则，构建多维度、多层次的科学框架，整合理论学习、实践活动和社会参与的多重力量，确保各部分之间协调运行。整个体系重点围绕四种精神展开，涵盖理念引导、路径实践和目标落地，为大学生全面发展奠定坚实基础。

一、理念引导层：价值观塑造与文化传承

精神素养培育的重点在于理念引导，即以社会主义核心价值观塑造与传承文化，增强学生的思想深度与社会责任感。理念引导不仅构成了培育体系的理论基础，还承载着培养学生健全价值体系和全面发展的重要任务。通过深入的思想政治教育与文化熏陶，学生能够建立牢固的精神框架，在思想与行动上实现梦想精神、奋斗精神、创新精神、合作精神和斗争精神的有机统一。

（一）思想政治教育的引领作用

思想政治教育是精神素养培育体系的重要组成部分，它不仅是学生系统获取理论知识，深入了解国家历史、文化和政治制度的核心途径，更在塑造学生的社会责任感与历史使命感方面发挥着不可替代的作用。思想政治理论课程作为连接学生与思想政治教育的桥梁，承担着树立学生正确的世界观、人生观和价值观的重任。

思想政治理论课程必须融入梦想精神、奋斗精神、创新精神、合作精神和斗争精神，这五种精神不仅是个人成长的内在动力，更是国家发展与社会进步的基本支撑。在思想政治理论课程中，教师应当向学生讲授革命先烈的光辉事迹、改革开放的辉煌成就和新时代青年所肩负的责任与使命，使学生在领悟国家发展战略的同时，深刻体会到个人奋斗与国家命运之间的紧密联系。具体而言，梦想精神的传递可通过深入剖析中国梦的内涵来实现。作为国家战略愿景，中国梦体现了国家发展的目标与方向，也激励着个体为实现自我价值而努力奋斗。教师应当详细阐释中国梦的理论基础与实践内涵，引导学生深刻认识国家愿景对个体发展的重要意义，从而激发学生的远大志向。奋斗精神的教学则能够借助对社会变革历史进程的回顾，以及个人努力对国家发展的贡献的阐述，使学生认识到奋斗不仅是个人成长的必经之路，更是推动国家繁荣与民族复兴的强大动力。通过学习中国共产党的历史，学生能够更加深刻地理解奋斗精神与国家繁荣之间的内在联系。创新精神的培养则需聚焦于改革开放所带来的科技创新与社会变革。教师应详细讲解改革开放的成就与经验，鼓励学生勇于突破传统思维的束缚，积极投身于创新实践，以推动社会的持续发展与进步。教师应强调创新思维的重要性，以及其在提升国家竞争力方面的重要作用。合作精神则能够通过系统学习习近平新时代中国特色社会主义思想理论中的"集体主义""团结奋斗"与"共同富裕"等重要理念，引导学生形成团队协作的意识，深刻理解个体与集体之间的紧密关系，从而使学生在追求个人价值实现的同时，将个人努力融入更广阔的社会目标。斗争精神作为五种精神中最具现实穿透力与时代张力的核心要素，更应该在思政课堂中突出强调。教师应围绕新时代中国特色社会主义事业面临的风险挑战，深入讲解斗争精神所体现的坚定立场、鲜明态度与理性担当，引导学生正视现实矛盾，增强战略定力与责任意识。在教学中，教师应通过剖析国家在政治、经济、意识形态等领域的实践，引导学生准确把握斗争的本质特征，认识斗争并非对抗性的破坏行为，而是维护人民根本利益、促进社会公平正义与实现国家长远目标的积极力量。斗争精神体现的是价值信仰的坚守，是青年一代在复杂环境中所展现出的坚韧意志和主动担当，也是大学生在新时代实现精神成长与全面发展的内在动力来源。

(二) 文化传承与精神文明建设

文化传承作为精神素养培育的基本要素之一，肩负着承载民族精神、推动社会文明的重要职责，其功能不仅体现在对中华优秀传统文化的传承与弘扬，更体现在融汇古今，促进学生对精神内涵和文化价值的深刻理解与认同，为学生的精神素养建设提供了深厚的文化根基，并助力学生在现代社会中实现全面发展。中华优秀传统文化蕴含着深邃的思想精髓，如仁爱、诚信、勇敢、敬业等重要价值理念，它们与梦想精神、奋斗精神、创新精神、合作精神和斗争精神紧密相连，构成了培养学生精神素养的重要支柱。通过文化传承，学生不仅能够汲取思想的力量，还能在此基础上将其内化为个人行为准则，实现个人理想与社会责任的统一。

文化传承的主要途径之一，便是经典文献的研读和文化活动的参与。经典文献作为传统文化的瑰宝，承载着深刻的哲理和智慧，为学生提供了丰富的人生经验，并促使其思想得到升华。通过对经典思想的系统研习，学生能够将传统文化中的价值理念逐渐转化为自身的内在准则，从而加深对中华文化的认同。与此同时，文化活动为学生提供了将理论知识与具体实践相结合的广阔空间，学生不仅能亲身体验和感知传统文化的独特魅力，还能在实践中深化对精神内涵的理解，逐步将其内化为自己人生的一部分。学生在经典思想研习过程中能够清晰地意识到中华文化的历史传承与时代价值，并在现代社会的语境中深刻领会文化传承对个人成长与社会责任的意义。文化的传承最终成为学生思想与行动的坚实根基，帮助他们在全球化的背景下保持文化自信，并在多元文化的碰撞中找到自我发展的动力与方向。

传统哲学思想对现代精神素养的作用，突出表现在梦想精神、奋斗精神、创新精神、合作精神和斗争精神的培养上。在中国传统文化中，"天人合一""自强不息"等思想既强调人与自然、社会的和谐统一，也要求个体在不断挑战中超越自我，与时代共同发展。由此，传统哲学思想的智慧与现代精神素养目标的契合性愈加凸显，尤其是在创新精神的构建过程中，传统哲学的"变通"和"革新"思想对学生的思想方式与创新能力的培养产生了潜移默化的影响。传统哲学智慧不仅提升了学生独立思考的能力，还推动了学生在实践中不断突破传统局限，开创新的思维方式。除此以外，儒家思想中的"和而不同"精神作为合作精神的关键来源，强调在多元化社会中保持人与人之间的和谐关系，在团队合作中寻找共识与共同目标，这不仅为学生提供了文化支持，还帮助他们在实际工作中促进团队协作，推动共同目标的实现。

值得注意的是，文化传承的过程并非对传统文化的单纯复刻，而是将传统文化的价值与现代社会的发展需求结合起来，实现传统文化的时代转化。学生不仅应当从传统文化中汲取精神力量，还应当将这一力量转化为自身对社会责任和时代使命的认知与担当。传统文化所承载的道德规范和价值理念，在与现代社会的需求对接过程中，能够激发学生对于社会价值的深刻理解，并赋予其行动的动力。通过对中华优秀传统文化的深入学习，学生能够在不断地自我反思与自我实现中，找到自己的生命意义与社会使命，从而更好地融入时代潮流，推动社会的持续进步与发展。

（三）社会责任感与公民意识的塑造

精神素养的培养不仅关乎学生个人的成长与发展，还涉及社会责任感与公民意识的构建。新时代大学生不仅是未来社会的建设者与接班人，还肩负着推动国家进步、促进社会发展的历史使命。因此，高等教育应将社会责任感的培养作为学生思想政治工作的重要内容，使他们深刻认识到个人与社会、国家之间的紧密联系，从而激发他们为社会贡献的主动性与责任感。

社会责任感的构建在学生精神素养形成过程中发挥着基础作用。在追求个人理想的过程中，学生应当明确自己的社会责任，认识到自身的价值不仅在于个人成功，更在于为国家和民族的发展贡献智慧与力量。在面对社会挑战时，学生的奋斗精神促使其不畏艰难，始终以实现国家强盛与社会进步为目标，发挥自身的积极作用。创新精神则驱使学生在社会发展中探索新思路，提出新方案，推动社会改革与创新。与此同时，合作精神强调集体力量的基础作用，推动学生开展团队合作、资源共享，促进社会的协调发展与整体进步。

在实践操作中，高校应开展一系列有针对性的教育活动，帮助学生树立社会责任感。高校应当以课程设置、专题讲座、社会实践与志愿服务等形式，促进学生深入体验和理解社会责任的重要性，认识到自己不仅是社会的一部分，更是推动社会进步、实现社会价值的核心力量。在社会实践与公益活动中，学生能够更深刻地体会到自我成长与社会责任之间的内在联系，深化对梦想精神、奋斗精神、创新精神与合作精神和斗争精神的理解，并把其贯彻到社会服务与责任承担中。

二、行为引领层：实践能力的培养

精神素养的培养不仅在于理论知识的传授，还在于以实践活动促进学生的实际能力提升。行为引领层的目标是帮助学生将所学思想转化为具体行动，进而将理论知识内化为个人的精神素养，而梦想精神、奋斗精神、创新精神、合作精神与斗争精神的培养至关重要。学生参与志愿服务、社会调研、学术科研与创新创业等实践活动，不仅能够提升解决实际问题的能力，还能够在实践中深刻感知社会责任感、集体主义精神和创新驱动对社会发展的重要作用。

(一) 志愿服务与社会实践

志愿服务与社会实践为学生提供了接触社会、服务社会的宝贵机会，不仅能够加深学生对社会现实的理解，还能够在实践中培育他们的责任感与使命感。参与志愿服务的学生通过帮助他人的方式，获得内心的成就感与满足感。梦想精神、奋斗精神、创新精神、合作精神和斗争精神在志愿服务与社会实践过程中，对学生的个人成长具有深远影响。

梦想精神在志愿服务和社会实践活动中的表现尤为突出。参与社会服务的学生通常会基于更为宏大的社会理想和目标，树立为社会进步和人民福祉增进而贡献力量的信念。尤其是在参与贫困地区的扶贫、支教、环保等活动时，学生不是在提供单纯的帮助，更多的是以实际行动为实现国家和民族的共同目标贡献力量。梦想精神促使学生将个人价值与社会责任相结合，从而激发其推动社会进步的热忱与动力。

奋斗精神在志愿服务与社会实践的具体活动中发挥着重要作用。面对实践过程中不可避免的困难和挑战，奋斗精神成为学生克服困难、持续前行的核心支柱。在很多志愿活动中，学生常常面临物资匮乏、时间紧迫等诸多问题。奋斗精神鼓舞学生不畏艰难，勇敢面对挑战，并持续为实现社会目标而努力。在极为复杂和严峻的实践过程中，奋斗精神使学生保持坚定的信念，增强其解决问题的能力。

创新精神在社会实践中激励学生采用创新方法解决问题。尤其是在某些边远地区的支教活动中，学生会发现传统教学方法并不完全适用于当地的具体情况，他们需要设计出更具适应性的教学模式或内容。创新精神推动学生突破固有思维的限制，采取新的解决方案，这不仅推动了活动的高效开展，还为解决实际问题提供了新的思路。

合作精神在志愿服务和社会实践中同样扮演着至关重要的角色。在团队协作的过程中，学生需要与来自不同背景、不同专业的人进行紧密配合，共同达成目标。合作精神促使学生理解集体力量的重要性，在集体中协调资源、分工合作，最终实现更为显著的社会效益。在团队合作中，学生不仅培养了协作能力与沟通能力，还在团队中形成了共同目标，促进了社会实践的高效执行。

斗争精神在志愿服务与社会实践中同样具有重要作用。在面对实践中的复杂问题和困境时，斗争精神为学生提供了坚定的信念和持久的动力。在许多志愿服务活动中，学生可能会遇到资源短缺、环境恶劣等重重困难，斗争精神能够帮助学生保持不屈不挠的态度，始终保持为社会进步和个人成长奋斗的决心。特别是在参与长期并且艰难的社会服务活动中，大学生需要克服身体、心理以及外部环境的多种压力。斗争精神促使学生在面对困境时不轻易妥协，不断地努力，以寻找突破口和解决方案。它不仅增强了大学生的心理韧性，使其在逆境中保持积极的行动力，而且能激励大学生为社会问题的解决不断拼搏。大学生在持续奋斗中不仅完成了志愿服务任务，而且在个人品格和社会责任感方面也得到了显著提升，从而实现了自我超越，为推动社会发展贡献青春力量。

（二）学术科研与创新创业

学术科研与创新创业是大学生提升综合能力的两个重要领域。在这两个领域中，梦想精神、奋斗精神、创新精神、合作精神与斗争精神的有机结合能够推动学生在学术研究与技术创新方面取得更为显著的进展。在科研与创业方面，学生能够在解决学术难题与推动社会技术进步的过程中实现自我成长，并为社会发展作出贡献。

梦想精神在学术科研和创新创业过程中起着至关重要的作用。许多科研项目和创业计划的提出，源自学生对未来的宏大设想和愿景。学生们在科研和创业过程中，会遇到许多未知的问题和挑战，而梦想精神则为他们提供了坚定的信念和前进的动力。例如，某些学生可能会选择从事与环保、能源或健康相关的科研工作，推动社会的可持续发展。梦想精神激励他们在科研过程中不懈追求更高的目标，寻求突破性创新。

奋斗精神是学生克服科研和创业过程中各种困难与挫折的动力源泉。在学术研究和创业过程中，学生常常会遇到实验失败、数据不符、资源匮乏等问题。无论是科研中遇到的技术难题，还是创业中面临的市场挑战，奋斗精神鼓励学生坚韧不拔，保持清晰的目标，持续寻找突破口。学生在失败与挫折中逐渐形成了坚持到底、永不放弃的坚强品格。

创新精神在学术科研与创新创业的过程中发挥着至关重要的作用。在科学研究中，学生不仅需掌握坚实的理论基础，还需培养以创新为驱动的思维方式，从而突破传统学术框架，开辟新的研究路径。创新精神促使学生在面对学术难题时提出新颖的假设，并设计具有前瞻性的实验方法，为推动科学技术进步提供了源源不断的动力。与此同时，创业领域同样需要创新精神的引领。学生通过独特的视角和创意解决实际问题，以满足快速变化的市场需求，推动社会经济的持续发展。

合作精神在学术科研和创新创业过程中同样具有举足轻重的地位。在科研项目中，单个个体往往难以完成复杂的任务，合作是推动项目成功的重要手段。学生在团队合作中与导师、同行和跨学科的研究人员紧密协作，集思广益，以此解决科研项目中的难题。这一合作模式促使学生从多角度思考问题，增强项目的多维性与深度。在创新创业领域，团队协作尤为关键，创业过程中的各种挑战和复杂问题往往需要不同领域专业知识的结合来应对。学生在与其他创业者、投资者和行业专家的互动中，不仅能够充分利用各方资源，还能够提升自身的商业洞察力与决策能力。

斗争精神作为新时代大学生精神品质中极具现实张力与实践价值的核心内容，在学术科研与创新创业过程中展现出不可替代的重要功能。面对日益复杂的国际科技竞争与关键核心技术"卡脖子"问题，大学生要坚定迎难而上的信念，锤炼敢于质疑、勇于突破的科研意志。同时，面对创业过程中制度壁垒、资源不均与价值冲突等挑战，大学设亦应保持理性判断与战略清醒，在不确定中寻找突破口，在博弈中实现价值坚守。斗争精神所体现的是面对问题的不退缩、面对真理的坚持以及面对责任的担当，正是这种精神构成了大学生在理论探索与实践创新中不断超越自我、追求卓越的深层动力。

（三）社会调研与问题解决

社会调研是培养学生分析问题能力和解决问题能力的主要途径。通过社会调研，学生得以深入了解社会的各个层面，掌握社会现象的真实数据，并结合实地考察的成果，识别社会中存在的各类问题，进而提出合理有效的解决方案。梦想精神、奋斗精神、创新精神、合作精神和斗争精神的有机结合将帮助学生提升学术水平和社会实践能力，从而使调研成果更加具有实际意义和社会价值。

梦想精神在社会调研中的作用尤为突出。调研项目的重点在于针对社会存在的各种问题，提出富有前瞻性的解决方案。要想提出解决方案，学生通常需要树立远大理想，不断探索和努力，从而推动社会进步。梦想精神鼓励学生突破眼前的困境，从更高的视角审视问题，并以改善社会环境、推动社会变革为最终目标。尤其是在社会问题的调研过程中，学生往往不满足于对问题的表层分析，而是力图从更宏观的层面去规划社会改革的蓝图，体现出他们对未来社会的责任与担当。

奋斗精神在调研活动的每个阶段都发挥着关键作用。社会调研通常需要应对诸多的不确定因素与挑战，学生必须在面对繁杂数据、难以获取的调研对象和各种客观障碍时，保持积极的心态并持续努力。奋斗精神促使学生在遭遇困难时不轻言放弃，并积极寻找解决问题的途径，不懈努力，最终完成调研任务。调研过程中遇到的每一次困难，都会成为学生积累经验和提升能力的契机。在克服困难的过程中，学生逐渐养成了坚韧不拔的精神素养，增强了面对复杂社会问题时的解决能力。

创新精神在社会调研中的重要性不可忽视。传统的调研方法往往受限于固定的框架和模式，但社会问题的多样性与复杂性要求学生能够从创新的角度进行思考。创新精神驱动学生在数据收集、问题分析、解决方案的提出等方面打破常规，提出更具针对性和实效性的策略。现代科技手段的引入，如大数据分析、社交媒体挖掘等方式，为学生更高效地收集和处理数据提供了先进技术，同时拓宽了社会调研的深度与广度，使得调研成果更加精准与前瞻。

合作精神也是社会调研不可或缺的因素之一。在调研过程中，学生往往需要与团队成员和外部专家进行密切合作，通过有效的资源整合与信息共享，提升调研工作的整体效率与质量。合作精神促进了团队成员之间的协同作业，使得各成员能够在分工明确的基础上充分发挥自身优势，推动调研任务的高效完成。尤其是在多学科交叉的调研中，合作精神使学生能够将不同领域的知识融合起来，为复杂的社会问题提供更全面的解决方案。在团队的共同努力下，学生不仅提高了自身的合作能力，还增强了集体合作的意识，为今后面对社会发展中的各类问题积累了宝贵的实践经验。

斗争精神在社会调研中同样发挥着重要作用。大学生在调研过程中常常会遇到困难和挑战，例如数据收集难度大、调研对象抵触和资源有限等。斗争精神促使大学生在面对困难时保持积极的心态，不放弃，坚持不懈地寻找解决方案。尤其在面对复杂的社会问题时，大学生往往需要付出更多的努力，才能克服外部的种种困难。斗争精神能够激励他们勇敢迎接挑战，不畏艰难，确保社会调研任务的顺利完成。在社会调研实践中，大学生不断挑战并磨练自己，提升了解决实际问题的能力。

三、评估与反馈层：动态调整与持续改进

精神素养的培育是一项长期的、动态的发展任务，需在教育实践中不断深化，并建立科学合理的评估与反馈机制，进行持续跟踪与调整。评估与反馈机制不仅是对学生学习进展的监控与指导，更是对教育体系本身的反馈与优化。通过及时的评估，教育工作者能够全面了解学生的学习进展，识别潜在问题，并在此基础上实施有针对性的改进措施，从而确保学生精神素养的持续提升和完善。有效的评估机制帮助教育工作者实时调整教学策略，推动学生综合素质的全面发展，最终实现精神素养培养的目标。

(一)定期评估与考核机制

定期评估与考核机制是精神素养培育不可或缺的环节，它为学生的成长提供了量化的依据，也为教育工作者提供了精准的反馈。这些评估与考核不仅能够全面反映学生在学术、思想、道德等方面的综合表现，还能够为教育工作者提供针对性的改进意见，进一步优化教学与指导策略。尤其是对于梦想精神、奋斗精神、创新精神、合作精神和斗争精神等精神素养的培养进展，定期评估能够提供清晰的衡量标准，为教学质量的持续改进奠定基础。

在定期评估机制中，学业成绩是基础性指标，它反映了学生的知识掌握情

况和学习能力。尽管学业成绩在一定程度上体现了学生的学术成就，但精神素养的培养则要求学生在学术成绩的基础上，展现出积极向上的思想与行动。作为评估工具，学业成绩不仅能帮助教育工作者衡量学生的学习努力与成效，还能揭示学生在学术领域中的优势和短板，从而为学生精神素养的进一步培养提供数据支持。

同时，社会实践成果的评估也是检验学生精神素养的重要维度。学生参与社会实践、志愿服务、创新项目等活动，将课堂所学知识转化为实际行动，增强自身的社会责任感和服务意识。这不仅提升了学生的实际能力，还成为评估学生精神素养的核心途径。在调研、公益活动和社会服务等项目中，学生能够展示出梦想精神、奋斗精神、创新精神、合作精神和斗争精神的实际应用，评估者能够据此了解学生在这些领域的具体表现，为后续的教育工作提供有益指导。

此外，创新项目的实施效果同样是评估的基本组成部分。在学术科研和创新创业活动中，学生有机会展示创新思维和问题解决能力。评估这些项目的实施效果，能够帮助教育工作者进一步了解学生在创新精神和团队合作方面的表现，并根据评估结果提供更加精细的指导。教育工作者对创新项目成果进行考核，不仅能够掌握学生的学术能力和实践能力，还能够促使学生在创新能力的培养上取得显著进步。

定期的评估与考核不仅为学生提供了成长的反馈，还为教育体系的自我检查和优化提供了契机。教育工作者凭借评估与考核机制，能够发现潜在问题并及时作出调整，从而推动学生精神素养的不断提高，最终实现教育目标的全面达成。

（二）动态反馈与个性化指导

动态反馈与个性化指导是精神素养培育过程中至关重要的组成部分。定期评估结果能够为学生提供量化的反馈，而动态反馈机制则通过及时、有效的指导，帮助学生有针对性地提升自身素养。与传统的单一评价方式不同，动态反馈要求教育工作者根据学生的个体差异提供有针对性的支持，使其在精神素养的培养过程中获得更为精准和个性化的指导。

动态反馈机制的实施能够帮助学生迅速了解自己在精神素养方面的优势与不足。在课堂讨论、社会实践或团队合作等活动中，教师应当进行实时反馈，指出学生在思想、行为、团队协作、创新等方面的表现。及时的反馈不仅能够让学生认识到自己的长处，还能够帮助他们发现潜在的问题，促使他们在实践中不断改进。如果学生在某项活动中展示出创新思维或合作精神，教师应给予正面的鼓励；而在面对问题或挑战时，教师则应提供具体的改进建议，帮助学生从经验中学习与成长。

个性化指导是教师在动态反馈的基础上，对学生进行有针对性的帮助。针对每个学生的不同特点、发展需求和潜在问题，教师应制定个性化的培养方案，为学生提供量身定制的指导。个性化指导应当为学生提供具体的行动计划，帮助他们突破成长中的瓶颈，并在精神素养的各个方面取得进步。例如，对于创新精神表现相对薄弱的学生，教师应当建议其参与更多的创新实践项目，并提供相应的资源支持；对于在团队合作中存在沟通问题的学生，教师应当组织更多的集体活动，让学生在实践中锤炼沟通能力与协调能力。

个性化指导的关键在于提升学生的自我认知能力。教师应与学生沟通，帮助他们更清晰地认识到自身的优劣势，进而调整发展方向。动态反馈不仅关注学生的短期表现，更重视学生的长远成长。在反馈与指导的过程中，教育工作者应当建立持续的沟通机制，引导学生自我审视、自我修正，从而提高他们在精神素养上的自觉性和主动性。在个性化的指导下，学生能够更加明确自己的成长路径，并以更高效的方式提高精神素养，最终实现全面发展。

(三) 全员参与的反馈机制

精神素养的培养不仅是教师的责任，学生、家长和社会各界的积极参与同样至关重要。通过建立全员参与的反馈机制，教育体系能够形成一个多元化的支持系统，使得学生在精神素养的提升过程中获得更加全面的指导与帮助。全员参与的反馈机制不仅能够提供多角度的评价和建议，还能够为学生创造更丰富的成长机会，从而更有效地推动其精神素养的全面发展。

学生作为教育主体，应积极参与自我评估，以此促进精神素养的自我监控与发展。自我评估作为一种重要的反思工具，有助于学生更清晰地了解自身在精神素养方面的成长与进步。学生在定期的自我评估中能够审视自己在梦想精神、奋斗精神、创新精神、合作精神和斗争精神等方面的表现，并在此基础上进行自我修正与提升。自我评估不仅能够通过问卷、反思日志等形式进行，还能够定期回顾自己的成长历程，分析自己在实践活动中的具体表现，识别改进空间，进而为未来的学习与发展设定明确目标。在自我认知过程中，学生能够增强内在驱动力，推动精神素养的内生性提升。

同伴评价作为一种有效的外部反馈机制，在精神素养的培养过程中也扮演着不可忽视的角色。学生之间的互动和反馈能够为个体提供宝贵的外部视角，有助于学生发现自己在团队合作、创新思维等方面的优缺点。在同伴评价中，学生不仅能够看到被自己忽略的不足，还能够从同伴的反馈中获取启发，推动自我改进。互相学习与启发的方式让学生在团队合作和实践活动中积累更多的经验，逐步提升学生精神素养的各个维度。

家长在学生精神素养培养过程中同样发挥着不可或缺的作用。作为学生的第一任教师，家长的观察与反馈能够为学生的成长提供至关重要的支持。家长应当积极参与学校的各类活动，如家长会、讲座等，及时了解子女在校内的表现和进展。通过这类活动，家长不仅能够获得关于学生精神素养发展的相关信息，还能够在家庭教育中给予有针对性的引导与帮助。例如，家长应当在日常生活中鼓励孩子树立积极的理想和目标，帮助孩子建立正确的价值观，并培养孩子的奋斗精神和创新意识。家庭教育与学校教育的结合，能够形成教育合力，使学生的精神素养在家庭与学校的双重环境下得到共同培养和强化。

社会各界的广泛参与，尤其是企业和社会组织的参与，为学生提供了宝贵的实践机会。社会参与为学生提供了将精神素养应用于现实工作和社会活动平台，从而让学生能够在实践中进一步磨砺自身的精神素养。学生通过参与社会实践活动，能够锤炼团队合作能力和创新能力，增强社会责任感，并在与社会各界的互动中获得对精神素养发展更为客观的反馈。企业和社会组织的实习机会不仅帮助学生将课堂所学的知识付诸实践，还能在工作中促进其精神素养的进一步提升。此外，社会志愿服务项目和公益活动也为学生提供了丰富的社会实践经验，让学生在服务社会的过程中锤炼自我，增强集体主义精神和创新能力。

全员参与的反馈机制汇聚了来自不同方面的反馈信息，不仅提供了更加多元化的评估视角，还形成了一个相互作用、互相促进的良性循环。各方反馈的互动与互补，有助于学生在精神素养的提升过程中获得全方位的支持，从而更加高效地推动学生在梦想精神、奋斗精神、创新精神、合作精神和斗争精神等方面的全面发展。全员参与的反馈机制为精神素养教育提供了广泛的支持基础，使得学生在多方参与和反馈的过程中能够获得持续的动力与方向，进而实现精神素养的全面提升。

四、资源支持层：多元化平台与协同教育

精神素养的培养不是单一教育主体的责任，而是学校、家庭与社会之间有效协作和资源整合的结果。每一教育主体在不同层面上承担着不可替代的职责，只有协调配合，才能为学生提供全方位、多层次的精神素养支持。学校、家庭与社会不仅要各司其职，更要深度合作，协同作用，共同为学生打造一个丰富且多元的精神素养培养生态系统。多元化的平台和协同教育模式，能够为学生提供坚实的基础，开辟广阔的舞台，从而促进学生的全面发展。

（一）学校资源的整合与协同

学校作为精神素养培养的主阵地，承担着提供理论知识、实践机会和资源平台的重要责任。学校应有效整合资源，打破学科壁垒，为学生创建多元化的精神素养培育空间。资源整合不仅体现在教学内容和课程设计上，还涵盖校园文化建设、课外活动和社会实践等方面的努力。学校应当利用教育资源，推动课程体系多元化，从而提升学生在思想观念、道德品格、创新精神与合作意识等方面的素养水平。

课程设计作为精神素养培养的载体，不仅要关注知识的传授，还要关注思想价值观的形成。学校应当开设与精神素养相关的专题讲座、思想政治课程，或通过课堂讨论、案例分析等，引导学生深入思考梦想、奋斗、创新与合作的价值，激发学生树立远大理想和奋斗目标的热情。

学校应当为学生提供丰富的实践平台，帮助他们将理论知识转化为实际行动。学生在组织志愿服务、社会实践和创新创业比赛等活动中积累经验，不断锤炼奋斗精神、创新精神和团队合作能力。在社会实践中，学生不仅能够感知社会的复杂性与多样性，还能够加深对社会责任感的理解，强化服务社会、贡献力量的使命感。

学校还应推动跨学科合作，拓宽学生的视野，激发其在不同领域的合作能力与创新能力。在现代社会的多元需求下，学生不仅应掌握专业知识，还应具备跨学科的协作能力与创新意识。学校通过跨院系、跨专业的合作项目，为学生提供多样化的合作机会，促使学生在协作中切实锻炼梦想精神、奋斗精神、创新精神、合作精神和斗争精神，培养学生全方位的能力。例如，在多学科团

队的合作项目中，学生能够接触到不同领域的知识，相互协作，推动思维的创新与灵活运用，促进跨学科的沟通与合作。

（二）家庭的情感支持与榜样作用

家庭在学生精神成长过程中具有举足轻重的作用，作为学生学习的第一个课堂，家庭教育对学生的价值观、行为模式、情感认知等方面产生深远影响。在精神素养的培养过程中，家庭的作用不仅体现在日常生活中的关怀与支持，还表现为父母在子女成长过程中所扮演的榜样角色。

家庭的情感支持为学生精神素养的形成提供了必要保障。家长应以言语和行为鼓励孩子树立远大理想，激发其追求梦想的动力。家长的支持能够帮助孩子在面临困境时找到前行的力量，应对各种挑战，保持奋发向上的心态。

家长在家庭教育中的榜样作用，能够潜移默化地影响孩子的思想和行为。父母不仅要在言辞上给予鼓励，还要以自身行为为孩子提供示范。家长在日常生活中展示创新精神和团队合作意识，能够直接影响孩子在这些方面的认知与行为模式。例如，家长参与社会服务或解决实际问题，能够向孩子展示如何在生活中运用创新精神和合作精神，如何通过团队协作共同达成目标。通过示范，父母不仅能帮助孩子树立正确的精神素养观念，还能促使孩子在成长过程中逐步形成自主解决问题的能力。

家庭还应为学生提供情感上的支持与疏导，帮助其应对成长过程中遇到的各种压力与挑战。在学生面临学业、人际关系或未来规划等困扰时，家庭应当为其提供稳定的情感支撑，帮助其更好地调适情绪，增强心理素质。家长的关爱与理解有助于学生培养良好的情感调适能力，进而提升其精神素养，促进其全面发展。

学校、家庭与社会协同合作、资源整合，共同推动精神素养的培养，为学生提供了一个多维度、多层次的支持平台。在各方的共同努力下，学生不仅能够在不同的教育资源中汲取养分，还能够在多元的支持体系中成长为具有崇高理想、创新精神和社会责任感的时代新人。

（三）社会资源的整合与协同

社会各界，包括企业、社区等，在学生精神素养的培养过程中扮演着至关重要的角色。它们提供丰富的资源，为学生的精神成长提供必要的支持。学生与社会各界的协同合作，能够拓宽实践渠道，在真实的社会环境中锤炼和提升创新精神、奋斗精神、合作精神与社会责任感。

社会各界为学生提供的志愿服务机会是学生与社会接触的重要途径之一。志愿活动不仅能够帮助学生建立社会责任感，还能够激发他们的社会使命感和团队合作意识。学生参与社会组织的扶贫、教育援助、环境保护等项目，在项目中深入了解社会的复杂性，在为社会贡献力量的过程中，体会到梦想和奋斗的真正内涵，进一步强化自身的精神素养。

除了志愿服务，企业和社会为学生提供的实习和工作机会也成为学生发展的关键组成部分。学生参与实际工作，能够在真实的职场环境中接触到社会多样化的需求与挑战，逐步积累宝贵的职业经验。实习不仅能够提升学生的专业能力，更能够使学生参与创新项目或团队合作，培养学生的创新精神和协作能力。学生在参与企业的创新项目时，能够直接面对项目开发的实际问题，这不仅能够使学生学到解决问题的技巧，还能够锤炼学生的团队协作能力与跨领域合作能力，进一步促进其精神素养的提升。

同时，社会还应当为学生提供多样化的社会调研平台，鼓励学生参与社会问题的探索和解决。在参与社会调研的过程中，学生能够更加深入地了解社会现状，洞察其中的复杂性与多维性。调研活动不仅能够促进学生对社会问题的独立思考，帮助他们发现问题的根源，还能够增强其创新精神和问题解决能力。学生通过参与社会调查和数据分析，锻炼自身的逻辑思维和批判性分析能力，为未来的职业发展奠定坚实的基础。

除了学术和实践活动，社会还应当组织各种文化活动、艺术创作活动等，进一步促进学生的文化素养与社会责任感的提升。学生参与文化创意比赛、艺术展览等活动，不仅能够展示个人的创新能力与合作能力，还能够增强其对社会参与的意识，使其深刻理解文化在社会中的主要作用。文化活动为学生提供了广阔的平台，使他们在积极参与的过程中，形成更为开放和包容的世界观，并在文化创意和艺术创作中不断发展自我，提升社会责任感。

第二节　精神素养培育的目标与基本原则

精神素养的培育是现代教育体系的重要组成部分，其目标和原则构成了教育实践的理论基础，对教育活动的实施路径起到引导作用。明确的目标和基本原则为教育工作者提供了切实可行的方向，使教育过程更加有序、有效。精神素养的培育应当具备系统性、全面性和长远性等特征，以确保学生在个人和社会层面上的全面发展。为此，本节将深入探讨精神素养培育的具体目标，并提出相应的实施原则，以期为教育实践提供更加科学和合理的理论支持。

一、精神素养培育的目标

精神素养的培育目标应当多维度、层次化，涉及多个方面，包括学生的个人素质、社会责任、创新能力、文化认同等。为了有效实现培育目标，教育工作者应根据每一项目标的具体要求进行深入分析，并制定相应的教育策略和实施方案。

(一) 促进大学生全面发展

精神素养培育的基本目标是促进学生全面素质的提升，既包括思想道德素质的培养，又涵盖文化素养、行为规范、创新能力等多个方面。现代教育理念强调个体的全面发展，而精神素养的提升恰恰是实现现代教育理念的重要途径。良好精神素养的培养，让学生能够在思想、文化、行为和创新等多个领域获得均衡发展，从而为个人成长和社会适应奠定坚实基础。

在思想方面，精神素养的提升能够显著促进学生思想道德素质的全面发展。梦想精神的培养能够使学生树立远大理想和目标，不仅关注个人成就，还关注对社会责任的担当与贡献。培养学生的梦想精神，能够激发学生的内在动力，推动学生自我超越，使学生朝着更高目标前进。奋斗精神的塑造则帮助学生在面临困境时展现坚韧不拔的意志，并坚定不移地追求目标，从而在各种挑战面前保持坚韧的心理素质。

文化素养的培养在精神素养目标中占据了重要地位。通过创新精神的引导，学生能够突破传统观念的束缚，勇于提出新思想与新观点。与此同时，学生还应在传承与创新传统文化的过程中，培养对文化的认同感与创造力。文化认同要求学生在尊重和理解传统文化的基础上，紧跟时代步伐，成为具有创新精神和时代感的文化传播者与建设者。

行为规范的塑造也是精神素养目标中不可忽视的内容。在梦想精神和奋斗精神的指引下，学生不仅应当追求个人成功，还应当致力于社会公正与和谐。与此同时，合作精神的培养有助于学生增强团队合作能力和集体意识，提升他们在社会互动中的合作能力，以确保他们在集体中发挥积极作用，推动社会进步与发展。

(二) 增强社会适应能力与社会责任感

精神素养的另一重要目标是帮助学生增强社会适应能力和社会责任感。随着社会的不断发展，大学生面临的社会变革和挑战日益复杂，培养学生的社会适应能力已成为教育的基本任务。这要求学生具备在复杂社会问题中进行思考与应对的能力，同时具备适应快速变化的社会环境的心态。

奋斗精神的培养有助于学生在面对社会竞争和压力时，保持积极心态与坚定信念。无论是就业市场中的竞争，还是社会文化和价值观的持续变动，奋斗精神都能够帮助学生在面临困境时，坚守目标，不断努力，最终实现个人与社会的双重发展。创新精神的培养则提升了学生适应社会变革的能力。社会发展离不开创新，创新不仅体现在科技进步中，还包括文化和社会结构的变革。通过创新精神的培养，学生能够突破传统观念的束缚，迎接未曾预料的挑战，从而有效应对社会发展的需求与变化。

在社会适应能力的提升过程中，合作精神同样起着基础作用。合作精神不仅有助于学生在团队合作中理解分工与协作，还能够帮助学生在日益多元的社会环境中找到自身的位置。现代社会是一个高度互联的社会，个人的成功往往需要集体支持。在与他人的合作中，学生能够提高团队协作能力，并在合作中增强对社会与他人的责任感，从而为社会的和谐与进步作出贡献。

增强社会适应能力与社会责任感的目标，不仅要求学生培养解决实际问题的能力，还要求他们在社会变革面前保持积极心态，勇于面对困难，主动承担社会责任，推动社会的发展与进步。学生应当在社会实践中积累经验，提高自身的社会参与感，并为社会贡献更多的智慧与力量。

(三) 激发自主创新与协同合作精神

精神素养的另一目标是激发学生的自主创新与协同合作精神。在当前社会，创新被视为推动经济发展、科技进步和社会变革的基本动力，而合作则为这一发展提供了坚实的基础。因此，培养学生的创新能力与合作精神不仅对个人成长至关重要，还在国家和社会层面的发展中起到不可或缺的作用。

创新精神的培养对于促进学生创造性思维的形成至关重要。在这一过程中，学生能够跳出传统思维模式的框架，勇于突破现有界限，尝试新方法与新思路，形成独立的知识结构。在知识经济与信息化社会的背景下，创新不再是科研人员的特权，而是每一位社会成员应当具备的基本能力。教育工作者应通过多元化的教学方式，如开展创新实验、进行创业模拟、组织跨学科合作等，促使学生在应对实际问题时采取创新思维，培养他们的独立性和前瞻性思维。

协同合作精神的培养同样具有极其重要的意义。现代社会的复杂性与全球化趋势要求个体在诸多领域的活动中与他人协作，单打独斗已不再适应快速发展的社会需求。合作不仅能够促进个体之间的互助与信息共享，还能够以集体智慧推动更有效的社会问题解决。因此，教育工作者应采取团队项目、合作学习、社会服务等多种手段，帮助学生提升沟通、协调和团队合作能力，让学生学习如何在团队中有效分工与合作，并增强集体主义意识，进而为社会的共同进步作出贡献。

创新与合作在现代社会中呈现出相辅相成、密不可分的关系。创新精神激发学生对新知识、新技术的追求，而合作精神则使他们在群体中协同工作，共同实现目标。在各行各业中，创新往往离不开团队合作，而良好的合作氛围能够为创新提供支持。因此，教育工作者应注重在学生中培养创新精神与合作精神，帮助他们成长为既具有创新意识，又能够高效合作的社会领导者和积极建设者。

（四）提升文化认同与传承意识

精神素养的培养同样应着重于学生文化认同感与文化传承意识的提升。文化认同不仅是个人与社会、民族和国家之间的深厚情感纽带，还是学生全面发展的基础组成部分。在系统化的精神素养教育中，学生不仅能够在个人素质层面得到提升，还能够增强文化自信，从而为国家文化的传承与繁荣贡献自己的力量。

文化认同与传承意识的培养能够通过树立梦想精神来实现。在确立远大理想的过程中，学生将更加清醒地认识到自己肩负的时代责任。时代责任不仅体现在个人理想的实现上，还体现在对社会和国家未来的担当上。在培养奋斗精神的过程中，学生的民族复兴目标被进一步明确，激发他们为国家的强盛和民族的复兴而不懈奋斗。与此同时，创新精神的培养有助于学生在尊重传统文化的基础上，勇于开拓进取，推动中华文化的现代化进程，使中华文化在全球化的背景下获得新的生命力。

精神素养的培养使学生更深入地理解国家的历史根基与文化传统，特别是在全球化进程中，他们不仅应当坚守对文化的自信，还应当以现代化方式进行文化表达与创新。学生应主动传承并弘扬传统文化，同时借助现代思维方式进行文化创新，构建深厚的文化自信与自豪感，并为提升国家文化的国际作用力提供源源不断的动力。

文化认同与传承意识的培养最终将使学生成为文化的承载者与创新者，使他们在全球化浪潮中充分展示中国文化的独特魅力。同时，他们也将为文化的多元交流和全球文化互动作出积极贡献，促进文化的共同繁荣与发展。

二、精神素养培育的基本原则

精神素养的培育是一个系统化、持续发展的过程，旨在为学生的全面成长和社会适应能力的提升提供理论指导。它不仅是教育工作者的职责，更是全社会共同承担的任务。为了确保精神素养的有效实施，教育工作者必须依据一系列基本原则，保障其理论框架的稳固性，并为实际操作提供有效的指导。基本原则不仅为精神素养的培养提供了理论依据，还为其在实际教育活动中的落实提供了可操作性框架。

(一)整体性与协同性

在精神素养的培养过程中，教育工作者必须始终坚持整体性与协同性原则。五种精神——梦想精神、奋斗精神、创新精神、合作精神和斗争精神——既是相对独立的个体精神特质，又在深层次上存在紧密的内在联系，它们之间的相互依存和相互促进关系是不可忽视的。因此，在培养学生精神素养时，教育工作者必须确保这五种精神在教育体系中能够实现有机融合，从而使其在学生的思想、行为和实践活动中共同发挥作用，形成协同效应。

在具体实施过程中，梦想精神提供了远大的理想与清晰的方向，激励大学生将个人追求与国家发展、社会进步紧密结合；奋斗精神引导大学生在追梦路上不懈努力，锤炼迎难而上的坚韧品格；创新精神促使大学生跳出固有思维模式，积极应对新时代多变的需求，持续探索前沿路径；合作精神强化大学设个体与集体之间的联动意识，提升他们群体协同与资源整合的能力；斗争精神则使大学生在面对复杂局势与价值冲突时，保持理性立场与坚定信念，勇于担当、敢于亮剑，确保理想信念不动摇、实践方向不偏离。五种精神相辅相成、缺一不可，彼此之间既相互支撑又相互促进。教育工作者唯有统筹兼顾、综合施策，方能在精神素养教育中实现整体推进与深度融合，真正促使大学生在思想认同、行为选择与社会实践中形成稳定的精神内核与持续的行动力量。

精神素养的培养不应局限于课堂教学，学生的课外活动、社会实践和集体活动同样需要贯彻整体性与协同性的原则。在各类课外活动中，学生能够体会到不同精神元素的交织与互动，从而深刻理解精神素养的多元价值与深远意义。跨领域、跨层次的协同培养，有助于学生形成全面而深刻的精神素养，并通过实际体验强化这些精神的内在联系。

(二)理论与实践并重

精神素养的培养应遵循理论与实践并重的原则。单纯的理论学习并不足以使学生全面理解和践行精神素养的内涵，而缺乏实践的理论则可能变得空洞和抽象。实践活动扮演着至关重要的角色，它不仅帮助学生更深刻地感知精神素养的内涵，还促使其将理论转化为具体的行动，进而实现知行合一的目标。

理论教育作为精神素养培育的基础，其作用在于明确精神素养的内涵、功能及其对个人和社会的意义，帮助学生形成正确的价值观和世界观。教师在课堂教学中讲授精神素养的理论框架，能够为学生提供系统的知识结构，使其对五种精神有全面的认识。与此同时，理论学习往往受学生个体差异、认知能力和学习动机等因素的影响，因此，实践活动的补充显得尤为重要。在实践活动中，学生不仅能够将理论知识转化为实际能力，还能够更加深入地体验精神内涵在现实生活中的具体体现。

实践活动的形式应多样化，涵盖志愿服务、社会实践、企业实习、创新创业等各个层面。学生通过实践活动，能够在真实的社会环境中应用所学知识，增强解决实际问题的能力。在这一过程中，学生能够更深刻地理解梦想精神、奋斗精神、创新精神、合作精神和斗争精神在日常生活中的实际意义，并在真实情境中加以践行与传播。学校应为学生提供充足的实践平台，如组织学生参与科研项目、社会调研、公益活动等；家庭和社会也应为学生提供更多的实践机会，如支持学生参与社区服务、企业实习等活动。理论与实践的并行推进，使精神素养的培养变得更加丰富且具有多维性。

(三)动态调整与持续优化

精神素养的培育体系应具备高度的灵活性和适应性。随着时代的发展和学生个体差异的存在，培养策略必须进行动态调整，以确保其始终与学生的实际需求和社会的发展要求相匹配。社会环境的变迁和多元文化的渗透不断对精神素养的培养提出新的要求，教育工作者应当根据社会、文化和学生需求的变化，及时修正教育目标与方法，从而确保精神素养的培育不仅具备活力，还能够适应时代的变化。

在实际实施过程中，教育工作者应通过定期评估与反馈机制，全面了解精神素养培育的实施效果，及时发现其中存在的问题并作出调整。具体来说，教师应当借助学生的思想动态调查、课堂表现反馈和社会实践总结等途径，了解学生对梦想精神、奋斗精神、创新精神、合作精神与斗争精神的理解和践行情况，识别其中的不足与差距。在反馈的基础上，教师应灵活调整教学策略、活动设计与资源配置，确保精神素养培育体系的持续优化和完善。

随着学生个体差异的日益显著，教育工作者还需根据每一位学生的特性，灵活调整培养策略，以确保每一位学生都能够在独特的成长环境中得到精神素养的有效提升。不同学科的学生、性格各异的学生和来自不同背景的学生，其精神素养的培养需求存在显著差异。因此，教师应根据学生的学术需求、兴趣偏好和个人发展需求，设计有针对性的课程内容和实践活动。另外，教师还应通过差异化的培养方法，使学生能够在多元化的教育环境中，逐步实现自身素质的全面提升。

(四)全员参与与社会协同

精神素养的培育不仅是学校的责任，家庭与社会的共同参与同样至关重要。学校、家庭和社会应密切配合，形成合力，推动精神素养的全面提升。全员参与的模式有助于确保五种精神的多层次培养，使学生能够在一个多元化、综合性的教育环境中不断提升自我，具备对社会责任和个人发展的深刻认知。

学校作为精神素养培育的主要阵地，承担着重要的教育任务。学校不仅应在课程设置、文化活动和实践平台等方面为学生提供多样化的资源与机会，而且应主动加强与家庭和社会的合作。学校通过搭建家校社协同发展的平台，能够实现教育资源的共享，形成教育合力。学校可邀请家长和社会人士参与校园文化活动、志愿服务、企业实习等多种形式的合作，增强学生对精神素养的理解与认同，促使其在实践中更好地理解和践行五种精神。

家庭在学生的精神素养培养过程中具有不可替代的作用。父母作为学生的第一任教师，对学生的思想和行为习惯有着深远的影响。家庭应为学生提供一个良好的成长环境，通过日常的沟通与互动，引导学生树立正确的价值观与人生观。父母应在生活中以身作则，传递积极向上的精神力量，激发学生的内在潜能。

社会各界的支持与参与也是精神素养培育的重要组成部分。政府部门、企业和社会组织应为学生提供广泛的社会实践机会，帮助学生在社会活动中积累实践经验，并通过社会公益、志愿服务等形式，培养学生的社会责任感。社会各界的参与不仅为学生提供了更多的实践平台，还为其精神素养的培养提供了更为广泛的视野和实践依据。

全员参与与社会协同的原则为学生提供了一个多元、立体的教育环境。学校、家庭和社会的互动协作，能够有效推动学生在各个领域的成长与发展，使其在理解、践行和传播精神素养的过程中，增强对社会的认同感与责任感，进一步促进学生精神素养的全面提升。

（五）个性化与差异化培养

在精神素养的培育过程中，个性化与差异化的培养显得尤为关键。每个学生都是独立的个体，他们的成长背景、性格特征和兴趣爱好各不相同。因此，在进行精神素养的培育时，教育工作者应依据学生的个体差异，设计相应的培养方案，以满足学生的个性化发展需求，帮助他们在自己的发展轨迹上实现精神素养的全面提升。

个性化培养不仅能够帮助学生发现并发挥自身的优势，还能够帮助他们补足自身的短板，增强自我认知与自我发展能力。教师应当通过一对一指导、小组讨论、项目式学习等形式，针对学生的不同特点进行个性化辅导。教师还应当提供心理疏导、职业规划、兴趣培养等多方面的支持，帮助学生在学术和心理层面找到自己的发展方向，提升自我发展的潜力。

差异化培养的关键在于根据学生的差异性，制定具体的培养策略。教育工作者不仅要关注每个学生的学习进度，还要根据学生的兴趣、能力、背景等因素，为其提供不同层次的课程内容与实践活动。

第三节　精神素养培育的路径整合与协调机制

精神素养的培育是一项系统且复杂的任务，涵盖了学生个体的全面发展和社会、文化多维度需求的协调。为了确保目标的实现，全社会必须通过路径整合与协调机制的有效建立，避免教育资源的重复投入，并保障各方力量的协同作用，从而推动精神素养的全面提升。

一、课程体系的整合

课程体系的整合不仅是教育改革的主要方向，还是精神素养培育的主要路径。随着社会环境的迅速变化，学生在掌握学科知识的同时，更应培养高尚的精神素养，以应对未来的多重挑战。学校在进行课程设计时，应充分考虑梦想精神、奋斗精神、创新精神、合作精神和斗争精神的培养需求，整合课程体系，构建一个全面、系统、内在连贯的教育环境，帮助学生在理论和实践的融合中得到精神素养的全面提升。

(一)思想政治理论课程：精神素养培育的关键支撑

思想政治理论课程作为精神素养培养的重要渠道，其根本任务是在社会主义核心价值观的引领下塑造学生的世界观、人生观、价值观。在思想政治理论课程的教学过程中，梦想精神的培养尤为关键。学生在对伟大人物事迹的阐述和分析过程中，不仅能够领略到在逆境中坚持梦想的力量，还能够从中汲取实现远大理想的动力与勇气。课程内容的展开，不仅能够帮助学生建立起理想信念，还能够激励他们在未来道路上矢志不渝地为目标奋斗。思想政治理论课程还涉及对历史和现实中的奋斗精神的深入探讨。通过剖析革命先烈和时代先锋的先进事迹，学生能够理解奋斗精神在历史进程中的基础作用，从而将这一精神内化为个人追求，并在实际行动中不断实践。

(二)人文课程：精神素养的深厚土壤

人文课程在精神素养的培育过程中发挥着基础性作用。文学、历史、哲学等学科不仅提供了对精神内涵的深刻洞察，还能促使学生从多个维度理解和体验奋斗精神。在文学课程中，学生通过接触经典作品，能够感受到人物在困境中的顽强意志与不屈精神。在历史课程中，学生通过对历史人物事迹进行分析，能够领悟奋斗精神在历史进程中的推动作用。哲学课程则为学生提供了关于生命意义、价值选择等哲学议题的深刻讨论，帮助学生培养独立、批判性的思维能力，为其精神素养的提升奠定了坚实的理论基础。

(三)创新与实践课程：精神素养的活力源泉

创新与实践课程作为培养学生创新精神和实践能力的关键平台，极大地拓展了传统教学模式的界限。在创新与实践课程中，学生不仅要进行课本知识的学习，更要参与各类创新实践活动，如创新实验、科技创业项目、创意写作等，亲身体验创新过程中的挑战与收获。创新实践活动不仅激发学生的创新思维与问题解决能力，还促使他们在面对失败与挫折时，学会从中汲取经验，进一步提升自我调适和应对能力。此外，跨学科合作在创新与实践课程中的应用，不仅促使学生将不同领域的知识加以融合，更促使学生激发出更为丰富的创新思维，进一步促进学生合作精神的培养。

(四)团队合作课程：精神素养的实战演练

团队合作课程在精神素养的培养过程中占据着不可或缺的地位。学生通过参加跨学科团队项目和社会服务活动，不仅能够体会到与他人协作的关键作用，还能够在多元化的团队环境中，深入理解如何倾听他人意见、作出理性决策，并有效发挥个人特长。团队合作不仅是提高工作效率的关键因素，更是一种共同承担责任与共克时艰的文化。它要求成员们彼此尊重、相互信任，在困难时刻相互支持，这些对学生的未来职业生涯与个人成长具有重要意义，成为他们应对复杂社会挑战时的重要财富。

(五)跨学科课程设计：打破壁垒，促进融合

在课程体系的整合过程中，跨学科课程设计具有基础作用。传统的课程设置通常强调学科之间的边界，学生在这样的教育模式中容易形成碎片化的学科知识体系。相比之下，跨学科课程设计将不同领域的知识与方法相结合，推动学生形成更加全面的知识框架，提升其综合能力。跨学科的融合不仅帮助学生识别不同学科之间的联系，还鼓励他们将这些联系转化为创造性解决问题的能力。例如，环境科学课程整合了生态学、地理学、社会学等学科的重要内容，

使学生不仅能够全面理解环境问题，还能够从多角度提出解决方案。同样，在艺术课程中结合数学、物理等学科的知识，有助于激发学生的创造力与想象力，从而培养他们的跨学科思维。跨学科课程设计的优势不仅在于扩展了学生的知识视野，还在于提升了他们的跨领域整合能力，为其后续的多维度成长打下了坚实基础。

(六)理论与实践相结合：深化精神素养培育

课程体系整合的关键在于理论与实践的结合。在纯理论的课堂中，学生可能无法真正理解精神素养的深层次含义，因而，实践活动成为其精神成长的关键环节。高校在设计课程时，应注重将理论知识与实际操作相结合，使学生在真实的社会情境中检验所学知识，并亲身体验和深化对精神素养的理解。例如，社会调研、志愿服务、创新竞赛等活动不仅能够帮助学生将课堂知识运用于实际问题的解决过程，还能够锻炼学生的意志品质，提升其自我修养。参与社会调研有助于学生对社会现象和问题产生更为深刻的理解，进而增强社会责任感和公民意识；参与志愿服务活动则有助于学生培养同情心和社会奉献精神；而在创新比赛中的锻炼则能激发学生的创新思维与团队合作能力。因此，理论与实践的结合能够实现知识与精神的双重提升，为学生的综合素质和精神素养的培养提供有力支撑。

二、实践活动的协调与多元化

实践活动作为理论与社会现实之间的桥梁，在精神素养的培育过程中起着不可或缺的作用。它不仅为学生提供了一个将所学知识应用于现实情境的机会，还能够激发学生的内在潜力，推动其在梦想精神、奋斗精神、创新精神、合作精神和斗争精神等方面的全面发展。因此，学校有责任精心策划与组织形式多样、内容丰富的实践活动，这些活动既要具备挑战性，又要与学生的兴趣、职业规划和社会需求紧密相关，从而在实践中构建一个富有活力和成效的精神素养培育体系。

(一)社会实践活动：精神素养的试炼场

社会实践活动为学生提供了一个直接接触社会、了解社会问题、为社会服务的平台。在这样的活动中，学生不仅能深入了解社会的不同层面，体验到社会的复杂性与多样性，还能在解决实际问题的过程中提升自己的综合素质。通过参与社会调研、乡村振兴、环保公益等项目，学生能够更好地理解社会现象，并从中激发出创新的想法。社会调研的开展使学生能够走出校园，直接面对社会中的热点问题，如农村教育现状或城市社区治理等。在调研过程中，学生需要具备敏锐的观察力与分析能力，以此应对不同挑战，培养坚韧不拔的品质，保持积极应对的态度。乡村振兴项目的实施让学生能够深刻体验农村的现状与发展需求，同时也促进了学生对社会责任的认知与担当。这些实践活动不仅为学生提供了亲身参与社会变革的机会，还为他们的未来职业生涯奠定了扎实的基础。

（二）特色志愿服务：社会责任感的催化剂与情感共鸣的桥梁

志愿服务活动在精神素养的培育过程中占据着重要地位。在参与富有特色的志愿服务项目时，学生能够体验到奉献的乐趣与价值，从而在内心深处培养社会责任感。在资源匮乏的地区参与文化与教育类志愿服务，如艺术工作坊、图书馆助手、在线辅导等项目，能够促进学生对多元文化的理解与尊重。参与环保与可持续发展项目，如城市绿化、垃圾分类推广、野生动植物保护等活动，不仅能让学生直接参与到环境保护的实践中，还能提升他们的环保意识，帮助他们认识到可持续发展的迫切性与重要性。在志愿服务活动中，学生面对各种挑战，如如何有效沟通环保理念或如何动员社区参与等，能够在实际操作中锻炼自身的沟通能力与团队协作精神，从而在服务社会的过程中提升自我素养。

（三）创新项目与实践竞赛：创新精神的摇篮

创新项目与实践竞赛为学生提供了展示创新思维和实践能力的广阔舞台。在参与各类创新创业大赛、科研项目、科技竞赛等活动时，学生有机会将理论知识转化为实际成果，并体验从创意到成品的全过程。在跨学科项目的合作过程中，学生往往需要与来自不同学科的同学共同工作，形成跨领域的合作模式。合作不仅促进了知识的融合与创新思维的碰撞，还激发了学生解决复杂问题的能力。在多样化的项目与竞赛中，学生学会了尊重差异、倾听他人意见，并在团队协作中有效沟通，这些都成为学生今后在职场中所需的关键素养。通过参与实践竞赛，学生不仅在技术能力上得到了锻炼，还在竞争的环境中增强了抗压能力与应变能力。每一场竞赛的参与，都是对学生综合素质的全面考验，无论结果如何，都会激励他们在未来的学习与生活中更加勇于探索、敢于创新，并为追求卓越而不懈奋斗。

　　实践活动的多元化设计，使学生在丰富的学习与实践环境中，全面提升了精神素养和综合能力。通过与社会实际紧密结合的多种形式的活动，学生不仅能够更好地掌握专业知识，还能够在实际操作中积累宝贵经验，增强社会责任感，培养创新精神，提升团队协作能力与沟通能力。学校整合丰富的实践资源，组织形式多样的活动，不仅为学生提供了多元的成长平台，还促进了学生精神素养的全面发展，助力学生在未来的社会中成为具有责任感与创新精神的杰出人才。

三、师生互动与协同教学

　　在精神素养的培育过程中，师生互动与协同教学不仅构成了知识传递的桥梁，更是学生精神成长的重要催化剂。精心设计的互动方式，使得师生之间的关系变得更加紧密，在共同的学习与探索过程中，梦想精神、奋斗精神、创新精神、合作精神和斗争精神得以根植学生的心底，实现全面发展。

（一）课堂讨论：激发思考，点亮梦想之光

　　课堂讨论作为师生互动的主要形式，提供了一个让学生自由表达观点并进行思想碰撞的舞台。教师不再仅仅是知识的传递者，而转变为引导者和启发者，负责设计富有挑战性和启发性的讨论主题，激发学生深层次的思考与内心的探索。教师聚焦"个人梦想与社会责任的平衡"或"奋斗过程中面临的挑战及应对策略"等议题，鼓励学生敢于分享个人见解，并促使其深入思考个人与社会之间的关系。随着讨论的展开，学生逐渐认识到，个人的梦想不仅是实现自我价值的途径，还是推动社会进步与国家复兴的基本力量。教师的及时引导如同一盏明灯，照亮学生前进的方向，引领他们将个人理想与社会责任紧密结合，为社会的整体进步贡献力量。

（二）案例分析：以史为鉴，启迪创新思维

　　案例分析是一种实践性很强的教学方法，能够帮助学生理解精神价值的深刻内涵。真实或虚拟情境的重现能够使学生模拟决策过程，理解不同情境下的应对方式与决策背景。在培养创新精神方面，教师应当精选具有时代特征的创业故事和科技创新案例，带领学生探索其中的创新要素、成功因素和面临的困

境。例如，在分析特斯拉电动汽车革命的案例时，学生不仅能学习到相关技术创新的重要理念，还能深刻领会到企业家马斯克对可持续能源未来的远见卓识及其坚持不懈的追求。教师应当不断引导学生思考如何将创新精神融入自己的学习与生活中，鼓励他们挑战现有局限，勇于探索未知领域。案例分析教学方式让学生不仅深化了对创新过程的理解，还激发了他们面对挑战、勇于尝试的决心，为将来的创新实践积累了宝贵的经验。

（三）课外指导与个性化辅导：心灵的对话，精神的滋养

课外时间为教师与学生建立深厚情感纽带、开展个性化指导提供了独特的机会。教师通过与学生的一对一交流、阅读指导、兴趣小组等多种形式，深入了解每位学生的兴趣、优势与成长困惑，并给予有针对性的指导与支持。在培养合作精神方面，教师应当鼓励学生参与团队项目与社会实践活动，让他们在实际操作中学会如何在团队中发挥自己的长处、如何倾听他人意见，以此共同解决问题。教师的角色超越了单纯的知识传授者，转变为情感的倾听者与心灵的导师，帮助学生在情感支持与实际指导中不断成长。在深度互动过程中，学生不仅在关怀和尊重中感受到理解与支持，还学会了如何关心他人、如何在合作中实现共同进步。师生间的亲密互动与情感联系，不仅促进了学生的个人成长，还为其日后的社会适应与团队合作提供了坚实的基础。

（四）协同教学：共创项目，共育精神之花

协同教学作为师生互动的高级形式，强调平等合作与共同创造。在这一模式下，教师不仅是知识的传递者，更是学生的合作伙伴。共同设计和实施创新项目，如社区服务计划、环保倡议、科技小发明等，能够让教师与学生在协作过程中共同面对挑战，探索解决方案。在项目进行的过程中，学生不仅在教师的指导下增强了创新思维与动手能力，更重要的是，他们在合作中深刻感受到团队力量的无穷潜力。在明确自身角色、与他人有效沟通和协作的过程中，学生体会到如何通过集体智慧实现共同目标。协同教学打破了传统的师生界限，构建了一种基于相互尊重与共同成长的教育关系，这不仅促进了学生个人素质的提升，更为学生精神素养的全面培育提供了广阔的空间。在师生间的互动与协作的过程中，学生不仅学到了知识和技能，更体会到在团队中共同进步的重要性，这将为其未来发展提供持久的动力。

四、家庭与社会支持机制的建立

精神素养的培育如同一棵幼苗的成长，需要阳光、雨露和肥沃的土壤。学校作为教育的主阵地，无疑承担着重要的责任，但家庭与社会的支持同样不可或缺，它们共同构成了精神素养培育的完整生态系统——家庭是温暖的港湾，社会是广阔的天地，两者相辅相成，为学生的全面发展提供了坚实的支撑。

(一)家庭：精神素养培育的摇篮

家庭教育在学生成长中的影响深远且持久，特别是在精神素养的培养过程中，家庭教育尤为重要。家长不仅是孩子的第一任老师，更在孩子价值观的塑造过程中扮演着举足轻重的角色。通过日常的言传身教，家长能够潜移默化地提升孩子的梦想精神、奋斗精神、创新精神、合作精神和斗争精神。

在梦想精神的培育方面，家长应鼓励孩子勇敢追寻梦想，帮助他们树立远大的理想与志向。家长应当分享自身的奋斗经历，激发孩子对未来的憧憬和向往。同时，家长应当尊重孩子的兴趣与选择，给予孩子足够的自由空间去探索自己的爱好，点燃孩子心中追求梦想的火焰。

在奋斗精神的培养过程中，家长的鼓励与支持常常成为孩子克服困难、坚持不懈的关键动力。面对挫折与挑战时，家长应帮助孩子以积极的态度去面对问题，并引导孩子从失败中汲取经验，持续向前。孩子在参与家务劳动、社区服务等实践活动时，不仅能锤炼自己的意志力，还能培养责任感，学会在困难中成长。

创新精神的激发离不开家庭的培养环境。家长应鼓励孩子大胆想象，勇于尝试新事物，并提供丰富的阅读材料、科技玩具等，激发孩子的好奇心与探索欲。与此同时，家长还应与孩子共同参与科学实验或手工制作等活动，让孩子在亲身实践中体验创新的乐趣，从而培养创新思维。

家庭日常活动能够强化合作精神。家长应当采用家庭会议或共同完成任务等形式，培养孩子的团队意识和合作能力。孩子则应逐渐学会倾听他人、尊重差异、理解合作规则，进而在日常生活中形成稳定的合作行为模式，为未来社会互动与集体实践打下良好基础。

斗争精神的培育更需要家长从小引导孩子形成正确的是非观、责任观与问题意识。在面对生活中的不公平、不合理现象时，家长应鼓励孩子表达立场、敢于发声，培养其明辨是非、坚守原则的价值判断能力。同时，家长还应通过讲述国家、社会或家庭成员在关键时刻勇于担当、积极应对挑战的真实故事，引导孩子理解斗争精神是面对矛盾时的理性抉择与责任承担，是捍卫正义、追求进步所必须具备的力量。

(二)社会：精神素养培育的广阔舞台

社会作为学生接触外部世界的一个重要窗口，提供了丰富的资源与广阔的实践平台，进一步推动学生精神素养的提升。社会各界的积极参与为学生在实际环境中锤炼五种核心精神提供了坚实保障，发挥了不可或缺的作用。

各类社会实践平台的搭建尤为重要。企业、社区、非政府组织等社会力量能够为学生提供多样化的实践机会，如实习、志愿服务、科技创新竞赛等。在活动中，学生不仅能够将所学知识应用于实际情境，进一步提升职业能力和团队合作精神，还能在实践中锻炼自身的五种精神。实践机会不仅能够帮助学生加深对社会的理解，更能够培养其社会责任感，为其未来的发展奠定基础。

社会舆论在精神素养的培育中同样扮演着重要角色。媒体与公众人物通过传播正能量，弘扬社会主义核心价值观，激励年轻人树立远大理想与坚定信念。通过报道杰出人物的事迹或分享成功案例，社会舆论能够激励更多年轻人勇于追梦，提升他们的奋斗动力。同时，社会舆论还应关注青少年的心理健康与成长需求，提供支持与帮助，创造积极的成长氛围，帮助青少年在充满挑战的社会环境中保持健康心态。

五、评价与反馈机制的动态调整

精神素养的培养不仅要求全社会建立科学合理的路径规划，还需配备一套有效的评价与反馈机制。机制的建立旨在确保培养路径的有效性与科学性，能够及时发现问题并进行调整，从而促进学生成长与发展的最大化。教育工作者通过灵活调整的反馈机制，能够实时掌握学生在精神素养各个方面的进展情况，并根据学生的实际表现与社会变化的情况，调整教学策略和方法。动态调整能够确保精神素养的培养与学生的成长需求和时代的发展要求始终保持一致，使学生在不断提升自我素质的过程中，培养与社会发展同步的精神素养。

(一)评价与反馈机制的建设

建立一个科学、全面且多维度的评价与反馈机制是精神素养培养的重要任务。评估精神素养并非局限于学生的学科成绩，而应当涵盖学生的思想、行为、实践等多个层面。在思想层面，学生是否理解并内化了精神素养的基础价值，是否能够在日常生活中展示出与之相符的思想和行为表现，是评估的重要指标。教师应当通过思想政治理论课程、心理健康教育等形式，有效评估学生对精神素养的认知水平，观察他们是否能主动思考精神素养如何作用于个人成长，并将这些精神素养内化为日常的思想和行为习惯。在行为层面，评估将关注学生是否在日常生活中表现出积极向上的态度，是否具备明确的价值指向，并在集体中发挥合作和领导作用。同时，是否具备创新精神及其具体行动也是评估的基本内容。学生的行为表现，课外活动的参与度、志愿服务情况、团队协作的表现等，均是衡量其精神素养的具体依据。在实践层面，精神素养的真实体现常常以实际行动展现。因此，评估应涵盖学生在社会实践、创新项目、公益活动等方面的表现。在实际活动中，学生不仅应当展现出梦想精神，还应当以奋斗精神应对挑战，达成目标。同时，他们应当运用创新精神，提出新的解决方案，并利用合作精神，在团队中发挥协同作用。

要想全面衡量学生在梦想精神、奋斗精神、创新精神、合作精神和梦想精神等方面的成长，评价机制需要从自我、同伴、教师和外部等不同维度进行综合评估，以便从多个角度准确反映学生的成长轨迹。自我评估是评价机制中的一种重要方式，它允许学生自我反思，评估自己的成长水平，识别优势和不足，并根据反思成果设定未来的提升目标。自我评估不仅能够激发学生的主动性和自觉性，还能够促使其深入理解精神素养的基础性，进而将精神素养内化为自我发展的驱动力。同伴评估提供了一个互动性的评价途径。在同学之间的互评过程中，学生能够了解彼此在团队合作中的表现，并对自己在奋斗、创新等方面的优缺点进行反思。同伴评估有助于学生从不同视角审视自己的精神素养水平，并在互动过程中不断进行自我修正与完善。教师评估则是对学生进行专业化指导的关键方式，教师应当从多个维度进行全面评估，包括课堂表现、课外活动参与情况和团队合作能力等。教师通过观察学生的行为、言辞、作业、项目参与度等，能够准确把握学生在思想、行为与实践中展示出的精神素养，并及时为其提供指导与支持。外部评估也应当纳入评价体系，尤其是社会组织、企业或其他外部机构的评估，能够为学生的精神素养提供更加客观、全面的评估视角。外部评估能够凭借学生在社会实践、实习、创新项目中的表现，帮助学校了解学生在更广泛社会环境中的精神素养水平，从而进一步优化教学策略和培养方法。

（二）定期评估与反馈的作用

定期评估与反馈不仅是对学生精神素养成长的记录，更是教育工作者调整和优化教育路径的重要依据。通过定期评估，教育工作者能够及时发现学生在精神素养培育过程中所面临的挑战与困难，进而对教学策略与活动安排进行有针对性的调整。

教育工作者通过定期评估，能够实时监控学生在五种精神的培养过程中所取得的进展。监控不仅能够帮助教育工作者识别学生在各个方面的优势与不足，还能够为教育工作者采取有针对性的措施提供数据支持。例如，当学生在某一方面表现较弱时，教育工作者应当制定具体的补充措施，确保每个学生都能够在精神素养的全面培养中得到均衡的发展。

同时，定期评估与反馈也是教育工作者了解教育路径有效性的便捷工具。当学生在某一精神素养的培养过程中未达到预期目标时，教育工作者应当通过评估结果分析潜在原因，进而调整教学内容、方法或活动形式。例如，如果学生在创新精神的发展方面存在不足，教师就应当增加创新思维训练，设计更具挑战性的实践活动，进行有针对性的补充。

定期评估与反馈还能够激发学生的学习动力，增强其目标感。在清晰的评估标准和目标的指导下，学生能够明确自己的努力方向，并不断获得反馈信息，激励自己成长。在同伴评估与教师评估的相互作用下，学生不仅能够看到自己在团队合作、创新等方面的成长，还能够进一步增强自信心，为全面发展提供持续的动力。

对于教育工作者而言，定期的评估与反馈不仅是对学生成长的反映，更是自我反思与改进的契机。教师能够根据学生的反馈信息，深入分析当前教学内容、方法与评价标准的有效性，发现教学中的不足，并通过调整课程设计、优化教学策略，更好地服务于学生的成长与发展。定期的评估与反馈机制使教育工作者能够在实践中不断提升教学质量，进一步推动精神素养培养的科学化与精准化。

（三）动态调整与个性化培养

精神素养的培养是一个持续发展的过程，随着学生的成长和社会环境的变化，培养路径与评价机制也应具备灵活的适应性。学生的成长背景、兴趣爱好和发展需求各不相同，因此，个性化的培养路径和评价方式尤为重要。动态调整的评价机制能够根据学生的实际表现与需求进行相应调整，从而为每位学生提供精准的培养支持。

教育工作者通过定期评估，能够全面了解学生在不同精神素养方面的成长情况，进而为每个学生量身定制个性化的培养路径。例如，对于在奋斗精神方面相对薄弱的学生，教育工作者应当设定更为具体的目标，并制定切实可行的实践任务，帮助他们逐步建立目标感并付诸实践。而对于在创新思维方面具有较强能力但在合作精神方面表现不足的学生，教育工作者则应当组织跨学科团队项目，强化其团队协作能力，以达到平衡发展的目的。

根据定期评估的结果，教育工作者应当灵活调整教学策略，以满足学生个性化的发展需求。例如，在某一阶段，学生对梦想精神的理解不够深刻，教师应当引入更多的经典案例，组织讨论或开展相关的实践活动，进一步加深学生对梦想精神内涵的理解。教师还应当根据评估结果，调整课程内容和教学节奏，确保每位学生的各种精神素养都能够得到充分的培养。

动态调整机制不仅有助于满足个体的差异化需求，还有助于促进学生的全面发展。在精神素养的培养过程中，学生的兴趣、优势与不足差异较大，动态调整机制能够确保学生在优势领域得到激励和进一步发展，在不足领域得到及时的支持与指导，从而在精神素养的全面提升上实现更均衡的发展。

(四) 评估与反馈机制的持续改进

随着社会的不断变化，学生的成长特点、社会需求和教育方法都在不断发生变化。因此，精神素养的评估与反馈机制需要根据新的社会环境、学生需求和教育发展的实际情况，进行持续优化和改进。教育工作者应当根据外部环境的变化，不断调整和完善评价指标与反馈方式，以确保评估体系能够与时俱进，适应新的挑战。

持续改进的评估与反馈机制能够帮助教育工作者跟上时代发展的步伐，确保学生的精神素养培养始终处于一个科学且有效的轨道上。根据新的教育需求和学生特点进行调整，教师能够使评价方式更加全面和精准，从而更好地服务于学生的个性化成长。

第八章

精神素养培育的创新路径与实践探索

　　精神素养的培育是新时代大学生培养的重中之重，其核心目标在于帮助大学生树立正确的世界观、人生观和价值观，提高其社会责任感、创新精神和实践能力。随着社会的变革与科技的进步，精神素养教育面临着新的机遇与挑战。为了更好地适应变化，教育工作者必须探索新的教育路径，创新精神素养培育的方法，以确保教育的有效性与时代性。本章将深入探讨新时代社会变革中精神素养培育的创新路径与实践探索，提出从多元化教育模式到社会化合作模式的多维度创新实践，以开创精神素养教育的新局面。

第一节　新时代社会变革中的精神素养教育创新

　　社会的快速变革与教育模式的转型，使大学生的精神素养教育面临前所未有的挑战。全球化、信息化和科技创新的迅猛发展，深刻改变了社会结构与文化环境，使学生在接收知识的同时，必须应对多元文化和价值观的碰撞。因此，精神素养教育亟须创新，以适应新时代对大学生综合素质的要求。特别是在培养学生创新精神、社会责任感和实践能力等方面，教育工作者必须跳出传统的教育框架，探索更符合时代发展的新路径。本节将探讨精神素养教育创新的必要性、主要方向与具体路径，特别是如何通过创新的方式和实践，推动精神素养教育目标的全面实现。

一、新时代的社会变革与精神素养教育面临的挑战

社会的快速变革和技术的不断进步，对大学生的精神素养教育提出了新的要求。全球化、数字化、文化多样化等因素，不仅深刻影响着学生的思想、行为和价值观，还对教育模式和教育内容的创新产生了巨大作用。教育工作者需要深入认识挑战，准确把握新时代对精神素养教育的要求，并进行有效的教育创新，以帮助学生应对社会的复杂变化，提升其综合素质和社会责任感。新时代的精神素养教育必须培养学生的独立思考能力、创新精神、社会责任感和跨文化适应能力。当前，大学生不仅要面对国内日益变化的社会环境，还要应对全球化进程带来的机遇和挑战。教育工作者必须为学生提供多样化的教育路径，帮助他们应对多元文化、信息泛滥和社会责任的多重挑战。因此，精神素养教育亟须从理论到实践的全方位创新，做到与时俱进。

(一) 全球化与多元文化的作用

全球化推动了各国文化的深度融合与碰撞。信息技术的飞速发展，尤其是互联网和现代交通工具的普及，使得跨文化交流日益频繁，学生能够更加便捷地接触到全球范围内的思想、文化与生活方式。然而，全球化带来的不仅是文化的相互渗透，还伴随着文化认同危机和价值观的剧烈碰撞。在此情形下，精神素养教育必须在全球化的视野下找到创新发展路径，帮助学生在吸收外来文化精华的同时，坚定对本国文化的认同与自信。

全球化背景下的多元文化交汇和不同社会体系与价值观的存在，深刻影响着学生的世界观、人生观、价值观。在文化多样性的扩展过程中，学生可能会感受到认同感的迷茫与冲突。在多元文化的冲击下，部分学生容易失去对本国文化的认同，甚至对传统文化产生排斥情绪。精神素养教育的重点任务在于，帮助学生在全球文化的交融过程中培养批判性思维，使其既能吸收并理解外来文化中的先进理念，又能深刻认同并自信地传承本国文化的价值。

全球化不仅推动了文化交流，还要求学生具备跨文化理解与适应的能力。文化差异的存在不应被视为对立与冲突的源泉，而是推动文化交流与融合的重要动力。教育工作者应当引导学生认识到，文化的多样性为全球化时代提供了更多的选择与可能。跨文化理解与尊重不仅是全球时代的基本需求，还是人类命运共同体不可或缺的组成部分。在此背景下，精神素养教育应致力于培养学

生的开放心态与跨文化适应能力，帮助其形成包容与理性的世界观。

（二）数字化时代的挑战

信息技术的迅猛发展，特别是数字化教育和网络社交的普及，改变了学生获取知识与思考问题的方式。在数字化时代，学生在接触到丰富的信息资源的同时，也面临着海量信息和情感冲击的双重挑战。互联网、社交媒体和即时通讯的普及，为学生提供了前所未有的知识获取渠道。但与此同时，互联网平台也造成了信息的过载，海量信息的涌现使得学生容易迷失在碎片化的知识之中，难以形成清晰而正确的价值判断。

信息的多样性、即时性与全球性为学生提供了多元化的学习平台，但也使得学生容易受到虚假信息和偏激观点的影响。尤其是在情感表达与价值观形成的过程中，虚假信息和片面观点的传播对学生产生了较大影响，可能导致学生对社会现象的误解，甚至使学生的思想极端化。因此，如何在信息泛滥的环境中保持理性思维，形成正确的价值导向，成为精神素养教育亟待完善的课题。

面对信息的泛滥，精神素养教育不仅要传授知识，还要帮助学生增强信息甄别能力、批判性思维和情感调节能力。教育工作者应当引导学生理性看待多元信息，帮助学生学会筛选有价值的内容，培养学生独立思考与判断的能力。学生要学会从纷繁复杂的信息流中提取有意义的知识，避免被表面信息或情感左右。

随着网络社交平台的普及，学生的情感表达与交流方式也发生了显著变化。尽管虚拟社交世界为学生提供了即时互动的机会，但其仍然存在一定的局限性。学生容易在平台中找到认同感和自我价值，然而，这一虚拟互动往往缺乏面对面交流的真实感与深度沟通。虚拟化的情感互动使得学生在现实生活中的情感调节和表达能力受到挑战。精神素养教育必须重视情感智力的培养，特别是对情感表达与调节能力的培养，以避免学生沉迷虚拟世界，失去自我与现实感知。

（三）社会需求与精神素养的关联

随着社会的快速变革，大学生所需具备的素质正在发生根本性的转变。现代社会不仅要求学生掌握扎实的专业知识，还对其创新能力、社会责任感和团队合作意识提出了更高的要求。在全球化、信息化和社会多元化的背景下，社会对大学生的期望已超越了学术上的成就，学生被期待不仅能完成学业、获得学历，更应在解决实际社会问题、推动社会进步方面作出积极贡献。因此，精神素养教育必须紧密契合社会需求，帮助学生构建完善的知识体系、技能体系与社会责任感。

当今社会对大学生的要求已经不局限于传统的知识和能力。社会结构与发展趋势的变动，迫使大学生必须具备多维度的素养，特别是在创新能力、社会责任感与团队协作等方面。随着社会矛盾、文化冲突和环境污染等复杂问题的不断凸显，大学生不仅需要培养独立思考与解决问题的能力，还应培养强烈的社会责任感，主动参与到社会建设与文化传承的过程中，为解决全球性和区域性问题提供有效的方案。

与此相适应，精神素养教育的内涵需要超越传统的道德教育与思想政治教育，转而重视学生创新能力的培养。学生在多元化的教育模式中，如案例分析、社会实践、创新项目等，能够磨砺解决问题的能力，提升团队合作的效率，同时培养自我反思与自我提升的意识。这一教育模式能够帮助学生在面对复杂的社会问题时，找到创新性且切实可行的解决方案，并能够在集体中发挥重要作用。

现代社会对于大学生的要求已不再局限于某一学科领域的专业能力，而是具备跨学科的知识和技能。随着社会环境的持续变化，大学生必须具备较强的适应能力，不断调整自己，融入社会发展与文化传承的各个方面。因此，精神素养教育应鼓励学生关注社会问题，积极参与公共事务，培养社会责任感与参与感，并激发他们在推动社会进步和文化传承过程中作出切实贡献的动力。同时，精神素养教育在培养学生的全球视野和跨文化理解方面亦扮演着重要角色。在全球化背景下，社会发展不仅是国家层面的进步，更涉及全球范围内的合作与创新。大学生作为未来社会的关键力量，必须具备更广阔的国际视野和胸怀，理解全球性问题，并积极参与全球治理与可持续发展。精神素养教育应引导学生思考如何在全球性挑战中担当责任，并为推动全球合作与共同发展贡献智慧和力量。

二、精神素养教育创新的主要方向

精神素养教育的创新不仅涵盖教学方法的革新，更涉及教育理念、教育内容和教育形式的全面变革。随着新时代社会环境的变迁，精神素养教育的主要方向必须顺应时代发展的需求，并始终坚持以人为本，注重学生的多元化成长和全面发展。因此，探索并明确精神素养教育创新的主要方向，不仅是推动教育改革的重要步骤，还为培育未来社会的建设者和接班人提供了理论依据与实践指南。精神素养教育创新的主要方向，包括教育理念的创新、跨学科融合的教育方法、信息技术与教育模式的结合和实践导向的教育模式，它们构成了新时代精神素养教育创新的基本框架。

（一）教育理念的创新

教育理念的创新是精神素养教育创新的基石，决定着教育内容与教育方式的根本变革。传统的精神素养教育，尤其是思想政治教育和道德教育，往往采用教师主导、学生被动接受的单向灌输模式。这一教育方式强调学生对知识的接收和对外部道德规范的遵循，但现在，单向的灌输式教育已无法满足学生的多元化需求，也难以有效激发学生的自主思考和创新意识。

新时代的教育理念应以学生为主体，注重培养学生的自主学习能力、批判性思维和创新精神。学生不仅是知识的接收者，更是知识的建构者、探求者和创造者。教育理念的创新应聚焦于培养学生的独立思考能力和创新精神，激发他们对社会问题的关注、对世界多样性的理解和对解决问题的积极态度。教育工作者要从讲授知识转向引导思考，设计更具挑战性的任务、问题和项目，让学生在探索与实践中完成知识的内化和升华。

另外，教育理念的创新也应促进多元化的思想碰撞和观点交锋。学生在接受传统的精神素养教育时，往往基于固定的理论框架和规范进行学习，这一"统一性"在某些情况下压抑了学生的创造性思维。新时代的教育应当鼓励学生进行批判性思考与创造性探索，在多样化的思想和观念中，塑造自己的价值观和世界观。教育理念的创新要倡导学生从知识的接收者向知识的反思者和批判者转变，培养学生的开放视野和全球化思维，使学生拥有适应未来挑战的智慧。

（二）跨学科融合的教育方法

跨学科融合是新时代精神素养教育的重要路径之一。面对日益复杂的社会问题和多元化的需求，大学生不仅要掌握深厚的专业知识，还要具备广阔的跨学科视野和综合思维能力。单一学科的知识体系在应对社会发展的挑战时，显得力不从心，许多社会问题和全球性问题的解决，往往需要借助多个学科的理论与方法。因此，跨学科融合的教育方法尤为重要。

跨学科融合不仅是学科知识的结合，更是思想的交融与思维方式的碰撞。不同学科之间的相互作用，为学生提供了更为广阔的认知视野和多维度解决问题的思路。跨学科的学习能够使学生获得来自不同学科的视角和方法，从而使他们能够从多角度、多层次理解和解决问题。例如，在精神素养教育中，哲学、心理学、社会学等学科的结合，有助于学生在理论与实践的融合过程中，多维度地理解人类行为和社会关系的复杂性，提升批判性思维和人文关怀意识。

跨学科融合的教育方法还能够引导学生了解和应对当今社会中的重大挑战。例如，环境污染、社会不平等、全球气候变化等问题涉及多个学科的知识和技术。因此，精神素养教育不仅要为学生提供专业领域的知识，更要帮助学生掌握跨学科思考和合作的能力。

（三）信息技术与教育模式的融合

信息技术的迅猛发展为精神素养教育提供了前所未有的机遇，同时也对教育模式的创新提出了迫切需求。在数字化时代，传统教育模式已无法满足学生对灵活性、互动性和个性化学习方式的期望。信息技术，尤其是数字平台、虚拟现实技术（VR）和增强现实技术（AR）等的广泛应用，开辟了精神素养教育的新天地，推动了教育从传统的教师讲授模式向更加多元、灵活和个性化的方向发展。

信息技术的运用使学习空间不再局限于课堂，学生能够随时随地在互联网和在线学习平台获取相关的学习资源，进行深度学习与互动。技术的整合使教育内容能够根据学生的学习进度、兴趣和需求进行个性化定制，从而实现精准化、高效地教学。凭借大数据技术的支持，教师能够实时跟踪学生的学习进展，识别其学习中的薄弱环节，基于数据反馈调整教学策略，为每个学生提供量身定制的辅导和支持。

虚拟现实技术和增强现实技术为学生提供了沉浸式的学习体验。在虚拟环境中，学生不仅能够获得更加生动的感官刺激，还能够在模拟的复杂情境中进行互动式学习。这些技术为精神素养教育的实施提供了全新的平台，在虚拟与现实之间架起一座桥梁，学生通过感知、体验与反思，深化自身对精神素养的理解和应用。在与虚拟环境的互动过程中，学生不仅增强了对社会现象的理解，还提高了分析和解决复杂问题的能力。

（四）实践导向的教育模式

精神素养教育的创新应超越理论与方法的更新，注重实践导向的教学模式。实践导向的教育模式强调实际操作与社会实践，让学生在真实情境中将所学知识转化为实际能力，提升其解决问题和适应社会的能力。实践导向的教育模式能够让学生在参与社会活动的过程中，锤炼应对复杂情境的能力，进一步加深对精神素养内涵的理解。

在实际社会情境中的学习，能让学生更好地认识精神素养的价值和意义。学生通过参与各种形式的社会实践、社区服务和志愿活动，能够在真实情境中进行决策、执行和反思，这一实践经验有助于他们更深入地理解精神素养的重要内容。精神素养教育的创新需要加强与社会、企业和公益组织的合作，创造更多的社会实践机会，帮助学生在实践中学会如何应对复杂的社会问题，培养他们的创新意识和团队协作能力。

实践导向的教育模式对学生自我认知和社会适应能力的提升具有显著作用。学生能够更清楚地识别自己的优缺点，了解自己在社会中的角色和责任，从而更好地适应社会的变化并解决现实中的问题。理论与实践相结合，使得学生的精神素养教育变得更为贴近生活，全面提升了他们的精神素养水平。实践经验让学生不仅获得了对理论的理解，还学会了如何在社会中应用这些知识与能力，培养适应社会变革和挑战的综合素质。

三、精神素养教育创新的实践路径

精神素养教育的创新不应停留在理论层面，而应通过实践获得真实的检验与推进。实践是教育创新效果的重要体现，只有通过切实有效的路径，精神素养教育方能实现真正的突破与发展。不同的教育方式拓展了学生的思维方式，使精神素养得以提升，教育形式更加多元、灵活，能够适应日新月异的社会需求。

（一）精神素养教育与社会发展的互动式实践

随着社会快速发展和环境日益复杂，大学生不仅要培养扎实的专业能力，还要培养坚实的精神素养，只有这样才能应对社会变革所带来的挑战。因此，精神素养教育不应局限于课堂教学，而是必须与社会发展和文化建设等紧密结合。学生只有积极参与社会进程，才能够深刻理解和内化精神素养的重要理念，从而培养适应新时代需求的能力。

1. 社会创新与精神素养教育的结合

高校应当与政府、非政府组织、企业等各类社会机构合作，开设社会创新课程，让学生参与到解决社会发展实际问题的项目中。此举有助于学生将创新意识与社会责任感结合起来，进一步理解个体与社会之间的互动关系。学生通过参与社会创新，能够更加意识到自己与社会的紧密联系，从而激发其为社会作出贡献的动力与责任感。

2. 校外实践平台的拓展

精神素养教育的创新不仅需要课堂的理论教学，还需要拓展校外实践平台，将社会实践纳入教育体系。高校应与社会机构、文化单位等合作，设立多个社会实践基地，促使学生走出课堂，参与文化创意、公益服务、环保项目等实践活动。学生通过校外实践平台，能够提升社会适应能力、创新精神和团队协作能力，同时深化社会责任感。学生不仅能在与实际社会问题的接触中加深自己对精神素养内涵的理解，还能在不断变化的社会环境中强化自己的价值观与人文关怀。

3. 社会调研与精神素养教育的结合

社会调研为学生提供了一个接触和研究社会问题的实践平台。在参与调研的过程中，学生有机会深入探讨环境保护、文化传承、社会平等等复杂议题，培养批判性思维，提升问题解决能力。学生通过调研地方社区文化传承、民众心理状态等具体课题，能够意识到社会发展背后存在的复杂因素，从而提升自己对社会问题的敏感度与理解力。调研不仅强化了学生的社会责任感，还加深了他们对文化和社会结构的认识，使精神素养教育更加具有实践性和现实意义。

（二）精神素养教育的体验式学习

精神素养的培养不仅依赖课堂中的理论传授，更要以实践活动和体验活动来加以深化。体验式学习强调学生的主动参与和深度体验，旨在让学生亲身参与实践活动，使其不仅理解精神素养的理论内涵，还将精神素养转化为实际的行为和思维方式。体验式学习模式的重点在于以实际体验培养学生的解决问题能力、社会责任感，使其能够在复杂的社会情境中灵活应对各种挑战。

1. 情境模拟与角色扮演

情境模拟和角色扮演是体验式学习的重要方法，能够为学生提供真实世界的情境，并预示他们未来可能面临的社会问题。在情境中，学生需要主动参与、扮演角色，并作出决策与行动。在情境模拟和角色扮演中，学生能够加深对精神素养具体应用的理解，进而提升应对现实生活中复杂问题的能力。情境模拟不仅有助于学生强化团队合作能力、领导力、决策能力等实践技能，还能有效培养他们在面对挑战时的应变能力。

2. 生活化的学习实践

精神素养教育应深刻渗透至学生的日常生活，而不局限于课堂上的知识讲解。学校应当组织学生参与环境保护、社区志愿服务和公益活动等实际项目，通过接触社会问题来提升学生的精神素养水平。在生活化的学习实践中，学生能够强化社会责任感，激发创新意识与服务精神，同时增强沟通协调能力和团队协作能力，更好地理解精神素养的核心理念，并在行动中将其内化为个人行为和思维方式。

3. 跨学科的项目式学习

跨学科的项目式学习能够有效提升学生的综合能力，尤其是团队合作能力与创新思维的培养。学校应当组织跨学科的学生团队，共同完善城市环境保护、可持续发展等多维度的社会课题。学生通过参与项目式学习，不仅能掌握不同学科领域的知识，还能培养批判性思维和实际问题解决能力。项目式学习凭借多学科合作的方式，促进了学生之间的知识交流与思维碰撞，帮助他们拓宽视野，培养灵活的思维方式。此类学习方式使得理论与实践紧密结合，有助于学生更好地解决社会中的复杂问题。

（三）精神素养教育的个性化发展

由于学生在成长背景、兴趣爱好和心理需求等方面存在差异，精神素养教育应当依据学生的个性特点，采取差异化与个性化的教育路径。只有这样，学生才能够在多样化的学习途径中选择适合自身的学习方式，从而激发自身的学习潜力，促进自身的全面发展。

1.定制化教育计划

在实施精神素养教育时，高等院校可依据学生的兴趣、特长、学术背景和未来发展方向，为学生设计个性化的教育计划。定制化教育模式让学生不仅能够深入探索自己感兴趣的领域，还能够培养独立思考、不断创新和解决实际问题的综合素质。个性化教育计划有助于激发学生的学习动机，支持他们在个人潜力的发掘中不断成长，进而为精神素养的提升提供量体裁衣的支持。

2.个性化心理辅导与精神素养提升

学生在情感需求和心理发展方面存在差异，因而，精神素养教育应根据学生的心理特征进行个性化辅导。高校可为学生提供有针对性的心理辅导服务，帮助其识别并有效应对情感困扰。通过心理健康教育和情感管理训练，学生能够调节心理状态，提升情商，增强自我认知和情感调节能力。个性化辅导不仅能为学生解决成长中的情感问题，还能为其提供情感支持，并在深层次上促进学生精神素养的提升。

3.兴趣导向的社团与课程设置

个性化教育的另一体现是兴趣导向的社团和课程设置。高校应鼓励学生根据个人兴趣选择相关社团，参与文化、创新、社会服务等领域的活动。兴趣导向的社团活动为学生提供了一个自由、开放的学习空间，让学生能够在实践中进一步发展自我，培养领导力、团队合作能力等精神素养。学校还应当设置与学生兴趣相关的课程，以激发学生的学习热情，提升其综合素质。

(四)利用数字技术创新精神素养教育

信息技术的飞速发展为精神素养教育提供了前所未有的机遇，特别是数字化平台、在线学习平台和虚拟现实技术等的应用，极大地推动了教育模式的革新。通过灵活运用技术，教育内容的传播和共享更加广泛，教育方式变得更具个性化和互动性。信息技术能够将教育资源与技术手段结合起来，为学生提供更加丰富的学习体验和更高效的学习方式。

1.在线学习与虚拟教学平台

信息技术的广泛应用使得教育突破了时间和空间的限制。高校应当利用在线学习平台，为学生提供更多关于精神素养的学习资源，如虚拟课堂、在线讨论和作业等，使学生能够根据自己的兴趣和需求进行学习。灵活的学习方式不仅能够为学生提供多样化的学习内容，还能够提高学生的学习效率和主动性。

2. 人工智能与大数据应用

人工智能和大数据技术的引入，能够帮助教育工作者分析学生的学习习惯、兴趣点和发展需求，为学生提供个性化的教育反馈。智能化教学系统能够自动分析学生的学习情况，及时发现学习中的问题，并为学生提供个性化的学习建议。借助人工智能和大数据，精神素养教育能够更加精细化地满足学生的个性化需求，提高教育质量。

3. 互动式教育工具

互动式教育工具，如线上问答、情景模拟、实时反馈等，能够让学生更加主动地参与学习过程。互动式教育工具不仅能够帮助学生更好地理解精神素养的基本内容，还能够激发学生的学习兴趣，提高学习的参与感和成就感。互动式教育工具的即时反馈与互动机会，能够激发学生的自主学习动力，帮助他们在学习过程中不断取得成就，从而有效提升精神素养。

第二节　多元化教育模式的构建与应用

随着全球化与信息化进程的不断加速，精神素养教育迎来了新的发展机遇。传统教育模式在满足新时代教育需求方面存在一定的局限性，因此，探索并构建多元化的教育模式成为提升教育质量的重点。多元化教育模式不仅是课堂教学形式的创新，还涵盖了跨学科教育的深入推进、实践活动的多元化开展、教育资源的有效整合和教学方法的不断创新。在多元化教育模式下，学生有机会接触更广泛的知识体系和更多样的学习方式，这一丰富的学习体验能够显著提升学生的综合素质，增强其创新能力、批判性思维和社会适应能力。基于此，探讨如何通过多元化教育模式的构建与应用，培育学生的精神素养，提升教育质量，并满足学生个性化与社会化发展的需求，具有重要的现实意义。

一、线上教育与线下教育的融合

（一）线上教育的优势与挑战

信息技术的快速发展，使得线上教育逐步成为现代教育体系的重要组成部分。在精神素养教育领域，线上教育为学生提供了更为灵活且个性化的学习路径。在线学习平台突破了传统课堂所设定的时间与空间限制，学生能够根据自身的兴趣和需求，自主选择学习内容与进度。这一灵活性不仅使得学习变得更加自主，还为学生提供了在不同时间与不同地点进行知识学习的机会，有助于提升其精神素养水平。

然而，线上教育的普及同时也伴随着一系列挑战。由于缺乏面对面的互动，学生的学习主动性往往较为薄弱。在精神素养的培养过程中，教师和学生之间的情感交流与互动至关重要，因为这一互动有助于学生在获取知识的同时形成正确的价值观与情感认同。线上学习可能带来"碎片化"学习的困境，即学生在信息过载的环境中，难以进行系统与深入的学习。因此，在线课程的设计应注重教学内容的连贯性与深度，确保学生能够在多样化的知识体系中建立起清晰的思维框架。

（二）线下教育的重要性与局限性

与线上教育相比，线下教育在精神素养的提升方面展现出独特的优势。在面对面的互动中，教师能够更直接地感知学生的思维状态与情感波动，从而根据学生的反馈及时调整教学策略。线下教学的互动性较强，能够有效激发学生的参与感，尤其是在小组讨论与案例分析等环节中，学生的批判性思维与创新能力能够得到更好的培养。然而，线下教育在时间与空间上存在一定的局限性。学生必须按照固定的时间和地点参与课堂学习，这对某些学生尤其是居住在偏远地区或有特殊需求的学生来说，可能存在不便。另外，教育资源的不均衡分配，可能导致教育质量与教师水平的参差不齐，影响教育效果。

（三）线上教育与线下教育的融合模式

线上教育与线下教育各有局限性，新时代的教育模式应更加注重两者的融合。线上教育能够解决时间、空间和资源不足的问题，而线下教育则提供了更高质量的互动与情感交流。线上教育与线下教育的深度结合，能够为学生创造一种更为灵活与高效的学习方式，促进其全面发展。

线上教育与线下教育的融合不是形式上的简单结合，而是两者之间的互动。线上教育能够为学生提供理论知识和课程内容，线下教育则在互动、实践等环节深化学生对知识的理解与应用。教师应当利用在线平台，为学生传授知识，并在课堂上通过讨论与实践，提高学生的知识掌握与实际运用水平，从而帮助学生形成更加完整的知识体系。线上教育与线下教育的融合，使得学生不仅能够在理论学习中获得知识，还能够通过实践与互动深化对知识的理解，提升批判性思维与实践能力。

二、跨学科教育的整合

(一)跨学科教育的必要性与作用

随着社会问题日益复杂化，单一学科的知识体系已不足以满足学生对社会问题全面、深刻理解的需求。面对环境保护、公共卫生和全球治理等亟待完善的全球性课题，不同学科之间的交叉与整合尤为关键。因此，跨学科教育成为当前教育改革的一个重要方向。在精神素养的教育框架下，跨学科整合为学生提供了多维度的视角，帮助其从多角度分析问题，拓宽知识视野，从而更有效地激发创新思维、培养综合能力。

跨学科教育不仅有助于学生知识结构的多元化建设，还能促进批判性思维的形成和解决复杂问题能力的提升。学生只有接触来自不同学科的知识，才得以在多个知识领域之间架起桥梁，学会从多层次、多视角出发分析和解决问题，进而增强其面对复杂社会现象时的应对能力与判断能力。

(二)跨学科教育的实施路径

1.课程内容的有机整合

在精神素养教育中，课程内容的整合尤为重要。哲学、社会学、心理学、伦理学等学科与思想政治教育、道德教育等课程相结合，使得学生能够从更为丰富的视角理解精神素养的内涵。课程内容的有机整合不仅能够拓展学生的知识体系，还能够通过实际案例分析与实践活动，增强学生的批判性思维与问题解决能力。各学科的知识体系交汇融合，能让学生在更宽广的学术背景下，掌握解决复杂问题的思维方式与技能。

2. 跨学科团队合作的推进

在跨学科教育的实施过程中，团队合作是不可忽视的重要环节。学生通过参与跨学科小组的协作，能够以多学科的视角共同分析并解决具体问题。跨学科团队合作不仅能帮助学生将不同学科的知识融会贯通，还能在实践中提升他们的团队协作能力、沟通技巧与领导力。在团队合作中，集体智慧碰撞的火花涌现，学生能够提出具有创新性的解决方案，从而提升其解决现实问题的能力。

3. 项目式学习与跨学科整合

项目式学习作为实现跨学科教育的主要途径，能够有效促进不同学科知识的融合与应用。学生将所学的理论知识付诸实践，在实际情境中锻炼创新思维与实际操作能力。他们从不同学科的视角出发，探讨并解决复杂的社会问题，进而推动其跨学科整合能力的提高。

(三) 跨学科教育与精神素养教育的结合

精神素养教育的关键不仅在于知识的传授，更在于培养学生对自身与社会的认知，以及对社会责任的承担。跨学科教育整合来自不同领域的知识，帮助学生在理解精神素养的内涵时，结合多元视角，形成独立的思维方式与判断标准。跨学科教育与精神素养的结合不仅提升了学生的知识层次，还促使他们在解决实际问题时，能够深入理解相关的道德与社会责任，形成更加全面的价值观。

跨学科教育与精神素养的结合，使学生既能够获得知识的扩展，又能够在具体问题的解决过程中，培养出更为成熟的社会责任感与道德判断力。跨学科的融合为学生提供了更广阔的思考空间，使其在面对社会挑战时，能够自信地提出切实可行的解决方案，并在社会实践中有效地落实这些方案。

三、信息技术与教育模式的融合

(一) 信息技术对教育的推动作用

信息技术的迅猛发展为教育领域带来了深刻变革。数字化技术、网络技术、虚拟现实技术和增强现实技术等的广泛应用，为精神素养教育创造了前所未有的机遇。借助这些技术，教育资源的共享性和可达性大幅提升，教育形式与教学手段也得到了极大的丰富，打破了传统教育模式的局限性。

信息技术为精神素养教育提供了更加灵活、互动和个性化的学习方式。通过在线学习平台，学生能够随时随地接触到丰富的知识资源，进行自我驱动的学习和成长。信息技术不仅增强了学生自主学习的可能性，还促进了教师与学生之间的即时互动，使得教师能够实时掌握学生的学习情况，并根据学生需求提供个性化的辅导与反馈。互动模式显著提升了教学效果，并增强了学生的学习参与感和主动性。

（二）信息技术与精神素养教育的深度融合

1. 在线平台的构建与应用

信息技术的迅速发展为精神素养教育的创新提供了强有力的支持。高校应当构建完善的在线教育平台，为学生提供丰富的课程资源与学习工具。在线教育平台的视频教学、在线讨论、互动问答等功能，使学生能够根据个人需求灵活选择学习内容，并与教师和同学进行实时互动。在线教育平台不仅提升了学习的灵活性，还促进了学生自主学习能力的增强，进一步提升了学习的参与感。

2. 虚拟现实技术与增强现实技术的应用

虚拟现实技术和增强现实技术为精神素养教育创造了沉浸式的学习体验。在虚拟环境中，学生能够身临其境地体验历史事件、文化冲突和社会变革等复杂情境，从而深化其对精神素养基础内容的理解与应用。虚拟现实技术能够将抽象的知识转化为具体且生动的学习情境，增强了学习的互动性和实用性。学生通过参与虚拟情境的模拟，不仅能够加深对学科内容的理解，还能够在互动中锻炼批判性思维与社会适应能力。

3. 大数据与人工智能技术的应用

大数据与人工智能技术的广泛应用为教育模式带来了个性化的发展机会。通过对学生学习数据的精确分析，教师能够及时掌握学生的学习需求、兴趣和进度，从而有针对性地调整教学内容和方法，确保每位学生都能根据自身节奏高效学习。借助智能化学习平台，学生能够获得实时评估与反馈，激发他们在精神素养学习中的主动思考和深入探索。这一数据驱动的教学方法不仅增强了教育的针对性，还为学生的全面成长提供了坚实的保障。

第三节　精神素养培育的社会化合作模式

精神素养教育的目标不仅是知识和技能的传授，更重要的是对学生思想、道德、情感和社会责任感的全面培养。在当今社会迅速发展的背景下，传统教育模式已难以满足现代社会对高素质人才的需求。因此，精神素养的培养必须超越单一的教育范畴，呼吁社会各界的广泛参与。学校、家庭与社会之间的协同合作是推动精神素养教育实现目标的核心要素。社会化合作模式通过有效整合社会资源，促进学校和社会的互动与合作，提供更多的学习与实践机会，从而为学生的全面发展奠定坚实基础。本节将探讨精神素养培育的社会化合作模式，分析校企合作的创新探索和社会资源的整合与共享，并进一步探讨如何通过各方力量的协同作用，推动精神素养教育的全面深化。

一、校企合作的创新探索

(一)校企合作的背景与意义

在传统教育模式中，学校承担了精神素养教育的主要责任，而企业的参与度较为有限。然而，随着社会和经济环境的急剧变化，教育与社会需求之间的脱节问题愈加严重，学校的教学内容和形式在某些方面未能有效满足社会对多样化人才的迫切需求。尤其是在精神素养教育领域，学生在校所学的知识和价值观往往脱离了实际的社会情境，缺乏与社会发展需求的紧密对接。

校企合作作为一种创新的教育模式，旨在将学校的教育资源与企业的社会资源相结合。双方的深入合作，能够推动教育内容的更新和实践平台的构建。校企合作的意义不仅体现在知识的传授上，还体现在学生通过参与企业的实际项目与文化体验，培养自身的社会责任感、创新思维和实际操作能力，从而更好地适应不断变化的社会需求。

(二)校企合作的模式与路径

1.联合设立精神素养课程与实践项目

校企合作的有效路径之一是共同设计和开设课程，培养学生的综合素质。

学校与企业的深度合作涉及设立社会责任、创新精神、团队协作等方面的课程，结合企业的实际案例与工作场景，让学生了解社会的实际需求，培养他们的实践能力与问题解决技巧。企业专业人员的参与，无论是作为讲师还是作为辅导员，都能够为学生提供宝贵的实践经验，帮助他们将在课堂上学到的理论知识与实际工作相结合，从而提升他们对精神素养的理解与应用能力。

2. 企业实习与社会责任感的培养

企业为学生提供实习机会，是校企合作的另一重要路径。学生通过在企业实习，不仅能够获得与专业相关的实践经验，还能够在实际工作中感受社会责任感和道德观念的实践。企业应当组织学生参与志愿者服务、环保项目、社会调研等活动，让学生在具体的社会实践中锤炼社会责任感和公民意识。

在实习过程中，学生能够更直接地接触到社会需求与企业运作的实际情况，增强自身的社会责任感。例如，在参与企业的社会公益项目时，学生不仅能够了解企业承担社会责任的方式，还能够学会在实际工作中解决社会问题，增强自己的团队协作能力和领导力。

3. 校企合作的双向选择与人才培养

校企合作不仅对学生发展至关重要，还为企业提供了深远的战略价值。企业通过与学校的合作，能够深入了解学生的能力与素质，进而在招聘环节中作出更加精准的选择。长期的合作关系让企业能够发掘具有潜力的年轻人才，为其提供良好的职业发展平台。在此过程中，学校应当根据企业的需求，及时调整和优化教育内容，使之更加符合社会与行业发展的趋势。双向选择机制有助于学生在更好地适应社会需求的同时，推动教育内容和形式的持续创新。校企合作不仅加强了理论与实践之间的联系，还为学生提供了一个更加现实的社会接触平台，使其在教育过程中始终保持与社会需求的高度契合。

（三）校企合作的挑战与对策

校企合作尽管在精神素养教育中具有巨大的潜力，但在实际操作过程中仍面临诸多挑战。学校与企业之间的合作，常常受到利益冲突与目标不一致的制约。学校着重培养学生的思想道德、文化素养，而企业则偏重实际工作技能和劳动效率的提升。这一差异导致了双方在合作目标上的不协调，进一步影响了合作的深度和效果。为实现有效的资源整合与优势互补，学校与企业需要进行深入的沟通与协商，制定既符合教育目标，又满足企业需求的合作方案。只有在共同理解和目标明确的基础上，校企合作才能够顺利实施。

另外，企业参与教育活动的深度与广度也受到一定制约。许多企业对于教育的投入存在不足，缺乏充足的教育资源与专业指导，导致校企合作的质量和效果受到影响。在这一情况下，学校需要积极加强与企业的沟通和合作，推动资源的共享与优势互补，确保校企合作的顺利展开。学校应当建立稳定的合作机制，引导企业更好地参与到教育过程中，从而提升合作的效果与影响力。

二、社会资源的整合与共享

(一)社会资源整合的意义

在精神素养教育中，学生的社会责任感、道德观念和创新精神的培养至关重要。精神素养的培养应当借助社会各界的力量，学校独自承担任务的局限性日益显现。因此，社会资源的整合与共享成为提升精神素养教育质量的关键途径。大学生的精神素养教育不仅依赖学校本身，还需要社会各类资源的支持与参与。社会组织、政府机构、文化团体等社会力量可为精神素养教育提供丰富的实践平台和资源支持。

社会资源的整合能够帮助学生更直接地接触社会实践，从而使学生更加全面地理解社会责任，并形成与社会发展紧密相连的创新意识。通过多元化的资源共享平台，学生能够拓宽视野，提升创新意识，增强社会责任感和公民意识，进而促进精神素养的全面发展。

(二)社会资源整合的实现路径

1.建立校外实践基地与社会服务平台

为了实现社会资源的整合，学校应当与政府、社会组织和文化团体等合作，建立与精神素养相关的社会服务平台。平台应当为学生提供丰富的社会实践机会，学生通过参与社会调查、文化传承和环境保护等活动，逐渐增强对社会责任和公民意识的理解。校外实践基地不仅能提供真实的社会情境，帮助学生理解社会结构和文化多样性，还能促进学生的社会适应能力与问题解决能力的提升。学校与社会组织、政府机构的合作将有效拓宽学生的社会接触面，帮助他们在更广泛的社会背景下理解精神素养的内涵。

2.社会志愿服务项目与实践教育的结合

社会志愿服务是精神素养教育的重要组成部分，通过志愿服务项目，学生能够直接参与到社会问题的解决中，培养社会责任感和社会关怀。学校应当与各类社会组织合作，设计志愿服务项目，让学生在参与中锤炼精神素养和社会责任感。项目包括但不限于支教、环保、扶贫、公益活动等，学生通过参与项目，不仅能够提高社会责任感，还能够深入理解公共服务的意义。同时，学校还应当为学生提供平台，鼓励他们参与到社会志愿服务项目中，建立长期合作关系，为学生提供更多的志愿服务机会。这不仅能让学生了解社会问题的复杂性，还能让他们在解决问题的过程中，锤炼自身的组织能力和领导力。

3.整合企业资源与社会服务

企业作为社会资源的重要组成部分，在承担社会责任方面积累了丰富经验。学校与企业的合作，能够为学生提供与社会相关的实习机会。学生通过参与企业的公益活动、环保项目等，增强对社会责任和创新精神的理解。企业与学校的合作不仅有助于学生提升实践能力，还能帮助学生发掘潜力，提升综合素质。校企合作模式促进了社会资源与教育资源的有机整合，为学生提供了更为多样化的精神素养教育资源，推动了教育与社会需求的进一步对接。

（三）社会资源整合的挑战与对策

社会资源整合尽管对精神素养教育的提升至关重要，但在实际操作过程中依然面临多重挑战。一方面，社会组织和企业对精神素养教育的重视程度不一，造成资源整合的难度增大；另一方面，学校与社会之间的沟通和协作存在障碍，影响整合效果的发挥。因此，学校需要加强与社会各界的互动与沟通，建立更加长期和稳定的合作关系。在资源整合过程中，学校应发挥积极引导作用，确保社会各界资源的有效整合。政府和相关部门应出台政策，鼓励和支持社会各界积极参与精神素养教育合作，提供政策保障，进一步促进社会资源的整合与共享，推动精神素养教育的全面发展。

第四节　精神素养教育的个性化与差异化

在新时代的精神素养教育中，学生的多样性和独特性要求教育工作者不仅关注全体学生的共同需求，更要关注每个学生的个性和差异。随着社会的迅速变化和教育环境的不断发展，学生的兴趣、能力、成长背景和情感需求呈现出前所未有的多元局面。这一多样性要求教育工作者在制定教育计划时，能够灵活调整策略，因材施教，以满足不同学生的个性化发展需求。精神素养教育不仅关乎知识和技能的传授，更在于提升学生的思想道德、创新精神与社会责任感，帮助其实现全面发展。因此，在实施精神素养教育时，如何针对学生的个性化差异，提供定制化的教育方案，已成为新时代教育改革的一个重要课题。本节将深入分析精神素养教育的个性化与差异化特征，探讨如何在教育过程中根据学生的个体特点制定教育计划，并实施灵活的教学方法，从而最大程度地发挥学生的潜力，促进其综合素质的提升。

一、个性化的教育计划

(一)个性化教育的内涵与基础性

个性化教育的重点在于根据学生的兴趣、性格、能力和需求，为每个学生量身定制教学内容、教学方法与评价方式，突破传统"一刀切"的教学理念，强调因材施教，尊重学生的独特性，力求让每个学生都能在教育过程中得到充分的发展。精神素养教育关注学生价值观、社会责任感、创新精神等的提升。在这一过程中，个性化教育显得尤为重要。

依据学生的特点制定教育计划，能够帮助学生在符合自身兴趣与特长的情况下获得最大的发展空间，增强学习动力，激发创新思维，最终推动学生综合素质的提升。个性化教育的实施，不仅能够减少学生在学习过程中的不适感，还能够有效降低学习压力，使学生以最适宜的节奏掌握精神素养教育的关键内容，从而成长为具有创新能力和社会责任感的新时代人才。

（二）根据学生特点制定个性化的教育计划

1. 深入了解学生的个性特征

要想实现个性化教育，教育工作者必须深入了解学生的兴趣、性格、学习风格和情感需求等个体差异。教育工作者通过不同形式的调研手段，如问卷调查、个别谈话和课堂观察等方式，能够全面掌握学生的个性特征，而个性特征对学生的学习方式、思维习惯和情感需求等有着直接影响。因此，教育工作者需要根据学生的不同需求和兴趣，为他们量身定制相应的教育活动与方案。例如，对于具有较强社会责任感的学生，教育工作者应当让其参与社会服务与志愿活动，帮助其在实践中不断深化对社会责任的理解；对于具有较强创新意识的学生，教育工作者应当通过科技创新和创业实践等方式，增强其问题解决能力与创造性思维。

2. 设计多样化的教育目标与课程内容

个性化教育计划需要根据学生的不同特点，设计不同的教育目标和课程内容。对于不同的学生群体，精神素养教育的重点和侧重点应当有所不同。教育工作者应当根据学生的需求，分别设计具有挑战性、激励性和可行性的教育目标，使每个学生都能在适合自己的方式中提升精神素养。例如，学生应当根据自己的兴趣，选择与精神素养相关的课程和活动。对于兴趣较广泛的学生，教育工作者应当提供多元化的课程内容和实践活动，如哲学、心理学、社会学等课程的结合，帮助学生从不同角度理解精神素养的内涵；对于目标明确、追求深度发展的学生，教育工作者应当提供更加集中的课程内容和深度项目，如创新精神的培养、社会责任感的专题讨论等，帮助他们在特定领域进行深入思考与实践；对于注重实践的学生，教育工作者应当安排更多与社会实践相结合的项目，让他们进行实际操作与问题解决，深刻理解精神素养在现实生活中的呈现方式与内容。

3. 制定个性化的教学策略

为了更好地实现个性化教育，教育工作者应根据学生的个性特点，采用灵活的教学策略。例如，对于那些性格外向、善于积极表达的学生，教育工作者应当采用启发式教学，引导他们参与课堂讨论，增强思维的活跃性；而对于那些较为内向、表达相对谨慎的学生，教育工作者应当以小组合作、情境模拟等方式，帮助他们逐步增强自信心，激发他们的团队协作精神。同时，个性化教育还应当以课外辅导、心理疏导等方式，为学生提供更为细致的支持，帮助他们解决学习过程中遇到的情感困惑或社会适应问题。

在教学策略的设计上，个性化的辅导措施尤为关键。教育工作者应当为每个学生提供定制化的心理辅导，帮助他们建立更加积极的自我认知，并提高情感调节能力。在这一过程中，学生不仅能够克服学习上的困难，还能够在情感和心理方面得到有效的支持，为自身的全面发展提供坚实的基础。

二、灵活的教育形式

(一) 灵活教育形式的必要性

精神素养教育的有效实施，要求教育工作者采用多样且灵活的教育形式，以适应学生在学习方式、思维模式和情感需求上的差异。学生在认知发展、情感体验和学习习惯等方面存在显著差异，单一的教学模式难以满足个性化的教育需求。因此，教育工作者亟须探索多元化的教学方法，使之能够在不同的学习情境中灵活调整，以激发学生的学习兴趣和增强课堂的互动性。

在精神素养教育的框架下，灵活的教育形式不仅是应对学生个性化需求的必要手段，更是促进学生自主学习和深度思考的重要因素。灵活多变的教学形式能够使学生在不同的学习活动中找到与自身兴趣和特点相契合的学习路径，从而有效提升学生的参与感和归属感。灵活的教育形式能够调动学生的内在动力，促使其主动思考与学习，而非仅仅依赖教师的单向传授。因此，灵活的教育形式能够激发学生的学习兴趣，进而培养其批判性思维、独立思考能力和创新能力。

精神素养教育的最终目标是培养具有高度责任感和社会担当的公民，这要求教育工作者不仅关注知识的传递，更注重学生自主学习能力的培养。多样化的教育形式使学生不仅能够更全面地理解课程内容，还能够在实践和互动中增强自我认知与社会责任感。

(二) 多元化教育形式的实施路径

1. 讲座与研讨会的结合

讲座和研讨会是灵活教育形式的重要组成部分。讲座能够为学生提供丰富的知识资源，引导他们关注社会热点、文化变革和时代挑战等课题；而研讨会则能够让学生在自由讨论中加深对知识的理解和对精神素养的思考。讲座应当结合社会发展需求，邀请各领域的专家学者进行主题讲解，帮助学生拓宽视野；而研讨会则应当注重学生的参与性，通过小组讨论、案例分析、情境模拟等形式，增强学生的思辨能力和实际操作能力。通过讲座和研讨会的结合，学生不仅能够获得理论知识，还能够在互动讨论中提升批判性思维和创新能力，进一步深化对精神素养的理解。

2. 社团活动与志愿服务的结合

社团活动和志愿服务是学生社会实践的重要平台，也是精神素养教育的重要形式。学校应支持和组织多样化的社团活动，如文化社团、艺术社团、社会服务社团等，为学生提供丰富的课外实践机会。在活动中，学生能够发展自己的兴趣，培养合作精神，并在集体活动中锻炼团队协作能力和领导力。学校还应当通过志愿服务项目，培养学生的社会责任感和公民意识。在志愿服务中，学生不仅能够通过服务和实践帮助他人，还能够深入理解社会问题，增强自我反思和社会责任感。志愿服务的内容应当多样化，包括社区服务、环境保护、助学扶贫等项目，让学生在不同的社会实践中提高自己的精神素养水平。

3. 创客空间与创新实验室的支持

随着创新教育的兴起，许多学校开始设立创客空间和创新实验室，鼓励学生进行自主创新和项目实践。创新实验室为学生提供了自由探索的空间，学生能够在其中进行项目设计、技术研发、艺术创作等各种形式的创新活动。灵活的教育形式不仅能够提升学生的创新能力，还能够帮助他们形成团队协作精神和实践能力。学校应当通过开设创客课程、创新工作坊等形式，鼓励学生将理论知识与实际问题相结合，提升解决问题的能力。同时，学生通过参与创新实验室的活动，在实际操作中提升技术能力，培养跨学科的思维方式，成为具有创新精神的时代新人。

精神素养教育不仅是对知识的传授，更是对学生思想、情感、社会责任感等的培养。随着社会对人才需求的日益多元化和个性化，精神素养教育必须进行相应的创新和调整。教育工作者应当制定个性化的教育计划、采用灵活的教育形式，帮助每个学生根据自己的兴趣和特长，找到适合自己的成长路径，发挥最大的潜力。个性化和差异化教育不仅能够帮助学生实现自我超越，还能够为他们的未来发展奠定坚实的基础。在新时代的教育环境中，个性化的精神素养教育模式有助于教育工作者培养更多具有创新能力、社会责任感和全球视野的高素质人才。

第九章

新时代大学生精神素养教育的长远发展与展望

随着新时代社会变革的深化和全球化进程的加速，大学生的精神素养教育越发重要。精神素养不仅构成了个人全面发展的基础，而且在推动社会进步过程中发挥着不可或缺的作用。未来，精神素养教育将迎来诸多新机遇与新挑战。为了促进精神素养教育的持续发展，全社会亟须从教育内容、方法、机制与国际化等多个维度展开系统的探讨和深化。只有不断创新和调整，确保精神素养教育能够有效回应未来社会的需求，才能为培养具有全球视野、社会责任感和创新能力的时代人才奠定坚实的基础。本章将深入探讨新时代大学生精神素养的长远发展与展望，从精神素养教育的未来发展方向、精神素养教育的长效机制建设和精神素养教育的可持续发展等多个方面展开分析，提出相应的政策建议和实践路径。

第一节　精神素养教育的未来发展方向

在新时代的社会背景下，精神素养教育的重要性越发突出。随着全球化、信息化的快速发展，社会对大学生的精神素养要求不断提高，传统的教育内容和方式已经无法满足新时代的需求。精神素养教育不仅是对知识技能的传授，更是对学生思想、情感、社会责任感、创新能力和全球视野的培养。为了适应社会的变革和科技的进步，精神素养教育的内容、方法和目标都需要进行相应的创新与调整。本节将探讨精神素养教育的未来发展方向，特别是精神素养教育如何适应社会变革，如何通过多元化和个性化的教育方法满足学生的不同需求，最终实现教育内容与社会需求的深度对接。

一、适应社会变革的教育内容创新

随着科技的进步和社会的变革，传统的教育内容逐渐无法满足新时代学生的学习需求。未来的精神素养教育应当注重更新和创新教育内容，培养学生的创新精神、批判性思维和全球视野。这不仅是时代的呼唤，更是社会对高素质人才的迫切需求。

(一)创新精神的培养

创新精神作为未来社会发展的驱动力，已成为精神素养教育的核心目标。创新不局限于科技领域的突破，更包括思维方式、解决问题的能力和对社会问题的创造性应对。面对日益复杂的社会问题，学生需要培养跨学科的思维和能力，在多种情境下进行创新性思考和行动。

1.跨学科的学习模式

未来的精神素养教育应鼓励学生进行跨学科学习，将社会学、心理学、哲学等学科与传统专业课程相结合，帮助学生从多个角度理解和思考社会现象。跨学科的教育方式能够帮助学生形成更加全面的视野，提升他们的创新意识。学生能够在不同学科的交叉点发现新的问题和机会，从而培养自身的创新能力。

2.问题导向的学习方式

创新精神不仅体现在科技发明上，还体现在学生解决社会问题的能力上。未来的精神素养教育应更加注重问题导向的学习方式，设置具有现实意义和挑战性的社会问题，鼓励学生主动探索解决方案。例如，学生通过参与公益项目、社会调研等方式，学习如何从社会需求出发，设计创新的解决路径。

3.培养批判性与创造性相结合的思维模式

创新精神并非简单的发散思维，它是建立在批判性思维基础之上的。学生不仅要能够发现问题，还要具备判断和分析问题的能力。未来的精神素养教育将更加注重批判性思维与创造性思维的结合，设计辩论赛、创新挑战等，促使学生在思考过程中不断调整思路，找到创新的路径。

（二）批判性思维与社会责任感的培养

批判性思维和社会责任感的培养是精神素养教育的关键任务之一。面对信息化社会的快速变化和社会矛盾的日益复杂，学生需要培养批判性思维，他们不仅要能有效处理和分析信息，还要能深刻思考和理解社会问题。

1.培养独立的批判性思维

批判性思维是解决社会问题和应对复杂情境的基础。未来的精神素养教育应当注重学生独立思考能力的培养。教育工作者应当设计多样的教育活动，如讨论式教学、辩论赛、社会问题模拟等，帮助学生在真实情境中锻炼批判性思维，让他们敢于质疑，挑战固有观念，理解多元视角。

2.将批判性思维融入社会责任感的培养

批判性思维不仅是个体的认知能力，更应与社会责任感紧密结合。在未来的精神素养教育中，学生的批判性思维不仅要用来分析信息，还要用来分析社会结构、伦理问题、经济政策等内容。学校应通过组织社会服务、志愿活动等方式，让学生在解决社会实际问题时，学会将批判性思维与社会责任感相结合，深刻认识自己对社会的责任与作用。

3.培养全球视野与公民意识

在全球化日益加深的今天，培养具有全球视野的批判性思维至关重要。未来的精神素养教育应通过跨文化交流、国际志愿服务等途径，帮助学生了解全球性问题，如气候变化、贫困、战争等，使他们具备解决全球性问题的能力。社会责任感的培养应从本国层面延伸到全球层面，鼓励学生在多元文化背景下发挥积极作用，作出全球公民应有的贡献。

二、教育方法的多元化与个性化

未来，精神素养教育的发展将不局限于传统的课堂讲授，而是更加注重教育方法的多样性和个性化，针对学生的不同需求提供量身定制的教育方案。每个学生都有各自的学习方式和发展需求，个性化教育是未来教育体系的重要组成部分。

(一)多元化教学方法的应用

未来的精神素养教育将采用多种教学方法,力求满足学生的不同学习需求。教育工作者应当采用启发式教学、项目式学习、讨论与辩论、情境模拟等多种方法,让学生不仅能够在知识学习上获得提升,还能在实践和互动中培养批判性思维与创新精神。

1.启发式教学与讨论式教学

启发式教学通过提出问题,激发学生的多维思考;而讨论式教学则通过学生之间的互动与交流,促进他们的深度思考和反思。启发式与讨论式的教学方法能够帮助学生在解决复杂问题时,提升思辨能力和创新能力。未来的精神素养教育应结合启发式教学和讨论式教学,帮助学生在思想碰撞中不断深化对问题的理解。

2.项目式学习与合作学习

项目式学习是一种注重实践和动手能力的学习方式,能够帮助学生将理论知识转化为实际操作。学生通过参与解决实际社会问题的项目,能够获得实践经验,并锤炼社会责任感。合作学习则强调团队合作,通过小组合作完成任务,提升学生的协作精神和集体意识。项目式学习与合作学习能够有效提升学生的综合素质,加深他们对精神素养教育的理解。

3.情境模拟与角色扮演

情境模拟与角色扮演让学生在模拟的社会情境中体验和应对各种挑战,从而培养他们的社会适应能力和应变能力。通过情境模拟与角色扮演,学生能够在复杂的情境中作出决策、处理矛盾,在实际生活中灵活应用所学知识。

(二)个性化教育路径的设计

随着大数据、人工智能技术的普及,个性化教育逐渐成为可能。精确的数据分析能够让教育工作者实时了解学生的学习进度、兴趣点和情感需求,从而为每个学生量身定制个性化的学习路径,确保他们能够在适合自己的教育模式中获得最佳的成长。

1.智能化教育平台的应用

利用人工智能技术和大数据分析工具,智能化教育平台能够实时追踪学生的学习情况，预测学生的学习进展，并为学生提供个性化的学习建议。智能化教育平台能够根据学生的学习兴趣和学习进度，自动推荐相关的学习资源和活动，帮助学生实现定制化的自我学习。

2. 量身定制的辅导与指导

教育工作者应当根据学生的特定需求和兴趣，制定个性化的教学计划。例如，教育工作者应当为有学习困难的学生提供额外的辅导课程，或为兴趣特长突出的学生提供专业化的实践项目，帮助学生在特定领域进一步提升自己的精神素养水平。个性化教育还包括心理辅导和情感支持，确保学生能够在全面发展的过程中保持心理健康和情绪稳定。

3. 灵活调整的课程设计

未来的精神素养教育将更加注重课程设计的灵活性。教育工作者应当根据学生的兴趣和能力，灵活调整课程内容和教学方式。例如，教育工作者应当为学生提供选修课程，让他们根据自己的兴趣选择具体的学习方向，如社会责任、创新思维等领域，从而提升学生的自主学习能力和探索精神。

三、精神素养教育与社会需求的紧密对接

精神素养教育的主要目标不仅是培养学生的个人素质，更是紧密结合社会需求，确保教育内容和教学方法能够有效服务于社会发展，培养能够适应未来社会挑战的人才。精神素养教育与社会需求的对接，能够为学生提供实践机会，增强他们的社会责任感和创新能力。

(一)社会责任感的增强

社会责任感的培养将是未来精神素养教育的重点之一。社会责任感是学生解决社会问题、承担社会责任、推动社会进步的核心要素。

1. 增加学生的社会实践机会

未来的精神素养教育应当增加学生的社会实践机会，组织志愿服务、社会调研、环保行动等活动，让学生在解决实际问题的过程中提升社会责任感。社会实践不仅能帮助学生了解社会问题，还能培养他们的公共服务意识和团队合作精神。

2. 课程与社会需求的结合

学校应与社会组织、政府机构、企业等合作，组织学生参与与社会需求密切相关的课程和项目。例如，校企合作能够为学生提供实习机会，让他们在实践中理解社会责任和工作伦理，培养他们的职业素养。

（二）精神素养教育与社会需求的对接

未来的精神素养教育必须与社会发展需求紧密结合。教育内容、方法和目标应不断与社会需求和发展趋势保持一致，以确保学生具备必要的能力和素质，适应社会的变化和挑战。

1. 定期调研社会需求并更新课程内容

教育工作者应定期进行社会调研，了解社会发展的热点问题和未来需求，及时调整教育内容和教学方法。例如，随着人工智能和大数据技术的兴起，精神素养教育应加强科技创新、伦理道德等相关课程的教学，培养学生的创新精神和社会责任感。

2. 多方合作为学生提供实践机会

学校应与政府、企业、非政府组织等社会力量进行合作，为学生提供更多的实践平台。校外实践、企业实习等形式能够让学生在真实的社会环境中应用所学知识，从而提高其社会适应能力和解决实际问题的能力。

未来的精神素养教育将面临前所未有的机遇与挑战。在社会变革和科技进步的推动下，精神素养教育的内容、方法和目标都将不断创新。在这一过程中，适应社会变革的教育内容创新、多元化与个性化的教育方法、与社会需求的紧密对接都是必不可少的。只有这样，精神素养教育才能够培养更多具有创新精神、批判性思维和全球视野的高素质人才，为新时代的发展和全球社会的进步作出积极贡献。

第二节　精神素养教育的长效机制建设

为了确保精神素养教育在新时代中持续有效地进行，全社会必须建立长效机制，包括政策保障、教育投入、评估与反馈机制和教学管理的制度化等方面。长效机制的核心任务是确保教育内容的前瞻性和实践性，同时满足社会和学生的个性化需求。

一、精神素养教育机制的完善

为了确保精神素养教育能够长期、稳定地持续发展，教育部门和学校应当建立完善的教育机制。完善机制不仅需要合理的政策支持、资金投入，还需要建立科学的评估体系和反馈机制，以适应社会和时代的变化，确保教育目标的实现。

(一) 政策保障与教育投入

政策保障和财政投入是确保精神素养教育顺利实施与有效运行的根本。政府和教育部门的政策导向直接作用于教育内容、课程设置、教师培训与教育资源的配置。因此，只有得到政策的有力支持，精神素养教育才能拥有坚实的基础，确保教育的全面性和持续性。

1. 政策导向和战略规划

国家和地方教育主管部门应制定具有长远眼光的教育战略与政策规划，明确精神素养教育的目标、实施路径和评估标准。政策的出台要充分考虑社会、科技和文化的快速发展，并能够为学校提供灵活的指导和支持。政策应当明确精神素养教育的核心内容，提出具体的实施要求，并建立一套有效的评估体系，确保教育目标的实现。

具体来说，政府应出台政策，鼓励学校开设精神素养课程，并设立专项资金，支持教育改革。例如，政府应当设立专项基金，资助学校在创新课程设置、教学内容和教学方法等方面的探索与实践。除此之外，政策支持还应鼓励学校在课程设置上进行灵活调整，将社会需求与教育内容有效对接，推动教育内容创新。例如，政府应当支持学校与社会需求对接的教育模式，鼓励学校根据当前的社会发展需求设计有针对性的课程，如社会责任、创新精神、国际化视野等课程，帮助学生更好地融入社会。

良好的政策具有明确性和前瞻性特征，在政策导向下，学校能够更好地把握教育发展的方向，实现教育内容的创新和学生综合素质的提升。国家政策还应鼓励地方政府和教育部门根据地区特色与实际情况，制定符合当地发展需求的精神素养教育实施细则，从而形成国家、地方、学校层层递进、互相支持的政策体系。

2. 资金投入与资源配置

资金投入是确保精神素养教育长期运行的重要保障，尤其是在全球化、信息化的背景下，教育内容、教学技术和教师的专业培训都需要大量的资金支持。政府和教育部门应根据社会需求与教育目标的实现情况，确保有足够的资金投入精神素养教育，尤其是要合理配置教育内容更新、跨学科研究、信息化教育资源建设等方面的资金。

一是政府应根据教育的实际需求，确保专项资金的合理配置。例如，随着社会的快速发展和信息化进程的推进，教育内容的更新和跨学科教学的需求日益增加。因此，政府应设立专项资金，用于支持学校开发适应现代社会需求的教育资源。教育资源不仅包括教材、课件等传统形式，还包括在线教育平台、虚拟现实技术、增强现实技术等在教学中的应用。

二是学校应合理分配资金，将资金投入到教学创新、教育技术的开发和教师的专业发展上。例如，为了增强教育的多元性和灵活性，学校应当投资建设多功能教学平台，支持教师进行在线教学、跨学科课程开发等。学校还应加大对教师培训的投入力度，尤其是要加强对精神素养课程教师的培训，确保教师在教育理念、方法和技术上与时俱进。

三是财政资金应用于支持教育资源与社会资源的融合，如校企合作、社会公益项目等。政府应当提供政策和资金支持，促进学校与企业、社会组织的合作，推动教育内容与社会资源和社会需求之间的良性互动，从而更好地为学生提供实践机会和社会体验。

3. 社会资源与教育资源的整合

精神素养教育的长期可持续发展不能单纯依靠学校和政府的投入，社会各界的广泛参与同样至关重要。政府应当进行政策引导和资金支持，鼓励社会各界积极参与精神素养教育，促进社会资源与教育资源的有效整合。

一是企业和学校合作能够为学生提供更多的实践机会。企业不仅能够提供资金和设施支持，还能够将最新的行业需求和发展趋势带入课堂。学生通过参加实践项目、企业实习等，直接参与社会生产和创新，提升自身的创新能力和社会适应能力。政府应当设立专项资金，鼓励学校和企业共同开发适应社会需求的精神素养课程，将实践经验和专业技能相结合，提升学生的综合素质。

二是文化机构、社会组织和非政府组织等社会力量能够为学校提供丰富的社会服务平台，为学生提供志愿服务、公益活动等社会实践机会，让学生深入了解社会问题，并亲身参与社会服务和公益项目，增强他们的社会责任感和服务意识。教育资源与社会资源的整合使得学生不仅能够在课堂上学习知识，还能够在实践活动和社会服务中提升综合能力。

三是学校应当与社会机构合作，共同开发线上教育平台，打破地理和时间的限制，让更多学生能够在网络平台获得精神素养教育资源。通过多方合作，学校能够为学生提供更多元、更灵活、更个性化的学习机会和资源，进一步促进学生的全面发展。

（二）教育评估与反馈机制

教育评估与反馈机制是精神素养教育体系的重要组成部分，对于确保教育质量和提升教育效果至关重要。有效的评估体系能够让学校及时识别教育实施过程中的问题，并根据实际情况作出调整和改进。精神素养教育不能只是以传统的学术成绩来衡量学生的学习成效，而是要从多维度的角度去评估学生的全面素质和多元能力。教育评估和反馈机制不仅能够帮助学校优化教学内容与教学方法，还能够促进教育理念和教育实践的不断更新，确保精神素养教育能够应对社会需求的变化，培养学生的创新能力、社会责任感、批判性思维等关键素质。

1. 多维度评估体系的建立

传统的教育评估体系通常侧重于学术成绩，而精神素养教育的目标远远超出学术层面的知识掌握，涵盖思想品德、创新精神、社会责任感、团队合作能力等多个方面的综合素质。因此，建立一个多维度的评估体系尤为重要。一个全面的评估体系不仅能够帮助教育工作者全面了解学生的成长情况，还能够更好地指导教育内容和教学方法的优化。

（1）学术成绩与课堂表现的评估

学术成绩是评估学生精神素养教育效果的基础，但它并非唯一的衡量标准。精神素养教育旨在培养学生的综合能力，学术成绩应当与其他综合素质的培养相结合。传统的学术成绩评估更多关注学生对知识的掌握和理解，而精神素养的培养则需要更全面的评估方式。

在多维度评估体系中，学术成绩仍然是基础的评估维度之一。学生在课堂学习中的表现，包括对理论知识的掌握程度和对教育内容的深入理解，仍然需要教师进行定期评估。例如，教师通过课堂上的测验、期末考试等，能够对学生的学术成果进行检查，并对学生理解能力、批判性思维的表现进行分析。

(2)创新能力和批判性思维的评估

创新能力是未来社会所亟需的人才素质，它在科技、经济、文化等领域尤为重要。精神素养教育的目标之一就是培养学生的创新精神，帮助学生建立批判性思维，具有独立判断和解决问题的能力。因此，创新能力和批判性思维是精神素养评估体系中不可忽视的维度。

学校应当设置创新性项目、课题研究、创新挑战赛等，鼓励学生通过实际操作来展示创新思维和解决问题的能力。例如，教师可以通过考查学生自主设计的课题，或者是课外学术活动的参与情况，评估学生在解决实际问题中的创新能力。批判性思维的评估则应当采用案例分析、辩论比赛、学术讨论等形式，考查学生在面对社会、文化或科技问题时，是否能够提出独立、合理且创新的见解。

(3)社会责任感和团队协作能力的评估

社会责任感是精神素养教育中至关重要的组成部分，其关键在于引导学生关注社会现状，关心他人，培养参与社会发展的意识与实践能力。学生在参与志愿服务和社会公益活动时，能够更深入地接触和理解社会问题，从而在实践中增强社会责任感和公共意识。

团队协作能力的评估可采用小组合作任务、集体项目实施和角色扮演等形式展开。有效的团队协作不仅体现在任务的分工与完成上，更体现在沟通协调与解决冲突的能力上。在评估时，教师应当观察组内成员的互动情况、分析其沟通效率，并结合任务成果进行综合评价，以全面反映学生的团队协作水平。

(4)情感管理与心理健康的评估

情感管理与心理健康在学生全面发展过程中发挥着不可替代的作用。精神素养教育不仅侧重于智力与知识的培养，还强调情感体验与心理素质的提升。学校应当通过定期评估学生的情感管理和心理健康状况，为其提供有针对性的心理支持和辅导。

学校应当通过心理健康问卷调查、情感管理训练和个性化心理辅导等方式，准确了解学生的心理状态，及时发现潜在问题并采取干预措施，既促进学生的健康成长，也为精神素养教育提供坚实基础。

2.反馈机制的完善

反馈机制是评估体系的重要组成部分，能够帮助教育工作者及时了解学生的学习效果、教育内容的适应性和教学方法的可行性。依靠系统的反馈机制，学校能够及时发现精神素养教育实施过程中的问题，并作出相应的调整。反馈机制不仅应依赖于学生的自我评价和教师的课堂观察，还应结合问卷调查、个别访谈、座谈会等形式，收集学生、教师和社会各界的反馈信息。

（1）学生自我反馈与同伴评估

学生的自我反馈是反馈机制的重要组成部分，有助于促进学生对自身精神素养的深入认知。学校可鼓励学生进行定期自我评估，反思个人在精神素养方面的进步与不足。通过自我报告、反思日志或个别访谈等形式，学生能够总结自己在课堂学习、社会实践、团队合作等方面的表现，从而更清晰地发现自己的优势与需要改进的地方。

同伴评估作为一种互动反馈形式，在团队合作项目中尤为有效。学生通过相互评价彼此在合作中的表现，帮助同伴发现工作中的亮点和不足。在同伴评估过程中，学生不仅能够获取全面的反馈，还能够提升自身的团队合作能力与批判性思维水平。

（2）教师与家长的反馈

教师和家长在学生精神素养教育中扮演着至关重要的角色，他们的反馈对教育质量的提升具有关键意义。教师应定期关注学生在课堂和课外活动中的表现，并与家长保持良好沟通，了解学生在家庭与社会环境中的表现，从而推动学生在多个维度的全面发展。

教师可利用课后评估、家访或家长会等途径收集家长的意见和建议，深入了解学生在家中的学习态度、兴趣倾向和情感需求。除此以外，教师与家长之间的沟通还能够为学校的教育方法改进、课程设计优化和心理辅导策略完善提供宝贵信息。借助家长反馈，学校能够为学生提供更有针对性的支持，确保其在家庭与学校的双重环境中获得积极的引导和全面的成长支持。

（3）社会各界的反馈

社会各界，特别是企业和非政府组织等社会机构，在精神素养教育中的作用非常重要。学校应加强与社会各界的互动，积极收集社会各界对学生表现的评价和建议。企业和社会机构往往能够直接观察学生在实际工作场景中的表现，为学校提供关于学生社会适应能力和职业素养的宝贵反馈。

外部反馈能够帮助学校及时掌握学生在职场上的表现及其对社会角色的适应情况，从而为优化教育内容和课程设置提供依据。例如，学校应当设计企业实习项目、组织志愿服务活动，与社会各界形成紧密合作，借助企业和社会机构对学生表现的评价，进一步完善精神素养教育体系，并为学生创造更多贴近实际的实践机会。

3. 教育质量的持续改进

评估和反馈机制的完善，为学校及时识别精神素养教育中存在的问题和不足，确保教育质量的持续改进提供了保障。教育评估和反馈不仅是一个检查与总结的过程，更是一个动态的、持续改进的过程。学校应根据反馈的结果，及时调整教育策略，优化课程内容，提升教学方法，以适应不断变化的社会需求和学生发展要求。

（1）课程内容与教学方法的调整

定期的评估和反馈有助于教师发现课程内容与教学方法的不足。比如，针对某些课程内容的学生反馈较差，或者某些教学方法难以有效激发学生的学习兴趣，学校应及时进行调整。课程的调整应根据学生反馈、学科发展的需求和社会热点问题的变化，适时对课程大纲进行修订或增补。教学方法的优化也至关重要，教师应当根据学生的反馈调整教学策略，灵活运用多种教学手段，促进学生的思维活跃度和创新能力的提升。

（2）教育目标的实现与反思

评估和反馈还能够帮助学校确认精神素养教育的目标是否得到实现。学校应当评估学生在社会实践、团队合作、创新活动等方面的表现，分析学生能力的提升是否达到了预期目标。如果目标不能达成，学校应分析教育目标是否合理、课程设计是否科学、教学方法是否有效，寻找改进的路径。

（3）教师专业发展的推动

评估和反馈机制不仅帮助教师改进教学内容与教学方法，还为教师的专业发展提供了重要支持。学生的反馈能够让教师了解自己在教学过程中的优缺点，进而进行自我调整和改进。同时，学校应定期为教师提供培训机会，帮助教师不断提升教学水平和精神素养教育的专业能力。教师的持续学习和专业成长是精神素养教育质量持续改进的重要保障。

二、精神素养教育的制度化与常态化

为了确保精神素养教育能够长期、有效地实施，学校应将其制度化、常态化，并将其融入学校的日常教学。制度化的课程设计、教学管理和教师队伍建设是确保精神素养教育持续高效开展的根本保障。学校应当将精神素养教育纳入常规的教学计划，确保其在教育体系中的重要地位，为学生提供全面、系统的精神素养培养，满足社会对高素质人才的需求。

(一)制度化的课程设置与教学管理

精神素养教育应当成为高等教育的常规组成部分，这不仅是课程的选择问题，更是教育理念的体现。学校要进行制度化的课程设置和教学管理，确保精神素养教育能够系统地融入每个学生的学术生涯，从而确保其在教学体系中的稳定发展与基本地位。

1.精神素养课程的必修化

学校应根据精神素养教育的重要目标，设置系列必修课程，确保每一位学生在大学阶段都能接受系统的精神素养教育。课程不仅包括思想政治教育课程、道德与伦理课程，还应涵盖创新精神、社会责任、团队协作等方面的内容。课程内容应根据社会发展需求定期更新，并与实际社会问题相结合，确保学生学到的内容具有现实意义和前瞻性。

(1)课程内容的全面性和时效性

精神素养教育的课程内容不仅要涵盖思想道德、政治理论等基本内容，还要注重创新精神、全球视野、文化认同等方面的培养。课程内容应根据社会发展和科技进步不断更新，保证教育内容与时俱进。例如，随着人工智能、大数据、全球化等课题的兴起，学校应当将这些内容纳入课程体系，帮助学生掌握新兴领域的基础知识，同时引导他们思考如何将科技应用到社会问题的解决中。

(2)课程设置的系统性

精神素养课程应形成一个系统性的教育框架，对思想政治教育、文化素质教育、创新创业教育、社会实践教育等多个方面进行有机结合。精神素养课程应从学生的入学阶段开始,逐步深入大学生活的各个方面,确保学生在大学四年里能够全面、系统地接受精神素养教育。

例如,学校应当设置基础课程(如思想政治理论课程),为学生提供坚实的思想道德基础。同时,学校还应开设选修课程,允许学生根据个人兴趣和发展方向选择不同的精神素养课程,如社会责任、环境保护、科技伦理等课程。学校通过系统性地设置课程,使学生能够逐步构建起全面的精神素养。

2. 教学管理的规范化与科学化

教学管理的规范化和科学化是确保精神素养教育高效实施的重要保障。学校应根据精神素养教育的目标,制定具体的教学管理方案,确保各个教学环节的科学性和系统性。教学管理的对象不仅包括教师的教学任务和课程安排,还包括学生的学习过程。

(1)教师的课程安排与教学组织

学校应科学地安排精神素养课程的教学时间和内容,避免课程安排的冲突和重复。教学内容的安排应充分考虑学生的学习进度和认知能力,逐步引导学生进入更高层次的精神素养领域。例如,当学生初入大学时,教师应当通过基础性的思想政治理论课程,帮助学生树立正确的价值观。随着课程的深入,教师应当引导学生参与社会实践、创新竞赛等更具挑战性和互动性的课程。

同时,学校应建立教学质量评估体系,通过定期的教学检查和学生反馈,确保课程安排和教学方法能够有效促进学生的精神素养发展。

(2)学生的学习过程

在教学过程中,学校还应注重对学生学习过程的管理。学生的学习不局限于课堂教学,还包括课外活动、社会实践等多个方面。学校应鼓励学生积极参与各类社团、文化活动和社会实践项目。在活动中,学生能够锻炼自身的团队合作能力、创新思维,增强社会责任感。

教学管理系统应包括对学生课外活动、社会实践和学术研究等的全面评估。学校应当通过电子化教学管理平台,跟踪学生的学习进度和参与度,及时给予学生反馈和帮助,确保每个学生能够根据自身兴趣和发展方向获得个性化的成长路径。

3. 跨学科合作的加强

精神素养教育不局限于思想政治课程,还涉及文化、社会、伦理、心理等多个领域。为了让学生能够从更广泛的视角理解社会问题，学校应鼓励跨学科合作，整合课程设置，培养学生的综合素质。

(1)跨学科课程的设计

学校应当设计跨学科课程，帮助学生从多维度和多角度理解精神素养的各个方面。例如，学校应当将社会学、心理学与创新创业教育相结合，帮助学生在多个领域理解精神素养教育的核心要素。同时，学校还应当将学生的专业课程与其他学科的课程进行整合，创建跨学科的教育项目，培养学生的批判性思维和创新能力。

(2)跨学科教学合作的促进

为了提升精神素养教育的综合性，学校应鼓励不同学科之间的教师进行合作，共同开展精神素养教育项目。这一跨学科的合作不仅能够促进教师间的思想交流，还能够为学生提供更为多元化的学习经验。例如，社会学、心理学、伦理学等教师能够共同开展以社会责任为主题的课程，帮助学生理解社会中的各种道德和伦理问题，并在此基础上探讨如何将创新精神和批判性思维应用于社会实践。

(二)教师培训与职业发展

教师是精神素养教育的重要实施者，其专业能力和教育理念直接作用于教育质量。因此，为教师提供系统的培训和持续的职业发展支持，是确保精神素养教育长效机制建设的核心措施。教师的培训和职业发展不仅是教学技巧的提升，更是教师教育理念的更新与自我反思。

1. 系统化的教师培训

教师的培训应该是系统化的，涵盖教学技巧、课程设计、学生心理辅导等方面，确保教师能够应对新时代对精神素养教育提出的挑战。学校应为教师提供定期的培训，帮助他们了解最新的教育理念、教学方法和评估标准，以保证教师能够灵活应用多元化的教学方法，满足学生个性化的学习需求。

(1)教学方法与教育理念的更新

教师培训的重要目标是帮助教师更新教育理念、提升教学技巧，并帮助他们更好地理解精神素养教育的深刻内涵。学校应定期组织教师参与国内外学术交流，促进教师与教育界同行的互动，帮助教师了解教育理念和教学方法的最新发展。同时，教师还应学习如何将创新精神、社会责任感等基本价值观融入课堂教学，提升学生的综合素质。

（2）心理辅导与情感教育的培训

现代教育不仅是对知识的传授，更多的是对学生情感和心理的引导。教师应具备一定的心理学基础，能够及时识别学生的心理状态和情感需求。学校应当为教师提供心理学、情感管理等方面的培训，帮助教师在课堂上和课外活动中更好地关注学生的情感发展，提供心理疏导和情感支持。

2. 教师的职业发展支持

教师的职业发展不仅体现在课堂教学上，还包括科研能力、教育创新和社会服务等方面。学校应为教师提供资源支持，鼓励教师参与科研合作、学术交流等活动，促进其职业素养的全面提升。

（1）科研与创新的支持

学校应积极支持教师在精神素养教育领域开展科研工作，推动教育理念和教学方法的创新。为此，学校应当为教师提供专项科研经费，定期组织学术研讨会，营造良好的学术氛围，从而帮助教师深化教育研究，促进精神素养教育的持续发展。

（2）教师的职业发展路径

学校应为教师规划明确的职业发展路径，建立健全职称评定和奖励机制，以激励教师在教学质量和教育创新能力上不断精进。教师的职业发展不仅体现在教学任务的完成上，还涵盖教育研究和教学改革等多维度的成就。学校应为教师提供必要的资源与支持，助力他们在教育创新和社会服务领域实现更高水平的发展，同时推动教育水平的整体提升。

3. 教育理念的更新与创新

精神素养教育的发展需要教师不断更新教育理念，摒弃传统的单一教育模式，转向以学生为中心的教育方式。学校应为教师提供平台，鼓励他们参与国内外的学术交流、教育创新等活动，促进教学方法和教学内容的创新。随着教师教育理念的改革和更新，学生的创新精神和批判性思维得到不断提升。

第三节 精神素养教育的可持续发展

随着社会的快速变革，教育面临着不断更新的社会需求。在全球化、信息化、数字化的大背景下，传统的教育体系需要不断适应社会发展的趋势，而精神素养教育作为素质教育的重要内容之一，面临着如何更好地与时代和社会需求对接的问题。精神素养教育的可持续发展不仅关乎教育质量的提升，还关乎人才培养模式的创新和国家竞争力的增强。因此，如何构建符合时代需求的可持续发展路径，成为当代教育改革的一个重要议题。

精神素养教育的可持续发展不仅依赖于政策的支持和资金的投入，更依赖于教育理念的创新、教育方式的灵活运用、社会合作与资源共享的共同推进。本节将从教育理念的更新与灵活运用、教育路径的可持续发展和社会合作与资源共享等多个维度展开，探讨如何推动精神素养教育的长期、稳定和有效发展。

一、可持续发展的教育理念

精神素养教育的可持续发展离不开教育理念的科学指导。传统的教育理念已难以满足新时代对高素质人才的需求，未来的精神素养教育应当在教育理念上进行革新，不断优化教育内容、教学方法与评价体系，以适应社会、经济与科技的快速变化。

（一）教育内容的动态更新

随着社会不断发展和科技日益进步，精神素养教育的内容应当根据时代要求进行动态更新。教育内容的更新不仅包括社会热点问题的纳入，还涉及学生成长需求和未来社会的预见性准备。学校应定期审查课程设置和教学内容，确保其与社会发展同步，真正培养出具有创新精神、批判性思维和社会责任感的高素质人才。

1.课程内容的时代性和前瞻性

精神素养教育的内容必须紧跟时代步伐，尤其是随着科技的发展、社会矛盾的变化和全球化进程的推进，精神素养教育应涵盖社会道德、个人责任、创新思维、跨文化交流等领域。课程内容要与学生未来的社会角色紧密联系，帮助学生做好与未来社会的接轨。学校应与社会各界保持紧密联系，定期进行市场调研和需求分析，确保教育内容能够应对社会挑战，并培养学生迎接未来的能力。

2. 社会热点问题的融入

随着社会的不断变化，许多新兴问题在全球范围内逐渐显现，精神素养教育应当关注社会热点问题的融入。例如，气候变化、环境保护、贫困问题、社会公平等都应成为教育内容的一部分，让学生不仅了解社会问题的复杂性，还构思相应的解决方案。在此过程中，学校可邀请专家学者开设专题讲座、讨论课程等，促进学生对当今世界重大问题的关注与思考。

3. 跨学科的融合

精神素养教育不仅是对知识的传授，更应当以跨学科融合为特色，将思想道德、创新精神、文化素养、社会责任等多个维度有机结合。未来的精神素养教育应推动跨学科课程的设置，尤其是在人文科学、社会科学、自然科学和技术创新等领域的结合。跨学科的学习能够让学生从多角度理解社会现象，培养综合的思维方式和问题解决能力。

（二）教育方式的灵活性与包容性

精神素养教育的成功，不仅取决于教育内容本身，还在于教育方式的有效实施。传统的单一课堂教学模式已经无法满足现代社会对高素质人才的需求。因此，教育方式的灵活性和包容性成为未来精神素养教育的重要特征。

1. 灵活的教育方式

灵活的教育方式能够根据不同学生的需求和背景，为他们提供适合的学习路径。未来的精神素养教育应当鼓励启发式教学、项目式学习、在线教育、情景模拟等多种教学方法，允许学生在不同的学习环境中自主选择最合适的学习方式。学生能够根据自己的兴趣和能力，在理论学习与实践操作之间找到平衡点，从而提升精神素养教育的效果。

2. 个性化的学习路径

每个学生都有自己的兴趣、背景和学习方式，这要求精神素养教育方式具有极高的包容性和个性化设计。未来的精神素养教育将更多地依赖大数据、人工智能等技术，为每个学生设计个性化的学习计划和成长路径。在精准的数据分析助力下，教育工作者能够更好地了解学生的优势与薄弱点，从而提供量身定制的教育资源和支持，使学生的潜力得到最大化的发挥。

3.跨文化和全球化的教育模式

在全球化的背景下，学生不仅要熟悉本国的文化，还要接触并理解世界各地的文化。因此，教育方式的包容性不仅体现在对学生个性差异的尊重上，还体现在对文化差异的理解与包容上。跨文化的教育模式，如国际交流项目、全球合作课程等，能够使学生的跨文化沟通能力、全球视野和国际化素养得到全方位提升。包容性教育的目标是让每个学生都能在多样化的文化环境中获得成长与发展，成为具有国际视野的世界公民。

二、可持续发展的教育路径

为了确保精神素养教育能够持续发展，学校不仅要更新教育理念和教育方式，还要制定可持续的发展路径，推动教育体系的完善与长效化建设。

（一）社会合作与资源共享

精神素养教育的可持续发展离不开社会各界的广泛参与和支持。未来的精神素养教育模式将更加注重社会合作与资源共享，学校应当与社会、企业、文化机构等外部力量建立长效合作机制，整合社会资源，以便为学生提供更广泛的学习平台和实践机会。

1.校企合作的深入推进

校企合作不仅能为学生提供丰富的实践机会，还能帮助学校了解最新的行业发展动态，促进教育内容的不断创新。学校应当与各大企业、社会组织和政府部门展开合作，搭建更为开放的教育平台。学生通过参与企业实习、社会公益项目等，能够深入了解社会需求，提升社会责任感和创新精神。企业的参与不仅能为学校提供资金和资源支持，还能为教育体系带来行业需求和反馈，确保教育目标与社会需求的高度契合。

2.社会服务平台的建设

学校应当建立社会服务平台，为学生提供更多的社会实践机会。社会服务平台应当包括志愿服务项目、社区发展计划、环保行动等，帮助学生在真实的社会情境中，锤炼自身的实践能力和团队协作能力。通过社会服务平台，学生能够参与到解决实际社会问题的过程中，既能够帮助社会，又能够提升自己的社会责任感和领导力。

3.公共资源的有效利用

除了校企合作，学校还应加强与非政府组织、文化团体等社会机构的合作，充分利用共享公共资源，增强精神素养教育的社会效益。例如，学校应当利用公共文化资源，为学生提供多样化的课外学习活动，让学生在丰富的文化氛围中，激发创造力，增强综合素质。

(二)教育的终身化与终极发展

随着科技的快速发展和社会变革的加剧，学生的终身学习能力已经成为未来社会的重要竞争力。因此，精神素养教育应当从学生在校期间的学习延伸到他们的终身学习过程中，为学生提供终身发展的动力和支持。

1.终身教育体系的建设

学校应将终身教育的理念融入教育体系，鼓励学生将学习作为一生的追求，而不局限于毕业后的短期学习。继续教育课程、在线学习平台和社会服务项目等能够让学生在工作与生活中不断提升自己的精神素养，与社会发展保持同步。

2.支持终身职业发展的课程设置

精神素养教育不仅是大学阶段的基本任务，还应当成为职业发展的重要保障。学校为学生提供终身职业发展的课程和学习资源，也就是为学生在职场上的长期发展奠定坚实的基础。例如，学校应当提供相关的职业素养培训、创新创业课程和社会服务项目，帮助学生在未来的职业生涯中不断完善自我。

3.终身学习支持平台的建立

学校应建立终身学习支持平台，为毕业生提供持续的学习和发展机会。学校应当开设校友学习社区、职业发展讲座和继续教育课程等，帮助学生在步入社会后，依然保持学习的热情和动力。同时，学校应当利用技术平台，如在线学习平台、MOOC课程等，帮助学生随时获取知识和更新技能。

参考文献

（一）著作类

[1] 中共中央马克思恩格斯列宁斯大林著作编译局. 马克思恩格斯文集·2：1848—1859 年 [M]. 北京：人民出版社，2009.

[2] 中共中央马克思恩格斯列宁斯大林著作编译局. 马克思恩格斯选集·第二卷 [M]. 3 版. 北京：人民出版社，2012.

[3] 中共中央马克思恩格斯列宁斯大林著作编译局. 马克思恩格斯选集·第四卷 [M]. 2 版. 北京：人民出版社，1995.

[4] 中共中央马克思恩格斯列宁斯大林著作编译局. 马克思恩格斯全集·第三十三卷 [M]. 北京：人民出版社，1973.

[5] 中共中央马克思恩格斯列宁斯大林著作编译局. 马克思恩格斯全集·第三十四卷 [M]. 北京：人民出版社，1972.

[6] 中共中央马克思恩格斯列宁斯大林著作编译局. 马克思恩格斯全集·第三十六卷 [M]. 北京：人民出版社，1974.

[7] 马克思. 马克思恩格斯全集 [M]. 北京：人民出版社，1960.

[8] 中共中央马克思恩格斯列宁斯大林著作编译局. 列宁选集 [M]. 第 3 版. 北京：人民出版社，2004.

[9] 中共中央马克思恩格斯列宁斯大林著作编译局. 列宁全集索引 [M]. 北京：人民出版社，1996.

[10] 中国社会科学院历史研究所翻译组. 列宁全集 [M]. 2 版. 北京：人民出版社，1984.

[11] 列宁. 列宁全集 [M]. 北京：人民出版社，2017.

［12］中共中央马克思恩格斯列宁斯大林著作编译局.列宁选集·第一卷［M］.北京：人民出版社，2012.

［13］毛泽东.毛泽东文集·第一卷［M］.北京：人民出版社，1993.

［14］毛泽东.毛泽东文集·第七卷［M］.北京：人民出版社，1999.

［15］邓小平.邓小平文选［M］.北京：人民出版社，1993.

［16］江泽民.江泽民文选·第三卷［M］.北京：人民出版社，2006.

［17］毛泽东，邓小平，江泽民.毛泽东 邓小平 江泽民论教育［M］.北京：中央文献出版社，2002.

［18］毛泽东，邓小平，江泽民.毛泽东 邓小平 江泽民论世界观人生观价值观［M］.北京：人民出版社，1997.

［19］共青团中央，中共中央文献研究室.毛泽东 邓小平 江泽民论青少年和青少年工作［M］.北京：中国青年出版社，2000.

［20］胡锦涛.胡锦涛文选·第二卷［M］.北京：人民出版社，2016.

［21］习近平.习近平谈治国理政·第二卷［M］.北京：外文出版社，2017.

［22］习近平.习近平谈治国理政·第三卷［M］.北京：外文出版社，2020.

［23］习近平.习近平著作选读·第一卷［M］.北京：人民出版社，2023.

［24］习近平.高举中国特色社会主义伟大旗帜 为全面建设社会主义现代化国家而团结奋斗：在中国共产党第二十次全国代表大会上的报告［M］.北京：人民出版社，2022.

［25］习近平.在纪念五四运动 100 周年大会上的讲话［M］.北京：人民出版社，2019.

［26］习近平.决胜全面建成小康社会 夺取新时代中国特色社会主义伟大胜利：在中国共产党第十九次全国代表大会上的报告［M］.北京：人民出版社，2017.

［27］习近平.论党的宣传思想工作［M］.北京：中央文献出版社，2020.

［28］习近平.在党史学习教育动员大会上的讲话［M］.北京：人民出版社，2021.

［29］中共中央党史和文献研究院，中央"不忘初心，牢记使命"主题教育领导小组办公室.习近平关于"不忘初心、牢记使命"论述摘编［M］.北京：党建读物出版社，2022.

［30］中共中央党史和文献研究院.习近平关于防范风险挑战、应对突发事件论述摘编［M］.北京：中央文献出版社，2020.

［31］中共中央党史和文献研究院.习近平关于网络强国论述摘编［M］.北京：中央文献出版社，2021.

［32］中共中央党史和文献研究院.习近平新时代中国特色社会主义思想学习论丛·第一辑［M］.北京：中央文献出版社，2020.

［33］中共中央宣传部.习近平新时代中国特色社会主义思想学习纲要：2023 年版［M］.北京：学习出版社，2023.

[34] 中国共产党第二十届中央委员会第三次全体会议文件汇编[M].北京：人民出版社，2024.

[35] 中共中央党史和文献研究院.习近平新时代中国特色社会主义思想学习论丛·第四辑[M].北京：中央文献出版社，2020.

[36] 中共中央文献研究室.习近平关于社会主义文化建设论述摘编[M].北京：中央文献出版社，2017.

[37] 郝永平，黄相怀.伟大斗争与新时代共产党人的使命担当[M].北京：人民出版社，2019.

[38] 杨瑞勇.发扬斗争精神 增强斗争本领[M].北京：中共中央党校出版社，2019.

[39] 王道俊，郭文安.教育学[M].6 版.北京：人民教育出版社，2009.

[40] 颜晓峰.强大的精神力量：新时代中国特色社会主义文化建设面面观[M].重庆：重庆出版社，2020.

[41] 胡疆锋.伯明翰学派青年亚文化理论研究[M].北京：中国社会科学出版社，2012.

[42] 孙其昂.思想政治教育学前沿研究[M].北京：人民出版社，2013.

[43] 刘北成.福柯思想肖像[M].上海：上海人民出版社，2001.

[44] 王治河.福柯[M].长沙：湖南教育出版社，1999.

[45] 道格·麦克亚当，西德尼·塔罗，查尔斯·蒂利.斗争的动力[M].李义中，屈平，译.南京：译林出版社，2006.

[46] 塔利亚·哈布里耶娃.腐败：性质、表现与应对[M].李铁军，等译.北京：法律出版社，2014.

[47] 丹尼尔·贝尔.意识形态的终结：50 年代政治观念衰微之考察[M].张国清，译.北京：中国社会科学出版社，2013.

[48] 戴维·英格利斯.文化与日常生活[M].张秋月，周雷亚，译.北京：中央编译出版社，2010.

[49] 卡尔·曼海姆.意识形态与乌托邦：全新译本[M].姚仁权，译.北京：中国社会科学出版社，2009.

[50] 古斯塔夫·勒庞.乌合之众：大众心理研究[M].冯克利，译.北京：中央编译出版社，2005.

[51] 特里·伊格尔顿.历史中的政治、哲学、爱欲[M].马海良，译.北京：中国社会科学出版社，1999.

[52] 斯拉沃热·齐泽克，泰奥德·阿多尔诺，等.图绘意识形态[M].方杰，译.南京：南京大学出版社，2002.

[53] 尼尔·波兹曼.娱乐至死[M].章艳，译.桂林：广西师范大学出版社，2004.

[54] 哈特穆特·罗萨.新异化的诞生：社会加速批判理论大纲[M].郑作彧,译.上海：上海人民出版社,2018.

(二) 期刊类

[1] 令小雄,魏开宏."饭圈文化"的祛魅与规约：基于文化社会学的省思[J].新疆师范大学学报(哲学社会科学版),2022,43(3)：127-139.

[2] 吕鹏."饭圈"的拓扑结构及其参与社会治理的思考[J].人民论坛·学术前沿,2020(19)：40-45.

[3] 黄楚新.警惕资本裹挟下的"饭圈"文化对青年的影响[J].人民论坛,2021(25)：36-40.

[4] 金雪涛.消费者学习机制与"饭圈"文化的利弊[J].人民论坛·学术前沿,2020(19)：46-51.

[5] 魏鹏举.从"饭圈"文化看创造力经济的未来[J].人民论坛·学术前沿,2020(19)：24-32.

[6] 李龙,刘汉能.舆论爱国：爱国粉丝社群的社交化与集体协同[J].中国青年研究,2020(4)：95-101,54.

[7] 孙群,王永益.极端"饭圈文化"视域下青年价值观培育的"难为"与"可为"[J].思想教育研究,2022(7)：107-113.

[8] 袁志香."饭圈文化"下青年主体意识的建构[J].人民论坛,2020(14)：118-119.

[9] 胡洪彬.论新时代斗争精神的内蕴与践行路径[J].思想理论教育,2020(2)：45-50.

[10] 王绍霞.习近平对毛泽东斗争精神的继承与发展[J].思想理论教育导刊,2020(2)：11-17.

[11] 李群群.中国共产党斗争精神的理论依据与历史探源[J].哈尔滨工业大学学报(社会科学版),2021,23(3)：11-15.

[12] 王易,田雨晴.论红色基因的生成条件、核心内容及时代价值[J].南开学报(哲学社会科学版),2022(1)：9-16.

[13] 陈锡喜.勿忘昨天苦难辉煌 赓续英勇斗争精神[J].思想理论教育导刊,2021(12)：23-24.

[14] 杨慧民,樊亚茹.网络青年亚文化思想政治教育功能的生成逻辑[J].思想教育研究,2020(9)：116-121.

[15] 毛丹,王敬雅,陈佳俊."饭圈"观察：组织特征与圈内外关系[J].社会学研究,2021,36(6)：90-112.

[16] 杨美新, 郭燕萍.网络圈群中的主流意识形态认同：价值、藩篱与实现路径[J].湖南科技大学学报(社会科学版), 2021, 24(6)：154-161.

[17] 梁德友.思想政治教育主体三题：身份、属性及其角色强化[J].思想教育研究, 2020(10)：42-47.

[18] 刘建军.习近平对凝聚共识的全面论述[J].思想理论教育导刊, 2018(9)：24-28.

(三) 报纸类

[1] 庆祝中国共产主义青年团成立100周年大会在京隆重举行[N].人民日报, 2022-05-11(001).

[2] 习近平在学习贯彻党的二十大精神研讨班开班式上发表重要讲话强调 正确理解和大力推进中国式现代化[N].人民日报, 2023-02-08(001).

[3] 习近平在全国宣传思想工作会议上强调 胸怀大局把握大势着眼大事 努力把宣传思想工作做得更好[N].人民日报, 2013-08-21(001).

[4] 习近平在同团中央新一届领导班子成员集体谈话时强调 切实肩负起新时代新征程党赋予的使命任务 充分激发广大青年在中国式现代化建设中挺膺担当[N].人民日报, 2023-06-27(001).

附　录

附录一　新时代大学生梦想精神的调查问卷

调查背景：随着社会的不断发展和全球化的推进，新时代的大学生在追求梦想的过程中展现出多元化和个性化的特点。本次问卷调查旨在了解大学生在追求梦想过程中的实际情况，探索他们的梦想意识、梦想追求的动力、面临的挑战，以及他们对社会责任和国家使命的理解。

一、基本信息

1. 性别：

　　○ 男

　　○ 女

2. 年级：

　　○ 大一

　　○ 大二

　　○ 大三

　　○ 大四

3. 专业：

　　○ 文科

○ 理科

○ 工科

○ 商科

○ 艺术类

○ 其他

二、关于梦想的认知

4. 您认为"梦想"对个人发展的意义是？

　　○ 非常重要

　　○ 比较重要

　　○ 一般

　　○ 不太重要

　　○ 无所谓

5. 您是否有明确的个人梦想或职业目标？

　　○ 是

　　○ 否

6. 您的梦想是什么类型的？

　　○ 职业成就（如成为某领域专家、高管等）

　　○ 社会贡献（如公益事业、社会服务等）

　　○ 自我实现（如艺术创作、创新创业等）

　　○ 其他（请简述：＿＿＿＿＿＿＿）

三、梦想追求的动力

7. 在追求梦想的过程中，您最看重哪些因素？（多选）

　　○ 个人兴趣和特长

　　○ 薪资待遇和职业稳定性

　　○ 个人成长和学习机会

　　○ 社会责任感和对国家的贡献

　　○ 家庭和社会的期望

○ 其他(请简述:_____)

8. 在追求梦想的过程中,您是否感到社会的评价压力?

　　○ 经常感受到

　　○ 偶尔感受到

　　○ 很少感受到

　　○ 从未感受到

9. 您如何看待社会对"成功"的定义?

　　○ 高薪和高职位

　　○ 个人成就和社会贡献

　　○ 创新和独立自主

　　○ 其他(请简述:_____)

四、梦想的实现

10. 您是否为实现自己的梦想制定了具体的计划和步骤?

　　○ 是

　　○ 否

11. 在追求梦想的过程中,您是否遇到过以下问题?(多选)

　　○ 经济压力和职业不稳定性

　　○ 社会舆论和外界评价的压力

　　○ 自我认知不足,对未来缺乏明确规划

　　○ 对失败的恐惧或自我怀疑

　　○ 对自己是否有能力实现梦想感到迷茫

　　○ 其他(请简述:_____)

12. 在遇到失败时,您的反应通常是?

　　○ 继续努力,不轻易放弃

　　○ 反思并调整策略

　　○ 感到沮丧,有时会放弃

　　○ 其他(请简述:_____)

13. 您认为您的梦想与社会责任和国家使命有关吗?

    ○ 非常相关

    ○ 有一定关联

    ○ 无关

    ○ 不确定

五、社会责任感与国家使命感

14. 您在追求个人梦想时,是否考虑到对社会的贡献或对国家的发展?

    ○ 是

    ○ 否

15. 在未来的职业选择中,您是否会优先考虑那些对国家或社会有贡献的行业?

    ○ 会

    ○ 不会

    ○ 不确定

16. 您认为大学生的梦想应该如何与社会责任和国家使命相结合?（简答）

六、未来规划与梦想的挑战

17. 在实现梦想的过程中,您最担心的问题是什么?

    ○ 职业选择的不确定性

    ○ 经济压力和家庭负担

    ○ 市场竞争和就业压力

    ○ 自我认知不清晰,缺乏明确目标

    ○ 其他(请简述:_____)

18. 您认为社会应该为大学生实现梦想提供哪些支持?（多选）

    ○ 更多实践和就业机会

    ○ 创新创业支持和资金扶持

    ○ 政策支持,特别是对社会服务、公益事业等领域的关注

    ○ 个人职业规划和心理辅导支持

    ○ 其他(请简述:_____)

七、个人梦想与未来

19. 您如何评价自己对梦想的追求？

　　　○ 非常积极，已经开始行动

　　　○ 比较积极，正在计划中

　　　○ 有兴趣，但没有具体行动

　　　○ 不太关注，更关注现实问题

20. 您希望在未来能够实现哪些方面的成就？（多选）

　　　○ 职业发展上的突破

　　　○ 社会公益的参与和贡献

　　　○ 自我成长和知识提升

　　　○ 其他（请简述：_____）

感谢您的参与！

本次问卷调查旨在帮助我们了解新时代大学生的梦想精神现状和挑战，您的回答将为未来的教育和社会支持提供宝贵的参考意见。

附录二　新时代大学生奋斗精神的调查问卷

尊敬的同学，您好！

感谢您参与本次关于"新时代大学生奋斗精神"的调查。本次调查旨在了解大学生群体对奋斗精神的认知、个人奋斗目标的设定和在实现目标过程中遇到的挑战。所有数据将严格保密，仅供研究使用。请您根据自身情况如实作答，谢谢您的支持与配合！

一、基本信息

1. 您所在的年级是？

　　　○ 大一

　　　○ 大二

　　　○ 大三

　　　○ 大四

○ 研究生

2. 您的专业领域是？

    ○ 理工科

    ○ 文科

    ○ 社会科学

    ○ 艺术类

    ○ 其他：_____

二、奋斗精神认知

3. 您是否知道"奋斗精神"的概念？

    ○ 知道

    ○ 不知道

4. 您认为"奋斗精神"的主要含义是什么？（可多选）

    ○ 克服困难

    ○ 持续追求理想

    ○ 个人成长

    ○ 社会责任

    ○ 集体主义

    ○ 其他：_____

5. 您认为"奋斗精神"对个人职业成功的作用有多大？

    ○ 非常重要

    ○ 较为重要

    ○ 一般

    ○ 不关键

三、奋斗目标与规划

6. 您是否为未来设定了明确的奋斗目标？

    ○ 是

    ○ 否

7. 您是否已经为实现目标制定了详细的规划？

    ○ 是

    ○ 否

8. 您觉得自己的目标是否具有可行性？

    ○ 非常有可行性

    ○ 较有可行性

    ○ 一般

    ○ 不太有可行性

9. 在设定奋斗目标时，您最主要考虑的因素是？（可多选）

    ○ 职业发展

    ○ 个人兴趣

    ○ 家庭期望

    ○ 社会责任

    ○ 外部环境的变化

    ○ 其他：_____

10. 在设定目标时，您遇到的主要困难是什么？（可多选）

    ○ 社会环境不确定

    ○ 自我认知不清晰

    ○ 缺乏足够的资源与支持

    ○ 家庭或社会期望的压力

    ○ 其他：_____

四、奋斗过程中的行动与努力

11. 您是否参加过社会实践、志愿服务等活动，以帮助您实现个人奋斗目标？

    ○ 是

    ○ 否

12. 您参加实践活动的频率如何？

    ○ 经常参加

    ○ 偶尔参加

○ 从不参加

13. 您在参加活动过程中，最大的收获是什么？（可多选）

○ 提升个人能力

○ 拓宽视野

○ 增强社会责任感

○ 学习团队合作

○ 其他：_____

14. 在努力实现奋斗目标时，您是否遇到过难以克服的障碍？

○ 是

○ 否

15. 如果遇到困难，您通常如何应对？

○ 调整心态，继续努力

○ 寻求他人帮助

○ 暂时放弃

○ 其他：_____

五、奋斗精神与心理适应能力

16. 当面对挫折时，您是否能够保持积极的心态？

○ 是

○ 否

17. 如果遇到失败或挫折，您通常的情绪反应是什么？

○ 激励自己继续前行

○ 焦虑或自我怀疑

○ 放弃或沉溺于消极情绪

○ 其他：_____

18. 您认为学校、家庭和社会应该为您提供哪些支持，以帮助您应对挑战？（可多选）

○ 情感支持与心理疏导

○ 资源支持(如实习机会、创业支持等)

○ 职业规划指导

○ 其他: _____

六、社会评价与外部压力

19. 您是否感受到来自社会评价的压力,尤其是在成功标准(财富、地位等)方面?

○ 是

○ 否

20. 在选择职业或奋斗目标时,您是否更多地考虑社会对成功的定义,而非个人兴趣与价值?

○ 是

○ 否

感谢您的参与! 您的回答将对我们理解大学生奋斗精神的现状和挑战提供宝贵的参考意见。

附录三　新时代大学生创新精神的调查问卷

您好! 感谢您参与本次问卷调查。本次问卷调查旨在了解新时代大学生对创新精神的认知、参与创新活动的现状和面临的挑战。您的回答对我们分析大学生创新精神的发展状况和提出改进建议至关重要。本次问卷调查采取匿名方式,所有数据仅用于研究分析。

一、基本信息

1. 您的性别:

○ 男

○ 女

2. 您的年龄:

○ 18 岁以下

○ 18-22 岁

○ 23-26 岁

○ 27 岁以上

3. 您所在的学科/专业：

○ 信息技术

○ 工程技术

○ 生命科学

○ 社会科学

○ 艺术与设计

○ 其他：_____

4. 您的学历：

○ 本科

○ 硕士

○ 博士

5. 您的学校类型：

○ 研究型大学

○ 普通本科院校

○ 高职院校

○ 其他：_____

二、创新精神认知

6. 您如何理解"创新精神"？（可多选）

○ 技术发明与科技创新

○ 社会服务中的新颖方法

○ 文化创意与艺术创作

○ 教育模式的改革与创新

○ 商业模式的创新

○ 其他：_____

7. 您认为创新精神在以下领域的关键性如何？（1=不是核心，5=非常核心）

○ 技术发明与科技创新：[1] [2] [3] [4] [5]

　　○ 社会服务与公益活动：[1][2][3][4][5]
　　○ 艺术创作与文化表达：[1][2][3][4][5]
　　○ 教育模式与教学改革：[1][2][3][4][5]
　　○ 商业模式与市场创新：[1][2][3][4][5]

8. 您是否认为创新精神是大学生的一项重要素质？

　　○ 非常重要

　　○ 较重要

　　○ 一般

　　○ 较不重要

　　○ 完全不是

三、课程与校园文化中的创新精神

9. 您所在的学校是否开设了与创新相关的课程？

　　○ 是

　　○ 否

10. 如果是，您认为课程对您的创新能力提升有帮助吗？

　　○ 非常有帮助

　　○ 较有帮助

　　○ 一般

　　○ 较无帮助

　　○ 完全无帮助

11. 您所在的学校是否组织过以下创新活动？（可多选）

　　○ 创新大赛

　　○ 创业课程/训练营

　　○ 创新实验室项目

　　○ 学术研究与科研项目

　　○ 社会服务创新实践

　　○ 其他：_____

12. 您对校园内的创新氛围评价如何？

　　○ 非常浓厚

○ 较浓厚

○ 一般

○ 较薄弱

○ 非常薄弱

13. 您认为学校是否提供了足够的创新支持平台？

○ 是

○ 否

○ 不确定

四、创新活动与实践

14. 您是否参与过以下创新活动？（可多选）

○ 科技创新与研发

○ 社会服务项目

○ 艺术创作与文化创新

○ 商业模式创新

○ 学术研究与跨学科项目

○ 其他：＿＿＿＿＿＿

15. 您在创新实践中遇到的主要困难有哪些？（可多选）

○ 缺乏创新资源(资金、设备等)

○ 缺少有效的导师指导

○ 团队合作中的沟通问题

○ 实践机会不足

○ 创新思维的局限性

○ 社会支持不足

○ 其他：＿＿＿＿＿＿

16. 您认为创新成果的转化面临哪些主要障碍？（可多选）

○ 缺乏资金支持

○ 缺乏市场对接平台

○ 社会对创新失败的容忍度低

　　　　○ 缺少持续的政策支持

　　　　○ 其他：＿＿＿＿＿＿

17. 您是否参与过跨学科的创新项目？

　　　　○ 是

　　　　○ 否

　　　　○ 不确定

18. 您认为在创新实践中，以下因素对成功的作用程度如何？（1＝无作用，5＝极大作用）

　　　　○ 资金支持：［1］［2］［3］［4］［5］
　　　　○ 导师指导：［1］［2］［3］［4］［5］
　　　　○ 团队合作：［1］［2］［3］［4］［5］
　　　　○ 实践平台：［1］［2］［3］［4］［5］
　　　　○ 创新氛围：［1］［2］［3］［4］［5］

五、改进建议

19. 您认为高校能够通过哪些方式更好地培养学生的创新精神？（可多选）

　　　　○ 开设跨学科创新课程
　　　　○ 增加创新实践机会（如创新实验室、创新大赛等）
　　　　○ 提供更多的创新资源支持（资金、导师等）
　　　　○ 鼓励学生参与社会服务中的创新项目
　　　　○ 加强创新教育理论与实践的结合
　　　　○ 提供创新失败的宽容环境
　　　　○ 其他：＿＿＿＿＿＿

20. 您对高校创新教育和创新实践的其他建议：＿＿＿＿＿＿

感谢您的参与！

您的回答对我们的研究至关重要，再次感谢您的支持！

附录四　新时代大学生合作精神的调查问卷

您好！为了研究新时代大学生合作精神的培养现状，我们设计了本次问卷调查。问卷采取匿名形式，所有数据仅用于学术研究，请您如实填写。感谢您的参与！

一、基本信息

1. 您的性别：

　　○ 男

　　○ 女

2. 您的年级：

　　○ 大一

　　○ 大二

　　○ 大三

　　○ 大四

　　○ 研究生

3. 您的专业领域：

　　○ 工科

　　○ 文科

　　○ 理科

　　○ 医学

　　○ 艺术类

　　○ 其他：＿＿＿＿＿＿

4. 您所在学校的类别：

　　○ 一流大学/研究型高校

　　○ 普通本科院校

　　○ 高职院校

二、合作能力评价

5. 您认为自己在团队中的合作能力如何?

     ○ 很强

     ○ 较强

     ○ 一般

     ○ 较弱

     ○ 很弱

6. 您是否具备良好的沟通技巧来协调团队成员?

     ○ 是

     ○ 否

7. 您是否能够在团队中主动分担任务并协助他人?

     ○ 经常

     ○ 偶尔

     ○ 很少

8. 在团队合作中,您如何应对意见分歧?

     ○ 主动沟通协调

     ○ 让步妥协

     ○ 坚持个人观点

     ○ 回避问题

三、合作态度分析

9. 您是否喜欢团队合作?

     ○ 非常喜欢

     ○ 比较喜欢

     ○ 一般

     ○ 不喜欢

10. 在团队合作中,您更关注:

     ○ 团队整体目标的实现

    ○ 个人能力的展示和发展

11. 您对跨学科合作的态度是：

    ○ 非常感兴趣

    ○ 感兴趣

    ○ 一般

    ○ 不感兴趣

12. 您是否愿意与不同文化背景或专业背景的团队成员合作？

    ○ 非常愿意

    ○ 愿意

    ○ 一般

    ○ 不愿意

四、合作实践经历

13. 您是否经常参与以下活动？（可多选）

    ○ 校内小组合作项目

    ○ 校外实习/社会实践活动

    ○ 跨学科项目

    ○ 志愿服务/公益项目

    ○ 其他：_____

14. 您在合作实践中的角色通常是：

    ○ 团队领导者

    ○ 团队协调者

    ○ 团队执行者

    ○ 其他：_____

15. 您是否在实践中遇到以下问题？（可多选）

    ○ 沟通不畅

    ○ 任务分配不均

    ○ 团队目标不明确

    ○ 责任分担不清

○ 其他：_____

16. 您是否有线上团队合作的经验？

　　○ 有，经常

　　○ 有，偶尔

　　○ 没有

五、合作精神的改进建议

17. 您认为学校是否足够重视合作精神的培养？

　　○ 是

　　○ 否

18. 您觉得哪些措施能够更好地培养大学生的合作精神？（可多选）

　　○ 增加团队合作项目的课程设计

　　○ 鼓励跨学科的合作和交流

　　○ 加强沟通能力和冲突解决技巧的培训

　　○ 推广线上合作工具的使用

　　○ 丰富社会实践和志愿服务活动

　　○ 其他：_____

19. 您对学校开展合作精神培养的改进建议是：

六、开放性问题

20. 请您分享一次印象深刻的团队合作经历，以及您的收获或反思。

附录五　新时代大学生斗争精神的调查问卷

　　调查背景：随着社会的深度变革与多元文化的广泛传播，大学生面临前所未有的复杂的成长环境的挑战。斗争精神作为中华优秀传统文化与中国共产党精神谱系的重要内容，是新时代大学生坚定理想信念、涵养责任担当、迎接风险挑战的重要精神支柱。为系统掌握大学生斗争精神的认知状况、价值认同、行为表现与教育引导现状，特开展本次问卷调查，以期为高校思想政治教育实践提供理论支撑与路径参考。

一、基本信息

1. 您的性别：

    ○男

    ○女

2. 您的政治面貌：

    ○中共党员

    ○共青团员

    ○民主党派

    ○群众

3. 您所在学校类别：

    ○重点院校

    ○普通本科院校

    ○民办院校

    ○高职高专院校

4. 您所学专业类别：

    ○经管类

    ○文法类

    ○理工类

    ○艺术类

    ○农医军类

二、大学生的追星现象

5. 您是否追星(包括个人或团体等统称为"Ta")？

    ○一直有

    ○最近有，以前没有

    ○以前有，现在没有

○一直没有(跳至第 14 题)

6. 若以 1—5 级划分对 Ta 的喜爱程度, 您属于:

○1(一般喜爱)　　○2　　○3　　○4　　○5(非常喜爱)

7. 若 Ta 为外国偶像, 您是否因 Ta 而主动了解异国文化:

○是的, 且进行了深度学习

○是的, 但学得不精

○是的, 但并非因 Ta 学习

○没有外国偶像

8. 您喜爱 Ta 的原因包括哪些? (可多选)

□外貌出众

□性格魅力

□成就贡献

□社会地位

□品质优良

□其他:_____

9. 当 Ta 遭遇负面舆论时, 您的反应是:

○激烈回怼, 绝对维护

○据理力争, 客观反驳

○默不作声, 不予理会

10. 您是否有过与 Ta 相关的消费?

○是

○否(跳至第 12 题)

11. 您每月平均用于追星的花费约为:

○100 元以下

○100 – 500 元

○501 – 1000 元

○1000 元以上

12. 您是否"养成"了某个平台成为 Ta 的专属平台?

○非常赞同

　　　　○比较赞同

　　　　○一般

　　　　○不太赞同

　　　　○非常不赞同

13. 您每天花在追星上的时间为：

　　　　○1 小时以内

　　　　○1 – 2 小时

　　　　○3 – 4 小时

　　　　○5 小时以上

14. 对于粉丝群体中的极端行为(如私生、过度消费、耽误学业等)，您的看法：

　　　　○非常不理解

　　　　○比较不理解

　　　　○无所谓

　　　　○比较理解

　　　　○非常理解

三、大学生斗争精神的表现

15. 您是否认为"斗争精神"离自己很遥远：

　　　　○非常赞同

　　　　○比较赞同

　　　　○一般

　　　　○不太赞同

　　　　○非常不赞同

16. 您认为新时代党开展斗争的具体方向包括哪些？（可多选）

　　　　□反对削弱党领导与社会主义制度的言行

　　　　□反对损害人民利益、脱离群众的行为

　　　　□破除顽瘴痼疾

　　　　□反对分裂祖国与破坏社会稳定的行为

　　　　□应对自然界困难与挑战

17. 对于明星违法(如偷税漏税、吸毒代孕等)行为，您的态度是：

　　○完全不能接受

　　○比较不能接受

　　○无所谓

　　○比较能接受

　　○完全能接受

18. 如果国家需要，您是否愿意深入基层贡献青春力量：

　　○非常赞同

　　○比较赞同

　　○一般

　　○不太赞同

　　○非常不赞同

19. 您对明星参拜靖国神社行为的态度：

　　○完全不能接受

　　○比较不能接受

　　○无所谓

　　○比较能接受

　　○完全能接受

20. 您是否认为"偶像关乎热爱、不关乎国界"：

　　○非常赞同

　　○比较赞同

　　○一般

　　○不太赞同

　　○非常不赞同

21. 您是否认为"新事物必然战胜旧事物"：

　　○非常赞同

　　○比较赞同

　　○一般

　　○不太赞同

○非常不赞同

22. "某明星日入 208 万" 让您觉得读书无用：

○非常赞同

○比较赞同

○一般

○不太赞同

○非常不赞同

23. 如果条件允许，您是否愿意选择"躺平"生活方式：

○非常赞同

○比较赞同

○一般

○不太赞同

○非常不赞同

24. 您认为自己具备以下哪些能力？（可多选）

□具体问题具体分析

□透过现象看本质

□把握处理问题的时机、力度与效果

□抓住问题的主要矛盾

25. 您通常通过哪些方式突破瓶颈？（可多选）

□转变思维方式

□综合运用知识

□寻求他人帮助

□借助技术手段

□其他：＿＿＿＿＿＿

四、高校斗争精神教育引导现状

26. 您是否认为高校重视斗争精神教育引导：

○非常赞同

○比较赞同

○一般

○不太赞同

○非常不赞同

27. 您的思政课教师是否会引导理性追星?

○会,经常引导

○会,偶尔引导

○不会,从不引导

28. 您认为高校思政课教师是否应当引导学生的追星行为?

○不应干涉

○应引导极端行为

○应了解并引导所有行为

○应坚决反对任何追星行为

29. 您的思政课教师是否融入娱乐内容?

○会,融入得非常恰当

○会,略显生硬

○不会

30. 相较于教材内容,您是否更关注网络八卦?

○非常赞同

○比较赞同

○一般

○不太赞同

○非常不赞同

31. 您是否认为斗争精神教育内容枯燥乏味:

○非常赞同

○比较赞同

○一般

○不太赞同

○非常不赞同

32. 您认为斗争精神话语属于哪类？

    ○集体利益的话语

    ○个人利益的话语

    ○两者皆是

33. 您更关注以下哪类话语：

    ○集体利益

    ○个人利益

    ○都关注

34. 您对于思政教师使用"饭圈"语言与学生交流的态度：

    ○非常支持

    ○比较支持

    ○一般

    ○不太支持

    ○非常不支持

35. 思政课教师采用的教学方法包括哪些？（可多选）

    □理论教育法

    □实践教育法

    □比较教育法

    □典型教育法

    □其他：_____

36. 您的思政课教师是否使用大数据、VR、云计算等技术进行教学：

    ○经常

    ○一般

    ○偶尔

    ○从不

图书在版编目(CIP)数据

精神引领未来：新时代大学生精神素养的培育与发展／
杨美新著. --长沙：中南大学出版社，2025.5. --ISBN 978-
7-5487-6252-2

Ⅰ. G640

中国国家版本馆 CIP 数据核字第 2025DH3872 号

精神引领未来：新时代大学生精神素养的培育与发展

JINGSHEN YINLING WEILAI: XINSHIDAI DAXUESHENG

JINGSHEN SUYANG DE PEIYU YU FAZHAN

杨美新　著

□出 版 人　林绵优
□责任编辑　彭辉丽
□责任印制　李月腾
□出版发行　中南大学出版社
　　　　　　社址：长沙市麓山南路　　　邮编：410083
　　　　　　发行科电话：0731-88876770　传真：0731-88710482
□印　　装　湖南至尚美印数码科技有限公司

□开　　本　710 mm×1000 mm 1/16　□印张 21　□字数 361 千字
□版　　次　2025 年 5 月第 1 版　　　□印次 2025 年 5 月第 1 次印刷
□书　　号　ISBN 978-7-5487-6252-2
□定　　价　68.00 元